Allen Carr

Allen Carr est devenu expert-comptable en 1958. S'il s'épanouissait dans s[illegible] professionnelle, la consommation quotidienne [illegible] cigarettes le déprimait. En 1983 [illegible]
tatives pour arrête[illegible]
volonté, il découvr[illegible]
La Méthode simp[illegible]
seller traduit en [illegible]
plus de 12 millio[illegible]
Dès lors, ne fumant plus, il s'est [illegible]
fumeurs.

Sa solide notoriété repose sur les résultats spectaculaires de sa méthode. Il est désormais considéré comme l'expert numéro un dans l'assistance aux fumeurs qui souhaitent arrêter la cigarette. Au début, les fumeurs des quatre coins du monde se retrouvaient dans son centre de Londres ; aujourd'hui, son réseau de centres couvre les cinq continents.

Plusieurs autres ouvrages fidèles aux principes qui ont fait le succès de sa méthode ont été traduits en français et sont disponibles aux éditions Pocket, notamment *La Méthode simple pour perdre du poids* et *La Méthode simple pour avoir du succès*.

Allen Carr a laissé un héritage durable sous la forme d'un vaste projet éditorial toujours dynamique. Il a également posé les fondations d'un réseau international en pleine expansion de centres pour aider les fumeurs à s'arrêter en appliquant sa célèbre méthode.

Pour plus d'informations sur *La Méthode simple* d'Allen Carr, en France et dans le monde, rendez-vous sur www.allencarr.fr

ÉVOLUTION

Des livres pour vous faciliter la vie !

Michael GREGER & Gene STONE
Mieux manger peut vous sauver la vie
Les aliments qui préviennent et renversent le cours des maladies

Thomas UHL
Et si je mettais mes intestins au repos ?
Le jeûne, la mono-diète, la détox : les 3 clés de la vitalité

Yael ADLER
Ce que votre peau dit de vous

Michel DESMURGET
L'Antirégime : maigrir pour de bon

Jacques STAEHLE
L'énergie qui guérit : traité de digitopuncture

Mikkel BORCH-JACOBSEN
La Vérité sur les médicaments

Michael MOSLEY
L'Intelligence naturelle de l'intestin
Se libérer de l'addiction au sucre, booster son système immunitaire, perdre du poids naturellement

La méthode simple pour maîtriser sa consommation d'alcool

DU MÊME AUTEUR
CHEZ POCKET

* LA MÉTHODE SIMPLE POUR EN FINIR AVEC LA CIGARETTE

* LA MÉTHODE SIMPLE POUR ARRÊTER DE FUMER SANS PRENDRE DE POIDS. POUR NOUS LES FEMMES !

* LA MÉTHODE SIMPLE POUR AIDER VOS ADOS À ARRÊTER DE FUMER

* ARRÊTER DE FUMER TOUT DE SUITE

* LA MÉTHODE SIMPLE ILLUSTRÉE POUR EN FINIR AVEC LA CIGARETTE

* ENFIN LIBRE !

ARRÊTER DE FUMER TOUT DE SUITE, POUR NOUS LES FEMMES

* LA MÉTHODE SIMPLE POUR PERDRE DU POIDS

* LA MÉTHODE SIMPLE ILLUSTRÉE POUR PERDRE DU POIDS TOUT DE SUITE

* LA MÉTHODE SIMPLE POUR MAÎTRISER SA CONSOMMATION D'ALCOOL

* LA MÉTHODE SIMPLE POUR SE LIBÉRER DE L'ADDICTION AU JEU

* LA MÉTHODE SIMPLE POUR PRENDRE LA VIE DU BON CÔTÉ

Allen Carr

La méthode simple pour maîtriser sa consommation d'alcool

Traduit de l'anglais
par Claire Désinde

Titre original :
ALLEN CARR'S EASYWAY TO CONTROL ALCOHOL

Pocket, une marque d'Univers Poche, est un éditeur qui s'engage pour la préservation de son environnement et qui utilise du papier fabriqué à partir de bois provenant de forêts gérées de manière responsable.

ISBN 978-2-266-29701-1

Ce livre est dédié à la Communauté
des Alcooliques anonymes.
Avec une pensée particulière
pour Crispin Hay, dont les compétences
et le soutien ont été inestimables.

Sommaire

Introduction

Le 15 juillet 1983, Allen Carr, fumeur invétéré depuis plus de trente ans, éteignit sa dernière cigarette et annonça qu'il avait découvert une nouvelle méthode de sevrage. Grâce à elle, n'importe qui pouvait arrêter sur-le-champ et de manière définitive, sans recourir ni à la volonté, ni aux substituts, ni à quelque astuce que ce soit ; sans souffrir de l'effet de manque ; sans grossir ; et surtout sans passer le reste de sa vie à lutter contre la tentation, à se désoler de ne plus profiter des bons moments et à redouter de devoir affronter le stress sans le soutien d'une cigarette.

À l'époque, presque personne ne crut à cette méthode miraculeuse. Tout le monde, en effet, s'accordait à dire que le sevrage exigeait une grande force de volonté et s'accompagnait d'ordinaire d'une prise de poids et d'épouvantables symptômes de manque. Bref, une véritable ascension de l'Everest... Et des millions de fumeurs, hélas !, sont toujours victimes de cette illusion.

Comme le corps médical avait consacré des milliers d'heures et des millions d'euros à la recherche d'une thérapie efficace, on comprend pourquoi les gens refusaient d'admettre qu'un ancien fumeur dépourvu de relations et de toute formation scientifique ait réussi là où les autres avaient échoué. Les Alcooliques anonymes (AA) auront moins de mal à accepter cette vérité. En tant qu'ancien membre de cette association, je sais que des millions de personnes doivent la vie sauve à leurs compagnons d'infortune, et non pas aux experts scientifiques.

Allen Carr est aujourd'hui considéré dans le monde entier comme le meilleur spécialiste du sevrage tabagique. Son premier livre, *La méthode simple pour en finir avec la cigarette*, n'a pas quitté la liste des best-sellers depuis sa sortie en poche en 1985. Traduit dans plus de vingt langues, il est actuellement en tête des ventes en Allemagne, en Autriche et en Suisse. La méthode d'Allen Carr est également à l'origine d'un réseau international de centres thérapeutiques.

La première fois que j'ai entendu parler de lui, c'est par des amis qui avaient fréquenté son centre et qui en étaient ressortis très enthousiastes. Comme leur abstinence ne remontait qu'à quelques jours, je leur ai opposé le plus grand scepticisme. Ils avaient dû dépenser une fortune dans le dernier attrape-nigauds, et à présent ils essayaient de me convaincre. Aussi incroyable que cela puisse paraître, j'espérais les voir retomber rapidement dans le piège. Cela m'énervait de constater qu'ils ne semblaient nullement incommodés lorsque j'allumais une cigarette en leur présence. Mais peu à peu je me suis rendu compte qu'ils avaient vraiment recouvré la liberté et que cela les remplissait de joie. Alors, au lieu de les plaindre, j'ai commencé à les envier. Depuis des années, je me sentais mis au ban de la société parce que je continuais à fumer. Par ailleurs, du fait de mes rechutes régulières dans l'alcoolisme, j'avais l'impression de courir à ma perte. J'avais beau chercher à me justifier en insistant sur le rôle convivial de l'alcool, il était évident que là encore je me coupais du reste de la société. Je me suis donc inscrit au centre Allen Carr. J'étais tellement persuadé de l'échec que je n'en ai pas parlé à ma femme, et encore moins à mes amis. Mais lorsque j'en suis ressorti quatre heures plus tard, j'aurais voulu annoncer la bonne nouvelle au monde entier.

Allen affirme que sa méthode s'applique à toutes les formes de toxicomanie sans exception. Je suis ravi de pouvoir témoigner que non seulement il m'a permis d'arrêter de fumer, mais qu'il m'a libéré d'un cauchemar qui me pourrissait la vie : l'alcoolisme. Il m'a prouvé que j'avais tort. Mon seul regret, c'est de ne pas l'avoir rencontré plus tôt. Peu importe si vous aussi vous êtes sceptique : Allen ne s'attend pas à ce que vous le croyiez sur parole. Je n'essaierai pas de vous expliquer pourquoi sa méthode est si efficace. Je vous dirai simplement que quand vous refermerez son livre, vous vous demanderez comment la vérité a pu vous échapper pendant si longtemps. Bonne lecture !

Emanuel Johnson

1

La méthode simple pour contrôler sa consommation d'alcool

Dix-huit années se sont écoulées depuis que j'ai démontré que tout le monde pouvait arrêter facilement de fumer. En découvrant cette méthode, je croyais vraiment que le tabagisme serait rapidement ravalé au rang de vestige du passé. De fait, elle a permis de guérir cinq millions de personnes, selon les estimations les plus pessimistes. La plupart d'entre elles se sont libérées facilement et y ont même trouvé du plaisir. Mais il reste des millions de fumeurs à travers le monde qui n'ont jamais entendu parler d'Allen Carr ni de *La méthode simple*. La seule explication à ce retard, c'est qu'il faut du temps pour venir à bout d'un dogme universellement accepté — à savoir l'idée reçue selon laquelle il serait très difficile d'arrêter de fumer.

Pendant des millénaires, les hommes ont cru que la Terre était plate et qu'elle se situait au centre de l'univers. De même, la plupart des gens pensent qu'un effort de volonté phénoménal est nécessaire pour en finir avec l'alcoolisme, et qu'on ne peut accomplir un tel exploit qu'après plusieurs échecs. Ils estiment également que les seules personnes qui auraient vraiment besoin de contrôler leur consommation sont celles qui ont le plus de mal à y parvenir. J'ai dû surmonter beaucoup d'obstacles pour convaincre mes lecteurs qu'arrêter de fumer pouvait être facile et même agréable ; je m'attends à rencontrer encore davantage de difficultés pour vous persuader que n'importe qui peut régler son problème avec l'alcool aisément, sur-le-champ et de manière définitive. Si vous craignez de sombrer dans l'alcoolisme, ou si vous avez l'impression d'en être déjà la victime, je ne pourrai pas vous aider en m'appuyant sur la philosophie des Alcooliques anonymes (AA). Car cette association, considérée comme l'autorité suprême en la matière, est catégorique :

« L'alcoolisme est une maladie mortelle pour laquelle il n'existe aucun traitement. »

Cette opinion est malheureusement partagée par de nombreux membres éminents du corps médical, par les médias et par la société en général. La croyance en vertu de laquelle aucun remède ne serait disponible est si enracinée que je comprendrais très bien que vous jetiez ce livre à la poubelle sans vouloir aller plus loin. Mais je vous supplie de n'en rien faire. En effet, de nombreux médecins remettent en cause les certitudes des Alcooliques anonymes, même s'ils rechignent à émettre leurs doutes devant des caméras de télévision.

Si vous êtes membre des AA (ou d'une association comparable), et si vous êtes « en voie de guérison » depuis vingt ans, vous vous demandez sans doute pourquoi j'attaque d'emblée le fondement même de leur doctrine, tout en leur dédiant mon livre. Tout simplement parce que j'éprouve le plus profond respect envers une association qui a sauvé la santé mentale et la vie de millions de victimes de l'alcool : des gens plongés dans les affres du désespoir par la perte de leur travail, de leurs amis, de leur famille, de leur domicile, de leurs perspectives d'avenir et de leur estime de soi. Les AA accueillent chaleureusement et offrent leur aide à tous ceux qui frappent à leur porte, quels que soient la couleur de leur peau, leur origine sociale, leur religion ou leurs convictions. Mieux, ils s'abstiennent de les juger. Certains membres assistent à leurs séances après avoir passé une journée exécrable, et l'ambiance est parfois si tendue qu'en comparaison la salle d'attente d'un dentiste prend des allures de surprise-partie ! Mais au fur et à mesure que chacun vide son sac, l'atmosphère se réchauffe : les éclats de rire fusent de plus en plus souvent, et l'on a bientôt l'impression de participer à une fête, malgré l'absence d'alcool…

Je ne suis pas catholique, et je sais que beaucoup de gens considèrent la confession comme une totale hypocrisie. Il y a sans doute du pour et du contre dans ce recours à l'autocritique, et je n'ai pas l'intention de m'étendre sur le sujet, si ce n'est pour noter que cela doit être très réconfortant de pouvoir décharger sa conscience. Quel soulagement de partager ses problèmes avec un public nombreux, compréhensif, qui s'abstient de vous juger et de vous infliger une pénitence !

Bien que l'alcoolisme soit l'ennemi commun qui a réuni tous les participants, ceux-ci abordent des sujets qui n'ont aucun rapport avec la boisson, mais qui concernent les épreuves et les humiliations de la vie quotidienne, qu'on soit ou non porté sur l'alcool. Le travail accompli par les AA m'impressionne tellement que j'aimerais beaucoup voir quelqu'un fonder une association similaire, qu'on pourrait baptiser les Stressés anonymes. Je suis certain que s'il existait une telle structure, beaucoup de gens n'auraient même pas commencé à boire.

L'un des effets les plus lamentables de l'alcoolisme, c'est de mener ses victimes à la ruine. Les riches peuvent toujours se réfugier dans un centre de désintoxication quand la situation leur échappe, mais la majorité des malades n'a d'autre solution que de se tourner vers les AA. Dans ce cas, pourquoi critiquer le fondement même de leur doctrine, à savoir l'idée que l'alcoolisme serait une maladie mortelle pour laquelle il n'existerait aucun traitement ?

PARCE QUE C'EST COMPLÈTEMENT FAUX !

Ce que j'admire le plus dans les réunions des AA, c'est la latitude laissée à chacun de prendre la parole, de tenir les propos les plus outranciers, de piquer une colère, de fondre en larmes, de proférer des grossièretés à faire rougir un adjudant de quartier, et ce sans être interrompu ou réprimandé. On devrait obliger les politiciens à assister à ces séances afin qu'ils apprennent à mener un débat. Mon discours, j'en ai tout à fait conscience, peut provoquer chez vous des réactions aussi contradictoires que le soulagement, la colère, la crainte ou le scepticisme. Pourtant, je n'ai que de bonnes nouvelles à vous annoncer, que vous vous considériez comme un alcoolique ou simplement comme une personne affectée d'un petit problème avec la boisson. Et je vous demande uniquement de m'accorder la même attention courtoise qu'à n'importe quel participant lors d'une réunion des AA.

Mettons les choses au point : je n'ai absolument rien contre les AA, et il n'y a aucune rivalité entre nous. En outre, ils représentent la seule solution pour la plupart des malades. Mais leur doctrine affirme qu'il n'existe pas de traitement et que le chemin vers une éventuelle guérison est obligatoirement long et douloureux. À présent, imaginez qu'une méthode simple, efficace et bon marché présente les caractéristiques suivantes :

- IMMÉDIATE !
- DÉFINITIVE !
- AUCUN RECOURS À LA VOLONTÉ !
- AUCUN SYMPTÔME DE MANQUE !
- VOUS PROFITEZ DAVANTAGE DES BONS MOMENTS !
- VOUS ÊTES MIEUX ARMÉ POUR COMBATTRE LE STRESS !
- AUCUN SENTIMENT DE CONSENTIR UN SACRIFICE, DE SOUFFRIR D'UNE PRIVATION OU DE DEVOIR RÉSISTER À LA TENTATION !

Vous ne croyez peut-être plus aux contes de fées… Mais partons de l'hypothèse que ce traitement existe, et que les AA y aient recours. Combien de temps faudrait-il pour éradiquer ce fléau de la surface de la planète ? Quel individu rationnel refuserait de l'appliquer ?

Eh bien, ce traitement existe : vous l'avez entre les mains. Le fait que vous ayez lu ces quelques pages indique que vous avez conscience d'avoir un problème avec l'alcool. Vous auriez donc tort de ne pas vous intéresser d'un peu plus près à une méthode qui revendique une action immédiate, simple, agréable et définitive !

Vous ne me faites pas confiance ? Mais je ne vous demande pas de me croire sur parole. Au contraire, je vous encourage au scepticisme : l'un des fondements de ma méthode consiste justement à remettre en cause toutes mes affirmations, mais aussi toutes vos certitudes à propos de l'alcool et de l'alcoolisme.

La première fois que j'ai prétendu pouvoir aider n'importe quel fumeur à en finir avec la cigarette, ma famille et mes amis se sont moqués de moi. Ils ont eu la gentillesse de ne pas me rire au nez, mais à l'évidence ils me prenaient pour un comique. Une réaction naturelle, quand on sait que j'avais déjà échoué un nombre incalculable de fois, et que je venais tout juste d'éteindre ma dernière cigarette. Aujourd'hui, les gens m'arrêtent dans la rue pour me remercier de leur avoir sauvé la vie, ou celle d'un de leurs proches. Je reçois tous les matins des lettres dans lesquelles mes correspondants vantent mon génie, voire demandent à la reine de m'anoblir ou à Rome de me canoniser. Certains sont allés jusqu'à suggérer qu'on me donne libre accès à l'enclos royal sur l'hippodrome d'Ascot. À mon avis, c'est pousser le bouchon un peu loin. Je ne mérite pas de tels compliments. Comme toutes les grandes inventions, *La méthode simple* doit davantage au hasard qu'à mon prétendu génie. En toute sincérité, je suis parfois embarrassé par le respect qu'on me témoigne aujourd'hui. Mais je ne serais pas humain si je n'en tirais pas aussi beaucoup de satisfaction. En fait, cela me fait tellement plaisir que pour rien au monde je n'irais risquer ma réputation en avançant des choses que je serais incapable de démontrer.

Mais vous êtes sûrement trop perspicace pour ne pas vous être déjà posé la question suivante :

Si la méthode d'Allen Carr est aussi miraculeuse qu'il le clame, pourquoi les AA, les autres associations et le corps médical ne l'emploient-ils pas ? Avec les moyens de communication modernes, la nouvelle de son efficacité devrait se répandre comme une traînée de poudre.

Cet état de faits m'a longtemps rendu perplexe, et j'en ai conçu une certaine frustration. La réponse tient aux dimensions et au pouvoir de ces organismes. Non seulement ils se considèrent comme des experts en la matière, mais les sphères gouvernementales, les médias et la société partagent ce point de vue. Les pouvoirs publics et les organisations caritatives leur versent d'importantes subventions. Pourquoi écouteraient-ils un individu isolé qui contredit leurs théories pratiquement sur toute la ligne ? Lorsque les médias abordent la question de l'alcoolisme, ils ne mentionnent jamais le point de vue d'Allen Carr. Ils préfèrent donner la parole à des médecins ou à des psychologues (souvent portés sur la boisson), ou encore à une vedette tout juste sortie d'une cure de désintoxication ; ils nous servent des niaiseries californiennes et ressassent les vieilles erreurs dont on nous abreuve depuis de longues années.

Le gouvernement britannique a récemment nommé un « M. Dépendance ». Et il a choisi un policier. Pourtant, la prohibition n'a nullement réglé le problème de l'alcool dans les États-Unis des années 1920. Bien au contraire, elle en a créé un nouveau : le crime organisé !

La question essentielle est la suivante : pourquoi des gens viennent-ils du monde entier pour me consulter, malgré mon insignifiance, mon absence de soutien et de formation médicale, et mon refus de faire de la publicité pour *La méthode simple*. La réponse est simple :

PARCE QUE ÇA MARCHE !

Vous croyez peut-être que le corps médical est vigoureusement opposé à ma méthode ? Il est exact qu'au début on me considérait comme un charlatan. Mais aujourd'hui, la profession médicale est la mieux représentée dans nos centres de soins, et nombre de nos patients nous sont envoyés par des praticiens ou par des infirmières. Leur métier exige en effet beaucoup de dévouement et d'efforts, et ils sont donc plus vulnérables que la moyenne aux différentes formes de toxicomanie, d'autant qu'ils ont aisément accès aux diverses drogues.

Même si les généralistes souhaitaient appliquer eux-mêmes ma méthode, cela leur serait difficile, parce qu'elle implique une séance de quatre heures au minimum, et qu'il faut un an d'études pour former un thérapeute. À l'inverse, beaucoup d'associations caritatives sont animées par des amateurs bien intentionnés, mais qui n'ont souvent aucune expérience personnelle du problème. Ils ont donc tendance à se rabattre sur des conseils éculés qui mènent presque toujours à l'échec.

En revanche, je suis persuadé que les membres des AA, qui ont tous vécu le cauchemar de la dépendance, possèdent l'expérience, les connaissances, la motivation et le dévouement nécessaires. Si seulement ils disposaient d'informations correctes, il suffirait sans doute de quelques années pour ravaler l'alcoolisme au rang de sujet pour les manuels d'histoire.

Mais cela ne signifie pas que *La méthode simple* ait besoin du soutien d'une organisation puissante pour être efficace. Lorsque nos patients arrivent dans nos centres, à un degré plus ou moins avancé de désespoir, ils s'imaginent qu'il leur faudra subir des semaines, des mois, voire des années de tortures avant de recouvrer leur liberté. La plupart sont persuadés que, même en cas de succès, ils ne pourront plus autant profiter des bons moments, qu'ils seront moins bien armés contre le stress, et qu'ils devront résister à la tentation durant le restant de leurs jours. Mais quatre heures plus tard, plus de 90 % d'entre eux ressortent le sourire aux lèvres, complètement guéris et certains de pouvoir encore mieux profiter des bons moments et d'être mieux armés contre le stress.

Oh ! Attendez une minute ! Cela fait trente ans que je me détruis à petit feu avec l'alcool. Alors ne me prenez pas pour un imbécile. On ne peut pas guérir en quatre heures.

Je n'ai jamais dit que vous seriez guéris, mais que votre problème serait réglé au bout de quatre heures. Si vous avez déjà souffert de maux de dents pendant des semaines, vous avez dû remarquer qu'il suffit d'avoir le courage de prendre rendez-vous chez le dentiste pour que la douleur disparaisse. Vous avez peut-être aussi noté la mine sinistre des patients dans la salle d'attente, et le sourire radieux qu'ils doivent réprimer en ressortant du cabinet. Bien que la douleur proprement dite soit vaincue en quelques instants par un plombage ou une extraction, la convalescence peut demander une délai plus long. Mais même si vos gencives demeurent irritées pendant plusieurs jours, vous êtes fou de joie à la fin de votre visite chez le dentiste.

Il en est de même dans tous les domaines physiques et psychologiques : une fois que vous tenez la solution, le soulagement vous envahit. Et celui-ci est encore plus délicieux quand le problème était ancien et vous paraissait insurmontable.

Mais il n'existe certainement pas de solution facile et rapide pour un problème aussi durable et complexe que l'alcoolisme ?

Imaginez que vous soyez emprisonné dans une cellule équipée d'une serrure à combinaison. Vous pouvez passer des années à tenter de la découvrir, sans jamais y parvenir. Mais si je vous donne cette combinaison, vous serez délivré facilement, sur-le-champ et de manière définitive.

Mais cela ne marche pas avec l'alcoolisme ?

Bien sûr que si, et *La méthode simple* révèle la combinaison de la serrure.

Ce livre est-il simplement une publicité pour les centres Allen Carr ? Pas du tout : il propose exactement le même traitement et se suffit à lui-même. Les centres et le livre représentent deux manières différentes d'appliquer une seule et même méthode. L'avantage du centre, c'est qu'il vous permet de poser des questions et de discuter avec un thérapeute compétent. Le livre ne vous offre pas cette possibilité, ce qui peut sembler frustrant à certaines personnes. En outre, le thérapeute est formé pour repérer les faits importants qui vous auraient échappé. Avec le livre, aucune intervention n'est envisageable, bien entendu. Lorsque j'ai déclaré plus haut que la guérison était immédiate, je pensais naturellement au moment où le traitement se terminait. Dans nos centres, il consiste d'ordinaire en une seule séance d'environ quatre heures. Dans votre cas, il coïncidera avec le temps qui vous sera nécessaire pour achever ce livre. L'avantage, c'est que vous pouvez le lire à votre propre rythme. Mais il arrive que cet atout se transforme en inconvénient, comme le prouvent les nombreuses lettres que je reçois :

Ma famille m'a acheté votre livre il y a trois ans. Ça fait dix jours que je l'ai terminé. Vous aviez raison : c'est fantastique d'être libre. Pourquoi ai-je gâché ces trois années ?

Eh oui, pourquoi donc ? Beaucoup d'éléments peuvent empêcher quelqu'un de commencer un livre ou d'aller jusqu'au bout. Alors que dans une séance collective, les participants ne s'en vont pas en cours de route. J'ai personnellement traité plus de 25 000 patients qui étaient venus chercher mon aide. Et une seule personne est sortie avant la fin : une femme que son mari avait amenée chez moi à son insu.

Comme la plupart des gens, j'ai horreur des manuels : c'est aussi captivant de lire un mode d'emploi que de regarder de la peinture sécher ! Je me suis donc efforcé de rendre cet ouvrage le moins rébarbatif possible. J'espère que vous le lirez en entier, car dans ce cas vous êtes assuré de régler par vos propres moyens votre problème avec l'alcool. En fait, votre cas sera réglé dès que vous aurez assimilé les informations qu'il contient. Vous devez donc être sobre et en forme, afin de pouvoir vous concentrer. Certains de mes lecteurs l'ont lu d'une traite, mais je vous déconseille de les imiter.

J'ai affirmé que la guérison était garantie. Dans nos centres, nous vous remboursons en cas d'échec du traitement (vous trouverez tous les renseignements à la fin du volume). À mon grand regret, il est impossible de rembourser un livre. Vous vous demandez sans doute pourquoi certains patients échouent, et si vous n'êtes pas condamné à subir la même malchance. Mais la chance n'a rien à voir dans l'affaire. Votre guérison est assurée à condition que vous suiviez toutes mes instructions. Si vous vous pliez à cette exigence, vous réglerez votre problème avec une incroyable facilité. D'ailleurs, la plupart des gens trouvent du plaisir à appliquer *La méthode simple*. Vous êtes peut-être en train de vous dire :

Tout ça me paraît louche. Ses instructions doivent être du genre : jurez que vous ne boirez plus jamais un seul verre d'alcool, tenez parole, et si jamais vous êtes soumis à la tentation, répétez-vous que c'est formidable d'être libre.

Il est indiscutable qu'en respectant cette promesse vous viendriez à bout de votre problème avec l'alcool. Mais vous auriez beaucoup de mal à retrouver le bonheur, et je suis absolument certain que nous n'aurions pas un taux de réussite supérieur à 90 % si *La méthode simple* se résumait à cela. Vous allez à présent m'objecter :

Je vois le piège. Les instructions doivent être si compliquées qu'il faut s'appeler Einstein pour les comprendre, et Allen Carr mettra mon échec sur le compte de mon intelligence défectueuse.

Absolument pas. Si vous êtes assez intelligent pour lire ce livre, vous l'êtes aussi pour remporter la victoire. Il vous suffit de suivre les instructions. Si vous les assimilez l'une après l'autre, comme les chiffres d'une combinaison, la serrure s'ouvrira. Si vous en oubliez une en chemin, ou si vous ne les prenez pas dans le bon ordre, vous n'y arriverez pas. Voici ma première instruction :

SUIVEZ TOUTES LES INSTRUCTIONS.

Souvenez-vous que, pour plus de 90 % des patients, le succès est au rendez-vous dans nos centres. Et ce parce que au cours de la séance ils se conforment à toutes les instructions. Faites de même en lisant ce livre. Si vous partagez mon antipathie pour les manuels, j'ai le plaisir de vous annoncer qu'il n'y a que sept instructions et qu'elles sont toutes regroupées dans les pages suivantes. Voici la deuxième :

NE BRÛLEZ PAS LES ÉTAPES.

Cela signifie que vous ne devez pas vous occuper des chapitres à venir avant d'avoir assimilé toutes les pages qui les précèdent. Lisez ce livre comme un roman policier dans lequel les indices sont fournis au fur et à mesure, car il s'agit en fait d'élucider une énigme. Le piège de la dépendance est le plus grand abus de confiance jamais concocté dans l'histoire de l'humanité. Songez à la phrase célèbre d'Abraham Lincoln :

« Vous pouvez tromper tout le monde un certain temps ; vous pouvez tromper quelques personnes tout le temps ; mais vous ne pouvez pas tromper tout le monde tout le temps. »

Je croyais que la toxicomanie avait réussi cet exploit avant de découvrir *La méthode simple*. Je ne veux pas dire que la dépendance aux diverses drogues est devenue générale, mais que tout le monde a cru tout le temps à une illusion. Comme n'importe quel abus de confiance, la dépendance à une drogue peut tromper un homme intelligent. Mais une fois qu'il a vu le dessous des cartes, même un simple d'esprit ne se laissera plus berner.

Ce qui distingue ce livre de la plupart des romans policiers, c'est que plusieurs dénouements sont possibles. Pour certains, il se termine sur une note triste, voire tragique, tandis qu'il offre à d'autres personnes le plus beau moment de leur vie. C'est à vous de choisir l'issue du suspense... Si vous optez pour le *happy end*, il ne vous reste qu'à suivre les instructions. Voici la troisième :

DÉMARREZ DANS LA BONNE HUMEUR.

Comment puis-je vous demander une chose pareille si vous êtes l'une de ces personnes qui considèrent l'alcoolisme comme un mal sans remède — et a fortiori sans remède facile ? Je dois admettre que nous sommes ici confrontés à un cercle vicieux. Si vous pouviez anticiper de quelques heures et ressentir ne serait-ce qu'une partie de l'enthousiasme qui vous envahira en refermant ce livre, alors vous seriez obligé de démarrer dans la bonne humeur. C'est un peu comme lorsqu'on apprend à plonger. La piscine fait 3 mètres de fond, mais on dirait qu'il n'y a que 50 centimètres d'eau ; le plongeoir est à 50 centimètres de la surface, mais on a l'impression qu'il se trouve à 3 mètres de haut. Vous avez peur de vous fracasser le crâne, et le moniteur a beau vous répéter que vous ne vous ferez aucun mal, vous devez rassembler tout votre courage avant de vous élancer.

De la même façon, la perspective de régler son problème avec l'alcool peut effrayer quelqu'un qui a déjà essuyé plusieurs échecs. Mais, contrairement aux apparences, vous n'êtes pas dans la même situation que l'apprenti plongeur : vous avez tout à gagner et rien à perdre. Le pire qui puisse vous arriver, c'est de subir un nouvel échec, autrement dit, de vous retrouver à votre point de départ. Mais si vous suivez les instructions, vous réussirez.

Certains s'imaginent que *La méthode simple* est une sorte de méthode Coué. Vous voyez le genre : à force de se répéter qu'on en est capable, on finit par y arriver. Ce n'est pas tout à fait exact. Bien que j'aie toujours été d'un tempérament optimiste, cela ne m'a pas empêché de tomber dans le piège de la dépendance et d'avoir autant de mal à m'en évader que d'une prison. Cependant, vous aurez infiniment plus de chances de vous en sortir si vous abordez le problème de manière positive. C'est pourquoi la quatrième instruction est la suivante :

SOYEZ POSITIF.

Laissez de côté vos idées noires. La sinistrose ne sert à rien. Vous êtes sur le point de vous engager dans une formidable aventure et d'accomplir un exploit que la plupart des gens jugent impossible : vous allez régler de manière définitive votre problème avec l'alcool. Considérez le voyage qui vous attend sous son vrai jour : celui d'un défi enthousiasmant. Songez à la fierté de votre famille et de vos amis. Et pensez plus encore à l'orgueil que vous en tirerez. L'un des grands avantages de *La méthode simple*, c'est que vous pouvez continuer à boire jusqu'à la fin du traitement. Cela peut vous sembler incroyable, mais je vous promets que tout s'éclaircira bientôt dans votre esprit. Voici d'ailleurs la cinquième instruction :

N'ARRÊTEZ PAS DE BOIRE ET NE RÉDUISEZ PAS VOTRE CONSOMMATION AVANT D'AVOIR FINI LE LIVRE.

Cette règle ne souffre qu'une seule exception. Si vous êtes en cours de désintoxication, ou si vous n'avez rien bu depuis plus de vingt-quatre heures, continuez à vous abstenir. La sixième instruction précise ce point :

NE LISEZ CE LIVRE QUE LORSQUE VOUS ÊTES SOBRE.

Quant à la septième et dernière, elle est la plus difficile à respecter :

GARDEZ L'ESPRIT OUVERT.

2

Gardez l'esprit ouvert

Je viens de dire que ce conseil était difficile à suivre. Mais peut-être, tout comme moi, avez-vous la chance d'ignorer les idées reçues. Vous et moi, nous sommes d'une honnêteté scrupuleuse, nous analysons les faits en toute lucidité, nous ne tirons jamais de conclusions hâtives, et nous pesons soigneusement le pour et le contre avant de prononcer notre verdict. Alors que nos semblables, aveuglés par leurs œillères, sont victimes de leurs préjugés et incapables de reconnaître leurs erreurs — même quand nous essayons de les remettre dans le droit chemin avec des arguments accessibles à un enfant de deux ans…

Mais trêve d'ironie : je ne saurai trop insister sur la nécessité de garder l'esprit ouvert. Certains considèrent ma méthode comme une espèce de lavage de cerveau. C'est exactement l'inverse : elle s'oppose au lavage de cerveau, et il n'est pas facile de contredire des opinions auxquelles les gens croient dur comme fer depuis l'enfance. Autrefois, tout le monde était persuadé que la Terre était plate. Aujourd'hui, nous savons tous qu'elle est ronde. Pourrais-je nier cette rotondité et vous convaincre qu'en fait elle est plate ? Bien sûr que non. Cependant, n'importe quel Européen a encore du mal à accepter l'idée qu'aux antipodes, les Australiens se tiennent la tête en bas ! De même, Galilée a été emprisonné pour avoir eu l'impertinence de prétendre que la Terre tournait autour du Soleil, et non l'inverse. Nous savons à présent qu'il avait raison. Mais quand vous contemplez un beau coucher de soleil, ressentez-vous la rotation de la Terre jusqu'à ce que l'astre disparaisse, ou bien avez-vous l'impression de voir le soleil descendre à l'horizon ?

Il est donc très facile d'avoir conscience de la réalité tout en ayant une vision déformée du phénomène. Mais j'ai peut-être prêché contre ma paroisse et renforcé vos vieilles convictions relatives à l'abus d'alcool. Dans ce cas, n'ayez aucune inquiétude. Si nous pouvons refuser de visualiser les Australiens la tête en bas ou la Terre en train de tourner autour du Soleil, c'est parce que le fait de regarder la vérité en face ne nous apporterait aucun bénéfice : ces distorsions n'ont aucune conséquence sur notre vie quotidienne. Mais si vous souffrez d'alcoolisme ou d'un simple problème avec l'alcool, vous devez rétablir la vérité : vous n'avez rien à perdre et beaucoup à gagner.

Je vous ai demandé de faire preuve de scepticisme. Comment saurez-vous si je n'essaye pas de vous bourrer le crâne ? Ne vous inquiétez pas : pourvu que vous gardiez l'esprit ouvert, vous saurez à quoi vous en tenir. Après leur succès, mes patients me disent souvent :

Je n'y comprends rien. Je savais déjà 99 % de ce que vous nous avez raconté. Pourquoi ma vision s'est-elle autant modifiée ?

Parce que l'alcoolisme est un phénomène d'une grande simplicité une fois qu'on en a compris tous les ressorts. Mais comme les prétendus « experts » ne les comprennent pas, ils font toutes sortes d'assertions erronées. Ils transforment un sujet élémentaire en un problème d'une complexité inouïe. L'une de nos premières tâches consistera donc à démêler un écheveau inextricable d'erreurs et d'illusions. Je ne chercherai pas à vous éblouir avec des développements scientifiques : il vous suffira de garder l'esprit ouvert et de recourir au bon sens. Vous en tirerez les conclusions qu'il vous plaira.

L'optimiste voit la bouteille à moitié pleine, le pessimiste la voit à moitié vide. Comme elle contient la même quantité de liquide dans les deux cas, on ne peut pas dire que l'un ou l'autre déforme la réalité. Mais l'optimiste est en général assez heureux, tandis que le pessimiste mène une existence misérable. Puisque sur ce plan-là vous avez le pouvoir de décider, autant choisir une approche positive et considérer que la bouteille est à moitié pleine. On ne pourrait vous reprocher de déformer la réalité que si vous prétendiez qu'une bouteille vide est entièrement pleine. Pour notre part, nous nous en tiendrons aux faits avérés. J'ai récemment rencontré un ancien alcoolique qui n'avait pas bu une goutte depuis vingt ans. Au cours d'une brève conversation, il m'a répété trois fois : « Il me suffirait d'un seul verre pour redevenir un ivrogne ! » Malgré vingt ans d'abstinence, il se sentait toujours très vulnérable. Une fois que la vérité vous sera apparue, vous serez à l'abri du lavage de cerveau, vous maîtriserez parfaitement la situation — sans avoir besoin d'attendre vingt ans. En refermant ce livre, vous vous sentirez en sécurité.

L'exemple de la bouteille n'était peut-être pas du meilleur goût, car vous avez sans doute pensé qu'elle contenait votre poison préféré. À ce propos, laissez-moi vous préciser que lorsque j'emploierai les mots *boire*, *boisson* ou *buveur*, je ferai référence à l'alcool, sauf si le contexte est à l'évidence différent.

Dans une démocratie, on a tendance à respecter l'opinion majoritaire. Mais vous connaissez l'adage :

LA MAJORITÉ A TOUJOURS TORT.

En ce qui me concerne, j'ai entendu quelqu'un prononcer ce jugement après une partie du golf, alors que les participants avaient déjà descendu plusieurs tournées au club-house. Il m'a paru totalement illogique. Et le fait qu'il ait été émis par un type que nous appellerons Bloggs avait de quoi me hérisser. En effet, Bloggs était particulièrement obstiné et grandiloquent. Plusieurs discussions animées nous avaient déjà opposés, et bien que chaque fois j'aie eu raison, je n'avais jamais réussi à l'emporter. Mais cette fois-ci il avait passé les bornes, et je me réjouissais par avance à l'idée de le descendre en flammes. Pourtant, malgré le soutien de l'assistance au grand complet durant un débat qui dura toute la soirée, je ne réussis pas à le réduire au silence. Pis encore, je dus finir par avouer qu'il avait raison.

Je ne prétends pas que cette règle ne souffre aucune exception, mais je n'en ai pas encore trouvé. Et en voici l'explication. Si neuf personnes partagent le même point de vue, cela tend à prouver qu'elles disent vrai. Un dixième individu hésitera donc à exprimer son désaccord, à moins d'être sûr d'avoir raison. Si ces neuf personnes sont intelligentes et très compétentes sur le sujet en question, leur contradicteur devra être encore plus certain de ne pas se tromper. Admettons à présent que quatre-vingt-dix-neuf experts parviennent à un jugement unanime. Il est évident que seul un imbécile ou un homme habité par la vérité osera les défier. J'espère avoir démontré que je ne suis pas un imbécile.

Vous vous demandez peut-être ce que cette histoire vient faire dans la lutte contre la dépendance à l'alcool. Cela signifie simplement qu'il est très difficile d'accepter le fait que l'immense majorité des experts officiels se trompe, surtout quand on leur a fait confiance durant toute son existence. Dissipons tout malentendu : je n'affirme pas que « la majorité a toujours tort » dans l'espoir d'obtenir votre assentiment chaque fois que je m'opposerai à une opinion majoritaire. Au contraire, je m'efforcerai de vous convaincre grâce à des arguments fondés sur la logique, exactement comme Boggs a procédé avec moi. Mais je n'ai aucune chance de réussir si vous refusez d'admettre que les experts puissent se tromper. Il faut donc que vous gardiez l'esprit ouvert et que vous acceptiez le principe d'une telle éventualité.

Vous souhaiteriez peut-être discuter certaines de mes affirmations avec d'autres personnes. Cela peut être utile, mais à condition d'avoir conscience que l'immense majorité des gens ignore tout des problèmes liés à l'alcool. Ainsi, je me fais fort de vous prouver que personne ne boit de vin parce qu'il en apprécie le goût. Mais vous aurez beau discuter avec mille amateurs de grands crus, je crains que vous ne puissiez en convaincre un seul. Même quand vous aurez fini ce livre et que vous vous serez persuadé de la véracité de mes dires, vous aurez toujours du mal à gagner certains buveurs à vos vues. L'un des points forts du piège consiste à exagérer les prétendus avantages de l'alcool et à minimiser ses inconvénients. Les buveurs peuvent être des individus intelligents, logiques et ouverts à la discussion, leur esprit se referme dès qu'il est question d'alcool. Il est inutile d'essayer de les convaincre ; toute tentative risque même de s'avérer contre-productive. À moins bien sûr qu'ils ne soient parvenus au même stade que vous, et qu'ils aient pris conscience de leur état de dépendance. Si vous désirez soumettre certains points à une tierce personne, assurez-vous au moins qu'elle est prête à vous écouter.

Personne n'est plus disposé à vous venir en aide que les membres des AA. Malheureusement, toute leur philosophie repose sur une illusion. Cette association s'est construite autour du principe selon lequel il n'existerait aucun remède à l'alcoolisme — et a fortiori aucun remède simple et immédiat. Je ne vous empêche nullement d'écouter leurs conseils, mais si ceux-ci vont à l'encontre de mes instructions, vous ne devez pas en tenir compte. Je ne vous dirai jamais de faire ou de ne pas faire telle ou telle chose sans vous fournir les raisons qui m'y poussent. Et vous seul serez juge de leur validité.

Garder l'esprit ouvert implique également de bien distinguer le message du messager. Vous m'adresserez sans doute les mêmes reproches d'obstination et d'arrogance que ceux que j'ai adressés à Bloggs. Cependant, Bloggs a su m'ouvrir les yeux, et j'espère vous rendre le même service. Si vous n'appréciez guère mon style et mon sens de l'humour, ne les laissez pas vous distraire des vérités essentielles que je cherche à vous transmettre. N'oubliez jamais que tous mes efforts visent à vous aider à régler votre problème avec l'alcool. Et acceptez par avance mes excuses pour avoir employé systématiquement les mots buveurs ou alcooliques au masculin. Je sais que ce fléau ne touche pas que les hommes, et que je devrais lutter contre le machisme en surveillant davantage mon style. Mais si j'essayais de combattre deux maux à la fois, je m'exposerais à une double défaite. Pardonnez-moi, par conséquent, de concentrer mes efforts sur la dépendance à l'alcool. Vous me reprocherez sans doute de me répéter et de recourir à des raisonnements tarabiscotés. Cela est dû au fait que je dois tenir compte des deux éléments du problème : l'alcool, donnée constante et immuable, et le buveur. Chaque être humain est unique, et je dois lui apporter mon aide. Alors, soyez tolérant avec moi, et votre patience sera amplement récompensée. À présent, nous allons commencer à démêler l'écheveau des illusions et des mystères. Comment vous définiriez-vous ?

BUVEUR ORDINAIRE OU ALCOOLIQUE ?

3

Buveur ordinaire ou alcoolique ?

À l'évidence, il existe une grande différence entre un buveur ordinaire qui souffre d'une légère tendance à l'excès et un alcoolique chronique. C'est vrai, les gros buveurs devraient limiter leur consommation ; cela leur éviterait de devenir bruyants, querelleurs, voire agressifs. Mais que celui qui n'a jamais péché leur jette la première pierre ! Après tout, 90 % des adultes boivent volontiers un verre parce qu'ils y trouvent une certaine convivialité. L'alcool est une coutume qui nous aide à nous détendre, qui nous donne un plaisir authentique et qui nous permet de lutter contre le stress de la vie moderne. L'alcoolisme, en revanche, est une maladie grave comparable à la dépendance à l'héroïne, et sans espoir de guérison. Les alcooliques sont confrontés à un problème très sérieux, et ils peuvent constituer une menace pour la société.

La différence est donc de taille. L'alcoolisme se situe aux antipodes d'une consommation raisonnable et source de plaisir. C'est ce qu'expliquent les AA :

« Personne au monde n'est plus malheureux que l'alcoolique chronique qui rêve de retrouver les petits bonheurs quotidiens de son existence antérieure, mais qui ne peut même pas imaginer de vivre sans alcool. Il a le cœur brisé à force de nourrir l'espoir obsessionnel qu'un miracle lui permettra de retrouver le contrôle de soi. »

Il faut donc absolument que vous déterminiez si vous êtes un buveur heureux ou « l'une des personnes les plus malheureuses du monde ». La différence entre ces deux statuts est si prononcée que cela ne devrait pas être trop difficile. Voyons ce que disent les experts à ce sujet, à commencer par le pionnier de la transplantation cardiaque, le célèbre professeur Christian Barnard :

« Le passage à l'état d'alcoolique est un processus qui peut prendre de 2 à 60 ans, bien que la durée moyenne se situe entre 10 et 15 ans. Et si vous vous croyez immunisé, vous devriez être un peu plus modeste. »

De 2 à 60 ans : la fourchette est vraiment large. D'autant plus que je voyais mal un alcoolique commencer à boire avant l'adolescence et vivre bien au-delà de 70 ans. Quoi qu'il en soit, c'est un danger qui nous menace à n'importe quelle période de la vie, si l'on en croit le Dr Barnard.

Celui-ci invite ses lecteurs à répondre honnêtement à une série de questions. Voici ce que j'aurais sans doute écrit à l'époque où j'ignorais encore à quelle catégorie j'appartenais.

Question : « Prenez-vous un verre chaque fois que vous rencontrez un problème ? »

Réponse : « En général, non. Mais je pense que cela s'est déjà produit. »

Question : « Buvez-vous de l'alcool pour son goût ou pour l'effet qu'il vous procure ? »
Réponse : « Parfois pour le goût, parfois pour l'effet, parfois pour les deux, et parfois sans raison particulière. »

Question : « Vous arrive-t-il de quitter votre travail en douce pour vous en jeter un derrière la cravate avant le déjeuner ? »
Réponse : « Il m'est arrivé de consommer de l'alcool non seulement avant le déjeuner, mais même avant le petit déjeuner. Cela dit, si j'en étais réduit à boire en cachette, je n'aurais pas besoin de répondre à ces questions, car je n'aurais aucun doute sur la gravité de mon état. En y réfléchissant, j'ajouterai que je préférais d'habitude prendre un sandwich et une bière au comptoir plutôt que d'aller déjeuner dans un petit restaurant. Au fil des années, cette pause de midi a eu tendance à débuter plus tôt et à finir plus tard, mais je ne m'en suis jamais caché. »

Question : « Vous arrive-t-il de boire seul ? »
Réponse : « Oui, chaque fois que l'envie m'en prend. »

Question : « Souffrez-vous de trous de mémoire quand vous avez bu ? »
Réponse : « Franchement, je ne m'en souviens pas, mais on m'a dit que c'était le cas ! »

Question : « Trouvez-vous que vos amis mettent trop longtemps à vider leur verre ? »
Réponse : « Quelquefois, surtout quand j'ai réglé la première tournée et que mon compagnon sirote son verre le plus lentement possible pour ne pas avoir à me

rendre la pareille. Ce comportement est aussi énervant que celui du type qui me paie une bière et qui descend la sienne cul sec pour que j'offre à mon tour une tournée, sans même me laisser le temps de tremper mes lèvres dans mon verre. »

Le questionnaire se conclut sur ces mots :

« Soyez extrêmement prudent si vous avez répondu "oui" à une ou plusieurs de ces questions, car cela peut signifier que votre consommation est excessive. Consultez un médecin. Vous ne serez peut-être pas obligé de renoncer complètement à l'alcool, mais vous avez intérêt à vous contrôler. »

Le fameux « contrôle » vient de montrer pour la première fois sa tête hideuse… Nous y reviendrons un peu plus loin. En attendant, laissez-moi vous dire que je suis très peiné de voir un chirurgien aussi éminent que Christian Barnard donner sa caution à de pareilles sornettes. Ce galimatias aurait beaucoup mieux convenu à un ouvrage traitant d'un sujet vital, du genre *Savez-vous séduire le sexe opposé ?*

J'ai pourtant essayé d'être sincère et de me replacer dans la peau du gros buveur que j'étais autrefois. À l'époque, il ne serait venu à l'idée de personne dans mon entourage de me mettre en garde contre mon penchant à la boisson, et encore moins de me considérer comme un alcoolique. J'ai néanmoins répondu « oui » à cinq questions sur six. Et je pense que n'importe quel buveur ordinaire répondrait au moins trois fois par l'affirmative s'il était honnête. La conclusion logique, c'est que les buveurs du monde entier — et parmi eux presque tous les membres du corps médical — doivent consulter d'urgence un spécialiste ! Par ailleurs, je me demande quelles solutions celui-ci pourrait leur proposer. Son aide, j'en ai bien peur, se limiterait à répéter le conseil formulé dans le livre :

CONTRÔLEZ VOTRE CONSOMMATION.

Puisque le professeur Barnard ne nous aide guère à établir la gravité de notre état, tournons-nous vers les publications des Acooliques anonymes :

« Nous formons une communauté d'*hommes et de femmes devenus incapables de contrôler leur consommation d'alcool*, et victimes des troubles divers qui en découlent. Nous nous efforçons d'adopter un mode de vie sans alcool — avec succès dans la majorité des cas. Pour ce faire, nous avons besoin du soutien d'autres alcooliques au sein de l'association. »

Les mots imprimés en italiques constituent selon moi une bonne définition de l'alcoolisme. Lors d'une récente fête d'anniversaire, j'ai posé la question : « Qu'est-ce qu'un alcoolique ? » J'ai délibérément choisi le début du dîner, afin que les convives soient encore à peu près sobres. Les six personnes présentes se répartissaient comme suit : deux buveurs occasionnels — le genre d'individus qui n'aiment pas boire, mais qui se plient à un rituel social pour ne pas se sentir exclus —, un buveur ordinaire et trois alcooliques. Les trois derniers n'ont nullement laissé entendre qu'ils se considéraient comme tels, mais aux yeux d'un observateur extérieur il était évident qu'ils avaient perdu depuis longtemps le contrôle de leur consommation. C'est curieux, non ? Il nous est très facile de savoir si un de nos amis est alcoolique, mais dès qu'il s'agit de nous, nous refusons d'admettre que nous ayons ne serait-ce qu'un petit problème avec l'alcool.

La conversation s'est vite animée, avant de sombrer dans la confusion. Si vous vous trouvez dans un dîner qui manque un peu d'ambiance, je vous suggère de poser cette question, mais ne me reprochez pas ce qui s'ensuivra ! Aucun des six convives ne définissait l'alcoolisme comme une perte de contrôle. L'un des alcooliques, qui reconnaissait son penchant à la boisson, prétendait y trouver non pas du plaisir, mais un appui pour la vie en société. Le deuxième a préféré éluder la question et passer le reste de la soirée à nous expliquer comment il contrôlait sa consommation. Le troisième était toujours là physiquement, mais son esprit planait déjà dans les vapes.

Cinq convives sur six maintenaient contre vents et marées qu'ils buvaient par plaisir. Quant à celui qui avait avoué en avoir besoin, il nous a tenu ce petit discours :

À une extrémité de l'échelle, vous trouvez la grand-mère qui s'autorise un doigt de porto le jour de Noël. À l'autre extrémité, l'oncle Ted qui se lève le matin avec la gorge sèche et qui picole jusqu'à en perdre connaissance. Entre deux se répartissent les milliards de buveurs du monde entier.

Un jugement à mon avis indiscutable. Dans une de leurs brochures, les AA déclarent que les buveurs ordinaires sont capables de contrôler leur consommation ; à l'inverse, les alcooliques souffrent d'une maladie physique et mentale qui les oblige, dès qu'une goutte a franchi la barrière de leurs lèvres, à en avaler une deuxième, puis une troisième, et ainsi de suite. Cette brochure n'hésite pas à établir un parallèle frappant :

« C'est comparable aux manifestations d'une allergie. Le patient éprouve un désir irrépressible d'ingérer la substance qui ne peut qu'aggraver sa souffrance physique, son comportement irrationnel et sa solitude croissante. »

Je trouve cette comparaison un peu bizarre. Les gens qui présentent une allergie éprouvent en réalité un désir irrépressible de fuir toute cause potentielle de ladite allergie. Ils n'ont pas la moindre envie de favoriser le phénomène. Il faudrait plutôt rapprocher l'alcoolisme du tabagisme ou de la dépendance à l'héroïne. Néanmoins, j'imagine que le parallèle avec les allergies renforce la doctrine des AA, selon laquelle il y aurait à l'origine une tare congénitale. La brochure contient un certain nombre d'autres formules qui méritent d'être relevées :

« L'alcoolisme est une maladie évolutive dont la progression est souvent très graduelle. »

« L'alcoolisme est une maladie mortelle pour laquelle il n'existe aucun traitement médical, ce qui contraint nombre de ses victimes à mener une bataille perdue d'avance. »

« Quand nous introduisons dans notre organisme la moindre quantité d'alcool, quelque chose se produit sur le plan physique et mental… »

Dans cette brochure, l'alcoolisme est mis sur le même plan que les maladies cardio-vasculaires ou le cancer du poumon ! Et il est précisé que les alcooliques n'ont pas la même constitution physique que les buveurs ordinaires. Pourtant, il est communément admis que les problèmes cardiaques et le cancer du poumon sont souvent dus à un mode de vie très malsain, et non à une prédisposition héréditaire. Il est donc étrange d'y faire référence à propos d'une maladie qui découle de toute évidence de l'abus répété de boissons alcoolisées.

À plusieurs reprises, j'ai eu vent d'une rumeur selon laquelle on pourrait déterminer si un enfant de deux ans deviendra alcoolique ! Pourquoi dis-je que c'est une rumeur ? Parce que si c'était vrai, nous serions obligés de faire passer un examen à nos enfants juste après leur deuxième anniversaire !

Plus on y réfléchit, plus cette histoire de différence génétique est ahurissante. Cela signifierait tout simplement que l'alcool n'est qu'un point secondaire, et qu'on peut très bien être un alcoolique sans en avoir jamais bu une seule goutte !

« Nous autres, membres de la Communauté des AA, croyons qu'il n'existe aucun traitement. Il est impossible de revenir à une consommation raisonnable… »

« Si vous buvez régulièrement davantage que vous ne le souhaiteriez, ou si vous avez des problèmes de comportement sous l'emprise de la boisson, vous êtes peut-être un alcoolique. C'est à vous de décider. Chez les AA, personne ne vous dira si oui ou non vous en êtes un. »

Je trouve ces formules aussi vagues et aussi frustrantes que celles du professeur Barnard. Si je bois davantage que je ne le souhaiterais, et si cela me crée des problèmes, on m'explique que je suis PEUT-ÊTRE un alcoolique. Personne n'établira de diagnostic à ma place. C'est à moi de choisir !

Selon moi, aucune personne sensée ne peut contester le fait que l'alcoolisme soit une maladie grave — surtout si elle en est elle-même victime. Imaginez que vous suiviez les conseils du professeur Barnard et que vous alliez consulter un médecin. Celui-ci vous déclare que vous êtes peut-être un alcoolique, et que dans ce cas vous souffrez d'un mal incurable. Vous le priez bien entendu de vous donner son diagnostic, et il vous répond :

LA DÉCISION VOUS APPARTIENT !

C'est à se demander pourquoi on cotise à la Sécurité sociale… Si vous n'êtes pas malade, vous n'avez pas besoin de lui ; dans le cas contraire, vous êtes incurable, et il ne peut rien pour vous. Cela dit, il est peut-être dommage que toutes les pathologies ne soient pas du même type. À en croire les AA, l'alcoolique chronique est « la personne la plus malheureuse du monde », et puisqu'il n'existe aucun traitement, elle est destinée à le rester toute sa vie. Du coup, je crois que je vais plutôt me considérer comme un buveur ordinaire avec une légère tendance aux abus… Excusez-moi de plaisanter avec un tel sujet, mais ainsi on comprend mieux pourquoi les gens qui ont à l'évidence un sérieux problème rechignent à regarder la vérité en face. La réponse du médecin a franchement des allures de dérobade. Si vous vous adressez à lui ou aux AA, c'est parce que vous cherchez une solution. Mais loin de résoudre votre problème, ils ne font que le rendre encore plus complexe en se contentant de lui mettre un nom, puis de vous repasser la patate chaude.

Bien entendu, le fait de vous stigmatiser en vous qualifiant d'alcoolique ne fera pas avancer les choses d'un millimètre, et le doute qui subsistera sur votre état véritable exacerbera encore en peu plus vos angoisses. Imaginez qu'à la fin de votre check-up annuel le médecin vous informe que vous souffrez d'une séborrhée à un stade critique. Vous allez blêmir. Mais vous retrouverez vos couleurs dès qu'il aura ajouté : « Je vais donc vous prescrire un shampooing antipelliculaire. »

L'alcoolisme est un sujet d'une extrême simplicité, mais qu'on a compliqué à plaisir en ressassant toute une série de clichés, d'erreurs, d'illusions et de mauvaises interprétations. Vous me répliquerez peut-être que, loin de clarifier les choses, je n'ai fait que les embrouiller davantage. Un peu de patience, s'il vous plaît : ces préliminaires ont pour but d'engager le combat contre le lavage de cerveau. Pour convaincre ses contemporains que la Terre était ronde, Christophe Colomb a d'abord dû leur démontrer qu'elle n'était pas plate. Avant de vous révéler la vérité sur l'alcoolisme, je dois d'abord balayer le bourrage de crâne qu'on vous impose depuis l'enfance.

Pour le moment, revenons-en à la théorie selon laquelle il existerait une différence physique entre les buveurs ordinaires et les alcooliques, ces derniers étant condamnés à sombrer dans la dépendance dès l'instant où une goutte d'alcool a franchi la barrière de leurs lèvres. Dans ce cas, pourquoi parler d'« une maladie évolutive dont la progression est souvent très graduelle » ? Comment la durée de ce phénomène pourrait-elle varier de 2 à 60 ans ? Si c'était vrai, tout individu présentant cette tare héréditaire serait happé dès son premier verre et boirait jusqu'à en perdre connaissance. En outre, les AA se présentent comme une communauté d'« hommes et de femmes devenus incapables de contrôler leur consommation d'alcool ». Cela signifie qu'ils exerçaient autrefois un contrôle, et que par conséquent ils ne souffrent d'aucun problème d'ordre génétique.

Les AA sont en pleine contradiction. Sur quels éléments scientifiques se fondent-ils pour affirmer avec aplomb qu'aucun traitement n'est disponible pour cette maladie, alors qu'ils restent dans le vague sur ses caractéristiques et qu'ils sont incapables de préciser si vous en souffrez oui ou non. De plus, s'ils nient l'existence d'un traitement, ils parlent volontiers de guérison. Mais comment peut-on se rétablir sans être soigné ? Pourquoi un homme qui n'a pas bu une goutte d'alcool depuis plus de vingt ans et qui entend bien continuer dans cette voie commence-t-il sa confession publique en se déclarant alcoolique ? Un type qui avale 5 litres de bière, jusqu'à sombrer dans un coma éthylique, n'est pas considéré comme un alcoolique, mais comme quelqu'un qui profite bien de son week-end. À l'inverse, un employé qui boit quelques petits coups en douce pendant les heures de bureau est automatiquement catalogué comme tel.

Le sujet est donc entaché de nombreuses confusions et contradictions. Pourtant, il est évident aux yeux de tous que la grand-mère qui sirote un doigt de porto le jour de Noël n'est pas une alcoolique, alors que l'oncle Ted en est un. Pour que chacun d'entre nous sache à quoi s'en tenir, il faut établir des limites. De ce point de vue, je crois que les contributions du professeur Barnard et des AA sont positives. L'essentiel ne réside pas dans la quantité, ni dans la teneur en alcool, ni dans les habitudes, mais dans la question suivante :

SUIS-JE ENCORE CAPABLE DE CONTRÔLER MA CONSOMMATION ?

Pour l'instant, nous nous en tiendrons à cette définition, qui ne sera contestée ni par le corps médical ni par les AA. Elle présente l'avantage de nous offrir un moyen clair et net de déterminer si une personne souffre ou non d'alcoolisme. Bien qu'à première vue un désaccord profond m'oppose aux AA, en réalité nous avons de nombreux points communs. Mais je persiste à penser que si l'alcoolisme était une pathologie d'ordre physique, n'importe quel médecin pourrait la diagnostiquer. À l'inverse, s'il se définit comme une perte de contrôle, la personne la mieux armée pour établir un diagnostic, c'est l'alcoolique lui-même. Dans ce cas, comment expliquer que la vérité soit évidente pour ses proches et pour ses amis, alors qu'elle lui demeure inaccessible ?

On retrouve le même phénomène dans toutes les formes de toxicomanie : héroïne, nicotine ou alcool. Et le principal obstacle ne consiste pas à établir la vérité, mais à la regarder en face. Cela n'a rien de surprenant. Personne n'aime reconnaître qu'il ne se maîtrise plus, surtout quand cet aveu lui vaut d'être stigmatisé en tant qu'alcoolique, et d'être considéré comme « la personne la plus malheureuse du monde ». Toute cette histoire de diagnostic n'est d'ailleurs qu'une simple diversion. La réponse n'est-elle pas évidente ? Pourquoi iriez-vous demander de l'aide aux AA ou à Allen Carr si vous n'étiez pas déjà conscient d'avoir perdu toute maîtrise sur vous-même ? Si vous contrôliez encore votre consommation, votre situation ne poserait pas de problème. Les gens cherchent rarement à résoudre un problème qui ne les affecte pas. Les trois alcooliques présents lors du dîner d'anniversaire étaient des personnes sensées, instruites et volontaires, mais elles ne pouvaient accepter d'être devenues des esclaves et de ne jamais pouvoir en revenir à une consommation raisonnable. Je ne leur jette pas la pierre, car une telle perspective n'est guère réjouissante.

HEUREUSEMENT, IL N'EN EST RIEN !

Bien que je déteste le mot « alcoolique » et la condamnation implicite qui s'y rattache, je l'emploierai pour des raisons de facilité afin de désigner les buveurs devenus incapables de se contrôler. Cette dernière formule vous paraît peut-être tout aussi humiliante. Au lieu de vous fustiger, essayez plutôt de vous rappeler dans quelles circonstances précises ce contrôle vous a échappé. Je ne parle pas du moment où vous avez pris conscience du problème — un peu comme lorsqu'on subit un accident de voiture, un licenciement ou une rupture sentimentale. Car de tels événements sont très faciles à dater et impossibles à oublier. En revanche, il existe une grande différence entre la perte de contrôle et le moment où l'on en prend conscience, d'autant plus qu'il s'écoule d'ordinaire plusieurs années entre les deux, et que des incidents déplaisants liés à l'ivresse émaillent cette période intermédiaire.

Ne confondez pas non plus cette perte de contrôle avec une époque durant laquelle vous auriez éventuellement augmenté votre consommation pour surmonter un événement tragique ou un divorce. Dans ce cas, en effet, vous avez délibérément choisi de noyer votre chagrin dans l'alcool, ce qui implique une certaine maîtrise de soi. Au fait, qu'en est-il exactement de ce fameux contrôle ? Après tout, les buveurs ordinaires exercent leur libre arbitre, et personne ne les force à boire. N'en est-il pas de même pour les alcooliques ?

— *Mais les alcooliques boivent davantage qu'ils ne voudraient.*

— Vous voulez dire que les buveurs ordinaires ne font jamais aucun abus ?

— *Bien sûr que non, mais cela ne leur arrive pas aussi souvent.*

— Et vous pensez que les alcooliques n'ont jamais de périodes d'abstinence ?

— *Si, c'est vrai. Mais moins que les buveurs ordinaires.*

Ce bref dialogue semble indiquer qu'il s'agit d'une différence de degré et non pas de nature. De fait, le professeur Barnard et les AA sont d'accord pour parler d'un processus graduel, comparable au vieillissement. Celui-ci débute dès la naissance, même si nous ne nous sentons pas vieux pendant de nombreuses années. Si nous avons autant de mal à nous rappeler à quel moment nous avons perdu le contrôle, ne serait-ce pas tout simplement parce que nous ne l'avons jamais vraiment exercé ? Il se pourrait donc que les millions de buveurs qui se situent entre la grand-mère et l'oncle Ted soient tous sur une pente glissante. Difficile à croire ? Avant d'écarter cette hypothèse, je vous propose d'examiner un autre piège ingénieux créé par la Nature :

LE NÉPENTHÈS.

4

Le népenthès

Il est possible que vous ne partagiez pas ma fascination pour les films documentaires et que vous n'ayez jamais entendu parler du népenthès. Qu'y a-t-il de si extraordinaire dans cette plante carnivore ? Tout comme la dionée, le népenthès renverse l'ordre naturel en vertu duquel les plantes sont mangées par les animaux : il améliore son ordinaire en attrapant et en consommant des insectes. Mais tandis que la dionée fonctionne comme un piège à loup, le népenthès utilise un procédé subtil et assez proche de la toxicomanie.

Il possède des feuilles en forme d'urne, dont l'intérieur est tapissé de nectar collant. Une odeur entêtante s'en dégage et attire les mouches qui passent à proximité. Ce nectar est aussi savoureux que parfumé, et aucun insecte ne peut résister à un tel festin. Hélas ! ce régal va leur coûter cher. Tout comme le missionnaire naïf qui s'imagine être l'invité d'honneur au banquet alors qu'il en constitue le plat de résistance, l'insecte n'est pas un convive, mais une proie.

Ce n'est pas par hasard que l'urne s'évase en pente douce et que ses parois internes sont recouvertes de petits poils qui poussent tous dans la même direction : vers le bas.

La force de gravité, la tentation du nectar encore disponible et la disposition des poils contribuent à attirer l'insecte inconscient du danger à l'intérieur du piège. Cela ne vous dit rien ? Vous commencez à comprendre le rapport entre cette plante carnivore et la toxicomanie ? La malheureuse mouche est tellement occupée à faire bombance qu'elle ne se rend pas compte que les parois de l'urne sont de plus en plus raides et qu'elle est entraînée vers le fond.

Pourquoi s'inquiéterait-elle ? Elle a des ailes, après tout. Même si à présent elle peut observer les dizaines de cadavres en partie digérés qui flottent à la surface du liquide, elle ne craint nullement de connaître le même sort. Elle ne va tout de même pas renoncer à une pareille aubaine alors qu'elle maîtrise la situation et qu'elle peut s'envoler vers la liberté si besoin est. C'est du moins ce qu'elle croit. Mais elle s'est tellement gavée que son poids a doublé et qu'il l'empêche de décoller. Plus elle se débat, plus sa situation s'aggrave, car ses pattes et ses ailes se recouvrent de nectar visqueux. Les parois sont désormais nues, glissantes et verticales, et rien ne peut plus l'empêcher d'aller rejoindre ses compagnes d'infortune.

La comparaison avec l'alcoolisme vous semble peut-être un peu tirée par les cheveux. Si vous prenez le temps de la réflexion, vous verrez qu'il existe pourtant des similarités frappantes. N'oubliez pas que la vie d'un insecte se mesure en jours ou en semaines, et non pas en années.

La mouche qui se pose sur la plante évoque l'adolescent qui boit son premier panaché. L'ivrogne sur le point de vomir les litres de bière qu'il vient d'ingurgiter, c'est l'insecte gorgé de nectar qui s'apprête à tenter un décollage. Et lorsque l'alcoolique s'aperçoit enfin qu'il a été réduit en esclavage et condamné à un sort pitoyable, il essaie de réduire sa consommation, exactement comme un obèse qui se met au régime. Mais les privations rendent-elles les aliments moins séduisants ? Bien sûr que non. Plus vous vous restreignez, plus la faim vous tenaille, et plus vous appréciez le moindre morceau de nourriture. Le processus est rigoureusement identique pour l'alcool. Quand vous vous en privez, le manque vous harcèle, et quand vous vous autorisez un verre, vous souffrez tout autant car il vous en faudrait bien davantage. C'est pourquoi la lutte désespérée de la mouche ressemble tant aux efforts infructueux de l'alcoolique qui voudrait contrôler sa consommation. Pour lui, l'alcool n'a rien perdu de son attrait : au contraire, il domine désormais toute son existence.

Plus la mouche et l'homme se débattent pour s'enfuir, plus le piège se referme sur eux.

Quant aux cadavres à moitié digérés qui flottent au fond de l'urne, on peut les rapprocher des clochards éthyliques dont la vie se résume à mendier pour se payer leurs litrons, puis à cuver leur vin sur la grille d'aération d'un chauffage collectif. Le fait que la mouche puisse observer les restes de ses congénères la dissuade-t-elle de s'exposer au danger ? Difficile à dire. Il est possible que certaines d'entre elles prennent conscience de la menace et s'envolent à temps. Nous aussi, nous étions autrefois des enfants innocents, en bonne santé et parfaitement capables de profiter d'un anniversaire ou de lutter contre le stress sans l'aide de l'alcool, de la nicotine ou d'une quelconque autre drogue. Pourtant, les oncles Ted du monde entier ne nous ont pas dissuadés de boire de l'alcool, comme 90 % des gens. Mais il n'est pas exclu que son haleine fétide et sa main baladeuse aient empêché certains d'entre nous de toucher le fond. Après tout, 10 % de la population ne boit pas d'alcool. Quand vous aurez compris toute la subtilité du piège, vous vous demanderez comment certaines personnes réussissent à lui échapper.

Même si l'anologie entre le népenthès et l'alcoolisme peut paraître artificielle, elle a le mérite de nous rappeler que nous n'avons jamais exercé aucun contrôle, et que par conséquent il n'existe aucune différence entre les buveurs ordinaires et les alcooliques. Ils se trouvent simplement plus ou moins haut sur les parois glissantes de l'urne.

Si l'alcool conduit lentement mais sûrement au désastre, comment se fait-il que la plupart des buveurs ne parviennent pas au stade de l'alcoolisme ? Pourquoi par exemple votre grand-mère se contente-t-elle d'un verre de porto à Noël, avant de reprendre son régime sec le reste de l'année ?

Je vous remercie de m'avoir posé cette question. Vous avez beau m'accuser de recourir à la langue de bois, je vous promets de ne pas noyer le poisson. Ma femme Joyce me reproche d'avoir tendance à ne pas répondre aux questions quand on m'interviewe à la télévision ou à la radio. C'est un truc que j'ai emprunté aux hommes politiques, et qui s'avère très utile. Mais ils l'emploient dans un but intéressé, alors que mon objectif est purement altruiste. Je ne voudrais surtout pas gaspiller le temps précieux qui m'est alloué et encourager mes auditeurs à changer de chaîne en répondant à des questions stupides du genre : « Le tabac est-il mauvais pour la santé ? »

Fort heureusement, je n'ai pas besoin de me rabattre sur de tels procédés quand j'écris un livre, puisque j'ai le privilège de poser moi-même les questions. Et si vous me suspectez d'éviter celles auxquelles je suis incapable de répondre, je vous assure que vous vous trompez. Pour une raison très simple : cela ne m'apporterait rien, et à vous non plus. Comment pourrais-je vous aider à comprendre le mécanisme du piège si je ne répondais pas à toutes vos objections et à toutes vos demandes d'explication ? Je préfère donc prendre les devants et formuler les interrogations que vous ne manqueriez pas de me soumettre tôt ou tard. Il en sera de même dans la suite de l'ouvrage. C'est d'ailleurs l'un des avantages des centres thérapeutiques : vous pouvez poser sur-le-champ les questions qui vous brûlent la langue. Avec le livre, vous devez être patient.

Ni le professeur Barnard ni les AA ne nous expliquent pourquoi le processus peut durer de 2 à 60 ans. S'il existait un népenthès adapté aux êtres humains, nous glisserions tous vers le fond à un rythme plus ou moins similaire. Mais le piège de l'alcool a beau obéir aux même principes, il est beaucoup plus complexe, ne serait-ce que parce que chacune de ses victimes est unique. La vitesse de votre chute dépend d'une multitude de facteurs : votre éducation, le fait que vos parents buvaient et vous ont ou non encouragé à suivre leur exemple, l'attitude de vos amis et de vos collègues de travail, vos loisirs, votre résistance aux produits toxiques, vos moyens financiers. Sans oublier votre religion : pour des raisons évidentes, les alcooliques de confession musulmane ne courent pas les rues.

Comment grand-mère a-t-elle réussi à limiter sa consommation à un verre par an ? Nous sommes heureusement nombreux à nous souvenir du goût de notre premier verre d'alcool : loin d'évoquer un divin nectar, il nous a tiré une grimace ! Inutile d'être très perspicace pour voir que grand-mère ne prend guère de plaisir à siroter son porto. Elle cherche seulement à ne pas se singulariser et à faire plaisir au reste de la famille. Vous avez sans doute déjà noté la gêne qui s'empare des buveurs et des fumeurs lorsqu'un adepte de l'abstinence se trouve parmi eux. Songez au pasteur lors des repas de mariage : chacun attend qu'il ait pris congé avant de se décontracter et d'adopter un comportement normal. Vous avez peut-être aussi remarqué que grand-mère ne finit jamais son verre. Si elle fumait une cigarette afin d'être dans l'ambiance, vous la verriez se consumer toute seule sur le rebord du cendrier…

Mais laissons un instant l'alcool de côté pour en revenir à notre mouche. La question cruciale est de savoir à quel stade du processus elle a perdu le contrôle ? Lorsqu'elle est tombée dans les sucs digestifs ? Certainement pas aussi tard. Quand elle s'est aperçue qu'elle ne pouvait plus s'envoler ? Non, elle en a pris conscience à ce moment-là, mais la perte de contrôle s'était produite bien avant. La réalité est très différente :

À AUCUN MOMENT ELLE N'A PU EXERCER
LE MOINDRE CONTRÔLE

Dès l'instant où elle a senti le parfum du nectar, c'est la plante qui a pris le dessus. C'est la nature même d'un insecte que d'obéir à ses instincts. Et le piège est trop ingénieux pour que la proie échappe au népenthès.

Mais nous sommes des êtres intelligents et dotés d'un libre arbitre. Nous, nous pourrions tromper la plante en prenant son nectar, puis en fuyant avant qu'il ne soit trop tard.

Je crains que vous ne négligiez certaines différences essentielles entre et le népenthès et l'alcoolisme. Ce dernier ne propose pas de nectar, mais un poison redoutable. Et n'espérez pas jouer au plus malin :

L'ALCOOL EST PLUS FORT QUE VOUS !

Cependant, il est indéniable qu'une consommation d'alcool modérée présente de nombreux avantages.

Je serai loin d'être aussi catégorique. Mais il ne faut pas tout mélanger : chaque chose en son temps. Pour l'instant, nous comparons le buveur à la mouche attirée par une plante carnivore. Le piège de l'alcool est conçu pour attraper des êtres humains, et 90 % d'entre eux en consomment. C'est un fait avéré, qui ne mérite aucune discussion. Le but de ce piège est de garder ses prisonniers jusqu'à leur dernier jour en les persuadant qu'ils ont choisi de boire et qu'ils conservent un contrôle absolu. Après tout, pourquoi un individu renoncerait-il à une activité agréable qui ne lui crée aucun problème ? Mais quand il en arrive à perdre sa voiture, son travail, sa famille et sa maison, quand il devient vital pour lui de cesser de boire ou au moins de réduire sa consommation, pourquoi ne parvient-il plus à exercer son libre arbitre ?

Parce qu'il s'y prend trop tard.

Non, je ne crois pas. La perte de contrôle ne s'est pas produite du jour au lendemain. En fait, il était évident pour tout le monde, sauf pour lui, qu'il menait depuis des années un combat d'arrière-garde. La même chose se produit avec la nicotine ou l'héroïne. C'est d'ailleurs le propre de ces drogues : plus elles vous détruisent, moins vous pouvez vous en passer, et plus vous tentez de vous justifier, à vos propres yeux comme aux yeux des autres, en prétendant contrôler votre comportement. Mais la vérité est aux antipodes :

VOUS N'AVEZ JAMAIS RIEN CONTRÔLÉ !

Nous avons défini l'alcoolique comme un buveur qui n'est plus capable de se maîtriser. Nous devons à présent apporter une précision :

UN ALCOOLIQUE EST UN BUVEUR QUI SE REND COMPTE QU'IL N'EST PLUS CAPABLE DE SE CONTRÔLER.

Si vous avez toujours du mal à admettre que vous n'avez jamais rien contrôlé, ne vous inquiétez pas : nous reviendrons sur ce point dans un chapitre ultérieur. Cependant, cette idée n'est tout de même pas inacceptable. Le fait d'accuser les hommes adultes qui ne consommaient ni tabac ni alcool d'être bizarres et asociaux ne remonte pas à la nuit des temps. Vous n'êtes peut-être pas dans ce cas, mais beaucoup n'hésitaient pas à les traiter de mauviettes. En quelques dizaines d'années, notre vision du tabagisme a totalement changé. Aujourd'hui, la grande majorité des fumeurs regrettent d'être une source de nuisance pour les autres, et vous ne trouverez pas un seul habitant de cette planète qui souhaite que ses enfants ou ses petits-enfant deviennent esclaves de la nicotine. Même les fumeurs incitent leurs enfants à ne pas suivre leur exemple — ce qui signifie sans l'ombre d'un doute qu'ils regrettent d'être tombés dans le piège. On peut en déduire que leur tabagisme ne résulte pas d'un choix délibéré, mais bien d'une tromperie ingénieuse.

Avant cette prise de conscience générale, l'un de mes amis a reçu un ultimatum de son médecin : soit il renonçait au tabac, soit il était condamné à brève échéance. Le malheureux nous enviait de pouvoir continuer à fumer, et nous, nous le plaignions. De nos jours, c'est exactement le contraire : les fumeurs ne font plus envie à personne, et, même s'ils rechignent à l'admettre, ils ne continuent que parce que leurs tentatives de sevrage ont échoué, ou parce qu'ils se sentent incapables de profiter de la vie ou de lutter contre le stress sans tabac. Quand vous voyez un adolescent en train de goûter à sa première cigarette, quelle est votre réaction : « Persévère, fiston, cela t'apportera des années de bonheur ! » Ou bien : « Malheureux, si tu savais dans quoi tu t'embarques ! » Ce pauvre gamin ne vous fait-il pas penser à la mouche qui se pose sur le népenthès ?

Quelle est selon vous la vision la plus réaliste du tabac : les publicités hollywoodiennes encore en vigueur voilà quelques années ? Ou bien l'habitude répugnante et malsaine qu'on nous dépeint aujourd'hui ? Eh bien, sachez que les jeunes gens qui s'apprêtent à avaler leurs premiers verres d'alcool ne se contrôlent pas plus qu'un insecte attiré sur une plante carnivore. Quelle que soit votre opinion en la matière, je vous demande de faire comme si vous partagiez mon point de vue. Vous verrez ainsi les conséquences capitales qui découlent de notre définition de l'alcoolique : un buveur qui se rend compte qu'il n'est plus capable de se contrôler.

En premier lieu, cela implique que vous possédez une longueur d'avance sur les buveurs ordinaires qui inspirent une telle envie aux alcooliques. En effet, puisqu'ils n'ont pas conscience d'avoir un problème, les buveurs ordinaires n'ont pas la moindre chance de pouvoir le résoudre. Mais le jour où ils commenceront à nourrir des doutes sur leur état véritable, le plaisir illusoire que leur offre l'alcool disparaîtra aussitôt.

Ils vont conserver pendant des années cette étiquette de « buveurs ordinaires », à leurs yeux comme aux yeux des autres. Car votre médecin et les AA ne sont pas les seuls à être incapables de déterminer si oui ou non vous êtes un alcoolique. L'ingéniosité de toutes les drogues réside en partie dans leur aptitude à vous convaincre que sans elles vous ne pourriez plus profiter des bons moments ni combattre le stress. Voilà pourquoi, même quand nous soupçonnons la vérité, nous nous efforçons de trouver des excuses et de nous persuader que nous contrôlons encore la situation. À l'étape suivante, nous commençons à nous rendre compte de notre état, mais nous estimons qu'il n'est pas assez sérieux pour justifier une consultation. Puis vient le stade où nous envisageons de demander de l'aide, tout en pensant que le moment n'est pas encore venu.

Mais vous connaissez déjà tout cela par cœur. Tous les buveurs sont passés par cette succession de prises de conscience, d'hésitations et de marches arrière : c'est ce que les AA appellent le refus de regarder les choses en face. Cette attitude est bien sûr absurde : à quoi bon nier la réalité du problème puisqu'en votre for intérieur vous savez à quoi vous en tenir ? L'ennui, c'est qu'il faut plusieurs années pour admettre qu'on est un alcoolique. Mais j'insiste sur ce point : vous avez déjà accompli une grande partie du chemin. Non seulement vous avez pris de l'avance sur les buveurs ordinaires qui ne se doutent de rien, mais vous avez accepté la vérité et décidé de réagir. Le fait que vous soyez en train de lire ce livre en est la preuve.

« Chaque jour est le premier jour du temps qui me reste à vivre. » L'adage a beau être éculé, il est indiscutable. Je veux que vous cessiez une fois pour toutes de vous reprocher votre conduite antérieure. Vous n'avez pas abusé de l'alcool : c'est l'alcool qui vous a abusé. À présent, vous ne pouvez rien faire de plus que d'essayer de vous en sortir, et vous devez donc concentrer tous vos efforts sur la victoire.

J'ai déjà noté que je déteste le mot « alcoolique » à cause de sa connotation péjorative. La clarté de l'exposé est la seule raison qui me pousse à l'employer. Mais je tiens à vous dire que ma haine pour ce mot ne s'étend absolument pas aux individus qu'ils désignent. Pour moi, personne ne devrait être stigmatisé à cause de sa dépendance à l'alcool. Certains ne partagent sans doute pas mon point de vue : dans ce cas, qu'ils aillent au diable ! Ce qui m'importe pour le moment, c'est que vous arrêtiez de vous juger trop sévèrement. Comme moi, l'alcool vous a probablement conduit à commettre des actes dont vous rougissez. Et vous avez encore plus honte des choses que vous n'avez pas faites — à commencer par votre incapacité à régler seul votre problème. À ce stade de votre lecture, vous aurez peut-être un peu de mal à me croire, mais sachez que vous n'avez pas plus de raisons de vous culpabiliser que la mouche attirée par le nectar du népenthès. La troisième instruction, je vous le rappelle, préconise de « démarrer dans la bonne humeur ». C'est une condition essentielle du traitement, et vous n'y parviendrez pas si vous persistez à vous mépriser. Vous croyez peut-être que je vous conseille de vous absoudre de vos péchés afin d'augmenter mon taux de réussite. Je n'hésiterais pas à le faire si je pensais que cela puisse vous aider. Mais heureusement je n'ai pas besoin de recourir à ce genre de subterfuge. En refermant ce livre, vous aurez compris que c'est l'alcool le coupable, et vous la victime. *La méthode simple* va vous aider à régler votre problème avec l'alcool, mais aussi à surmonter votre sentiment de culpabilité et à regagner votre propre estime. Alors vous retrouverez automatiquement le respect des autres.

Je veux également préciser deux termes qui reviendront souvent dans l'ouvrage. Les dictionnaires donnent des définitions assez disparates qui risqueraient de vous induire en erreur. Il est donc nécessaire que nous nous mettions d'accord sur leur sens afin d'éviter tout malentendu.

ALCOOLIQUE EN COURS DE GUÉRISON : personne qui a décidé de ne plus jamais boire d'alcool.

ANCIEN ALCOOLIQUE : ancienne victime de l'alcoolisme, à présent complètement guérie.

Cela ne veut pas dire que je pense vous avoir déjà convaincu qu'il est facile de guérir. Il me reste encore du pain sur la planche.

L'analogie avec le népenthès avait pour seul but de vous montrer une mouche qui s'imaginait contrôler la situation, alors que l'inverse était vrai — exactement comme n'importe quelle personne dépendante de l'alcool ou d'une autre drogue. Le problème de cette mouche est d'ordre physique : elle ne peut plus s'échapper. L'alcool aussi exerce des effets sur le plan physique, mais heureusement la solution est d'ordre psychologique, et il n'est jamais trop tard pour échapper au piège. En outre, il n'y a rien de plus facile une fois que vous connaissez la technique ! Alors, s'il vous plaît :

N'ATTENDEZ PAS PLUS LONGTEMPS !

Le moment est venu d'examiner les conseils formulés par les autres experts et par le corps médical, et d'étudier d'un peu plus près :

LA PRISON.

5

La prison

Mettez-vous dans la peau du comte de Monte-Cristo. Vous êtes enfermé depuis une éternité dans un cachot insalubre, et vous recevez enfin la visite d'un médecin.

« Cet endroit est affreusement humide, vous déclare celui-ci. Vous risquez d'attraper une pneumonie, et il est évident que vous souffrez de malnutrition. Je ne vous comprends vraiment pas. Vous rendez-vous compte des soucis que vous causez à votre famille ? Pourquoi ne pas être un peu raisonnable et quitter cet endroit ? Si vous ne voulez pas partir définitivement, essayez au moins d'y passer moins de temps. »

Le ton de ce médecin est si condescendant et ses conseils d'une telle stupidité qu'à la place de Monte-Cristo, vous ne manqueriez de lui dire le fond de votre pensée !

Eh bien, il est tout aussi condescendant et inepte de dire à un gros buveur qu'il n'atteindra pas la cinquantaine à moins de renoncer à l'alcool, ou du moins de réduire sa consommation. Condescendant parce que le médecin sait très bien que son patient connaît déjà les conséquences de la boisson sur sa santé et la solution à son problème. L'expérience lui a également appris que ses conseils de bon sens ne serviront probablement à rien. De son point de vue, c'est son patient qui est un parfait crétin.

En fait, ni l'un ni l'autre n'est coupable. Ce n'est pas non plus l'alcool, mais l'ignorance qui l'entoure. C'est l'erreur qui consiste à croire qu'on boit parce qu'on l'a décidé. Si les buveurs, les fumeurs et les autres toxicomanes disposaient encore de leur libre arbitre, pourquoi auraient-ils autant de mal à arrêter ou à limiter leur consommation ? Quand vous décidez de faire quelque chose, vous pouvez par définition choisir de ne pas le faire, ou de le faire moins souvent.

Si l'alcoolique s'avère incapable de cesser de boire ou de moins boire, c'est parce qu'il est prisonnier, comme le comte de Monte-Cristo dans sa geôle du château d'If. Ce qui nous masque cette évidence, c'est notre penchant à considérer l'alcoolique à la fois comme un détenu et comme un gardien. Rien de plus faux ! Il est en fait la malheureuse victime d'un piège très ingénieux élaboré de concert par la Nature et par l'espèce humaine : la dépendance. Il se trouve exactement dans la même situation qu'un prisonnier enfermé derrière des barreaux.

Ne croyez surtout pas que je cherche à me défiler. Des millions de personnes ont réussi à se libérer du tabac ou de l'alcool, et je n'ai pas l'intention de le nier. Elles se feront d'ailleurs un plaisir de vous expliquer que ce n'est pas si facile que cela, mais que vous pouvez y arriver vous aussi à force de volonté et de discipline. Votre famille, vos amis et votre médecin abonderont dans leur sens.

Autre erreur communément admise : celle qui prétend qu'il faut de la volonté pour arrêter de boire ou pour réduire sa consommation. Cette illusion est tellement enracinée que vous aurez sans doute peine à croire que la volonté n'ait rien à voir dans l'affaire. Moi aussi, cela m'a beaucoup intrigué autrefois. Nombre de mes amis et de mes collègues, dont la force de caractère ne m'impressionnait guère, réussissaient à se limiter ou même à en finir avec l'alcool. Pourquoi n'arrivais-je pas à en faire autant, alors que d'autres aspects de mon existence démontraient ma détermination ? Mais je suis loin d'être le seul dans ce cas. Vous pouvez aller à n'importe quelle réunion des AA, et vous verrez que la majorité des participants sont des gens volontaires et efficaces — ou du moins qu'ils l'étaient jusqu'à ce que l'alcool prenne le dessus. C'est d'ailleurs l'une des raisons pour lesquelles les AA pensent que les alcooliques présentent une tare héréditaire, sur le plan physique et mental.

J'expliquerai plus loin pourquoi la force de volonté ne peut pas vous aider, pas plus qu'elle ne peut aider la mouche prisonnière du népenthès. En revanche, cette dernière aurait pu s'enfuir à temps si elle avait connu le mécanisme du piège. De toute manière, même si la volonté pouvait jouer un certain rôle, cela n'y changerait rien. Supposons que notre perte de contrôle soit due à un manque de caractère. Dans ce cas, le médecin nous expliquerait que la solution consiste à mettre en œuvre une qualité qui justement nous fait défaut. Loin de nous donner un peu d'espoir, cette révélation nous saperait encore un peu plus le moral. Si nous n'envoyons pas paître les « experts » qui nous prodiguent ce genre de conseil, c'est parce que nous sommes convaincus que la volonté est le seul remède. Notre amour-propre a déjà beaucoup souffert, et cela n'arrange rien d'être considéré comme une espèce de loque pusillanime.

Avez-vous déjà dressé la liste des conséquences néfastes de l'alcool pour vous convaincre d'arrêter ? Ce procédé semble logique, et beaucoup de prétendus « experts » le recommandent, mais vous vous apercevrez bientôt que leurs conseils vont souvent à l'encontre de l'effet recherché. Voici ce qu'on trouve dans cette liste :

1. L'espérance de vie d'un gros buveur est inférieure de vingt ans à celle d'un non-buveur.

2. Le buveur moyen dépense environ 150 000 € en boissons alcoolisées au cours de son existence.

3. L'alcool détruit les cellules du cerveau.

4. L'alcool est une cause d'impuissance.

Je préfère m'arrêter là, car vous risqueriez de m'accuser de jouer sur la peur. Ce n'est absolument pas le cas. Je veux simplement vous montrer que cette liste vous rend les choses encore plus difficiles. Elle vous aidera peut-être à résister à la tentation pendant quelques jours, et je ne nie pas que certains « alcooliques en cours de guérison » parviennent à rester sobres en employant des techniques de ce type. Mais en réalité, ils tiennent le coup malgré ces techniques, et non pas grâce à elles.

L'idée sous-jacente est la suivante : chaque fois que l'envie de boire vous envahit, il vous suffit de lire votre liste et de vous répéter de ne pas tomber dans le panneau. C'est un moyen efficace de lutter contre la tentation, mais son effet n'est que provisoire. Quand vous ne pouvez compter que sur votre volonté, il arrive toujours un moment où votre capacité de résistance finit par s'épuiser. Alors vous vous exclamez : « Au diable, cette maudite liste ! J'AI BESOIN D'UN

VERRE ! » Et vous saisissez votre bout de papier, non pas pour le lire, mais pour le déchirer en morceaux.

Pourquoi cela ne marche-t-il pas ? Pour la même raison que les conseils des médecins s'avèrent plus nuisibles que bénéfiques. Tous ces arguments peuvent nous aider à décider d'arrêter, mais en aucune façon à mettre cette décision en pratique. La seule véritable solution consiste à agir sur les causes, autrement dit sur les éléments qui nous poussent à boire — ou à trop boire. Au fond, les bonnes raisons que nous avons d'arrêter ne font que nous rendre la tâche encore plus ardue. Beaucoup de gens ont du mal à accepter cette vérité. Pourtant, les dangers liés à l'obésité n'ont jamais coupé l'appétit à qui que ce soit. C'est le syndrome du fruit défendu : la nourriture devient encore deux fois plus alléchante ! Il en est de même avec l'alcool. Plus vous vous concentrez sur la liste des ravages qu'il exerce, plus une partie de votre cerveau vous rétorque :

L'alcool doit donc m'offrir en échange des plaisir fabuleux, sinon je m'en passerais, de même que les 90 % de buveurs.

Si vous avez déjà franchi cette étape et si vous n'avez plus guère d'illusions sur le plaisir ou le soutien que peut vous apporter l'alcool, votre objection sera un peu différente :

Ce démon doit vraiment être d'une puissance redoutable, sinon j'aurais déjà échappé à son entreprise, moi et tous les autres alcooliques chroniques.

Plus vous réfléchissez aux raisons qui vous poussent à arrêter, plus vous vous sentez malheureux et en état de manque durant vos périodes d'abstinence, et plus vous avez honte quand vous vous remettez à boire. Bref, vous oscillez entre le syndrome du fruit défendu et le complexe de culpabilité.

Mais si le fait de se concentrer sur les conséquences funestes de l'alcool vous complique la tâche, c'est surtout parce que vous y consacrez tous vos efforts, comme si cette liste pouvait à elle seule vous donner la solution. Je sais que ce point précis est difficile à saisir, mais vous devez absolument vous en imprégner dès maintenant. Revenons-en au comte de Monte-Cristo. Supposons qu'il suive l'avis du médecin et qu'il passe le reste de son existence à se répéter que la prison est un endroit épouvantable. Cela l'aidera-t-il à s'évader ? Bien sûr que non. Cela renforcera peut-être son désir de fuir préexistant, mais pas davantage. Il ferait mieux de songer à un plan d'évasion. Or, chaque fois qu'il pense à ses raisons de s'enfuir, il gaspille son temps et ne fait donc que repousser encore un peu plus loin la réalisation de son objectif.

La démonstration est évidente dans le cas de Monte-Cristo. Pourquoi l'est-elle moins quand il s'agit de la dépendance à l'alcool ? À cause de l'illusion qui nous fait croire que l'alcoolique est à la fois prisonnier et gardien. Le prisonnier correspond à la part de notre cerveau qui voudrait régler le problème. Le gardien est celle qui nous empêche de passer à l'acte. Comme ces deux adversaires cohabitent dans une seule tête, nous espérons persuader le gardien de nous libérer en insistant sur les malheurs du prisonnier.

Ce point vous apparaît encore obscur ? Il n'y a pas de quoi s'inquiéter. Si vous déteniez déjà la solution à votre problème, vous ne seriez pas en train de lire ce livre. Nous savons vous et moi que des millions de personnes de par le monde sont confrontées aux mêmes difficultés. Des millions de personnes qui voudraient reprendre le contrôle de leur consommation, et qui n'y parviennent pas. En attendant de trouver la solution, acceptez donc le fait indiscutable que vous êtes emprisonné, comme le comte de Monte-Cristo dans sa cellule du château d'If. Et ce dernier n'a besoin de personne pour lui expliquer à quel point sa vie est misérable ! Quand on a perdu son travail, sa maison et sa famille, on ne juge pas nécessaire de dresser la liste de ses malheurs pour pouvoir s'en rappeler ! L'homme qui se retrouve dans une telle situation n'a plus une once d'amour-propre, et il n'a aucune envie qu'on lui reparle sans cesse de sa stupidité et de sa faiblesse de caractère. En lui répétant ce qu'il sait déjà par cœur, les médecins ne feront que retourner le fer dans la plaie.

À présent, je vous propose un résumé des trois points essentiels abordés dans ce chapitre :

1. La seule solution consiste à s'attaquer aux causes du problème. Quelles sont-elles ? Avant tout, le sentiment de trouver dans l'alcool un moyen de profiter des bons moments et d'affronter le stress et les épreuves de la vie quotidienne. Vous croyez peut-être que l'alcool est réellement une arme efficace et qu'il n'est donc pas question pour vous d'y renoncer. Je n'en suis pas aussi sûr. Mais le plus important pour l'instant, c'est que vous gardiez l'esprit ouvert. Cela dit, vos réticences permettent de mieux comprendre pourquoi les gens ont autant de mal à arrêter ou à réduire leur consommation.

2. Vous devez admettre le fait indiscutable que si toutes vos tentatives ont échoué, c'est parce que vous êtes emprisonné dans un cachot, exactement comme le comte de Monte-Cristo dans sa cellule du château d'If.

3. Le patient qui a touché le fond n'a pas besoin qu'on insiste lourdement sur sa stupidité ni sur sa faiblesse de caractère. Cela ne fait qu'aggraver les choses.

Laissez donc de côté les pensées négatives ! Cessez de vous adresser des reproches. Vous n'êtes pas plus coupable que les 90 % de buveurs qui partagent votre prison, ou que la mouche qui obéit à son instinct. N'oubliez pas non plus que lorsqu'on touche le fond, on n'a pas d'autre choix que de remonter vers la surface. La seule chose dont Monte-Cristo avait besoin pour régler son problème, c'était de trouver un moyen de s'évader. La clef de votre prison, vous l'avez déjà entre les mains. Suivez les instructions, lisez ce livre jusqu'au bout, et vous aussi vous recouvrerez la liberté, immédiatement et pour toujours. Bien que l'alcool soit un produit chimique et qu'il exerce des effets physiques, la solution est d'ordre psychologique.

LA MÉTHODE SIMPLE VOUS FOURNIT LA CLEF.

À propos, avez-vous entendu parler de la dernière drogue à la mode ? On l'appelle :

EUPHORIE.

6

Euphorie

Ne vous fiez pas à son nom. EUPHORIE est un poison redoutable qui réduit de beaucoup votre espérance de vie. Elle crée également une forte dépendance, s'attaque à vos défenses immunitaires, nuit à votre concentration et détruit méthodiquement votre système nerveux. Par-dessus le marché, elle a mauvais goût et vous coûtera en moyenne 150 000 € au cours de votre existence. Que vous apporte-t-elle en échange ? ABSOLUMENT RIEN !

Tout cela n'est pas très emballant, non ? Bien sûr, son nom peut vous tromper, mais pas plus que celui des cachets d'ecstasy. Cela dit, les gens qui fabriquent cette drogue la vendraient plus difficilement s'ils l'avaient baptisée DÉPRIME au lieu d'EUPHORIE. Pensez-vous que je pourrais vous convaincre d'essayer une dose d'EUPHORIE ? Et qu'ensuite vous risqueriez de devenir accro ? Si vous hésitez à répondre, relisez la description que je viens de vous en faire. À présent, imaginez que vous soyez dépendant, mais que pour vous libérer il vous suffise d'arrêter d'en prendre, et cela sans trop souffrir des symptômes de manque. Vous agiriez aussitôt, n'est-ce pas ? De sorte que cette drogue n'aurait aucune chance de se répandre dans la population.

Pourtant, elle est déjà très répandue. Malgré leur intelligence et leur éducation, 90 % des Occidentaux y sont accros. Bien entendu, vous avez compris que cette mystérieuse EUPHORIE n'est autre que notre vieil ami l'alcool.

Vous trouvez ma description inexacte ou outrancière ? Dans ce cas, reprenons-la point par point.

Quand quelqu'un vous demande : « Quel est votre poison favori ? », ce n'est pas seulement une expression familière. C'est aussi la vérité. Ce poison est si puissant qu'il suffirait d'une quantité assez modeste d'alcool pur pour vous tuer. C'est d'ailleurs ce que vous êtes en train de faire à petit feu : doucement, mais sûrement.

Vous avez du mal à admettre que l'alcool s'attaque à vos défenses immunitaires, nuise à votre concentration, et détruise méthodiquement votre système nerveux ? Eh bien, ne me croyez surtout pas sur parole, et interrogez votre médecin. Bien qu'il ne puisse guère vous aider à résoudre votre problème, il est beaucoup plus compétent que moi sur ce sujet.

L'alcool n'a pas mauvais goût ? Dans ce cas, essayez d'avaler une malheureuse goutte d'alcool pur. Pourquoi pensez-vous que nous ne le buvions jamais sous sa forme authentique ?

Vous coûtera-t-il vraiment 150 000 € ? Je ne sais pas. Ce n'est qu'une estimation moyenne. Mais vous pouvez faire vos propres calculs si cela peut vous aider.

Crée-t-il une dépendance ? Autant que l'héroïne. Évidemment, vous ne connaissez pas beaucoup d'héroïnomanes. En revanche je peux vous affirmer que, comme vous, 90 % des Occidentaux sont accros à l'alcool.

Mais la plupart d'entre eux boivent simplement pour le plaisir.

En êtes-vous si sûr ? Ou bien sont-ils comme des mouches posées sur un népenthès ?

Vous êtes certain que l'alcool ne donne rien en échange ?

Sur ce point ma réponse est catégorique. Je ne dis pas que les inconvénients l'emportent sur les avantages, mais que l'alcool ne procure *aucun* avantage. Je dois d'ailleurs vous mettre en garde contre vos illusions, car mon combat contre le lavage de cerveau consiste en partie à vous persuader de cette vérité.

Vous avez sans doute du mal à me suivre sur ce terrain. C'est tellement déprimant d'être alcoolique qu'on se raccroche à l'idée d'y trouver au moins certaines compensations. Or, je m'apprête à détruire ces croyances vaguement réconfortantes avant de vous avoir ouvert les portes de la prison. Vous risquez de perdre vos derniers prétextes, vos ultimes justifications. C'est exactement comme si je vous poussais du haut du plongeoir avant de vous avoir appris à nager.

À ce stade, certaines personnes sont prises de panique et interrompent leur lecture. Vous avez sans doute remarqué que les buveurs n'éprouvent aucun désir d'arrêter aussi longtemps que l'alcool ne les a pas détruits sur le plan physique, mental et financier. Ils attendent d'être au fond du gouffre, et d'avoir perdu le soutien de leur famille ou de leurs amis, pour se décider enfin à réagir. Dans ces conditions d'extrême faiblesse, l'alcool leur apparaît comme le dernier ami sur lequel ils puissent compter.

Voilà l'une des subtilités du piège. Son but est de vous maintenir prisonnier jusqu'à la mort. Je vous en prie, ne vous laissez pas berner. Rappelez-vous que vous n'avez strictement rien à perdre et beaucoup à gagner. Pourquoi vous sentiriez-vous triste ou déprimé ? Je ne vous enlève rien. Vous vous figuriez que l'alcool vous donnait du courage et de la confiance en vous, mais ce n'était qu'une illusion. En réalité, il sapait vos réserves de courage et d'assurance de manière imperceptible mais systématique.

C'est d'ailleurs une autre subtilité du piège. La glissade jusqu'au fond du gouffre est si lente que vous ne vous en apercevez même pas. Exactement comme le vieillissement. Chaque matin, nous voyons le même visage que la veille en nous rasant ou en nous maquillant. Il faut contempler une photographie vieille de dix ans pour prendre conscience des outrages du temps. Et pour tenter aussitôt de les minimiser. Nous nous disons : « J'ai pris un sacré coup de vieux ! » Mais en notre for intérieur nous pensons : « Je faisais drôlement jeune à l'époque ! »

Il en est de même pour l'obésité. Si vous vous couchiez un soir avec une silhouette d'athlète et que vous vous réveilliez le lendemain matin métamorphosé en Bouddha, vous vous précipiteriez chez votre médecin, persuadé d'avoir contracté une maladie épouvantable. Imaginez qu'il vous réponde : « Oui, c'est une pathologie sérieuse, voire mortelle, mais heureusement il est encore temps de réagir et de modifier un peu vos habitudes alimentaires. » Vous seriez alors si soulagé que vous vous empresseriez de suivre ses recommandations. J'ajoute que vous ne seriez pas seulement surpris au réveil par une prise de poids spectaculaire, mais par une sensation de fatigue, de léthargie, d'essoufflement. Si cette dégradation nous semble naturelle, c'est parce qu'elle est graduelle et invisible à court terme. Nous ne la considérons nullement comme une maladie, et encore moins comme une pathologie grave :

J'ai grossi de quelques kilos, ce qui est normal à mon âge. Il me suffira de faire un régime et un peu d'exercice, mais je vais attendre les vacances. Je sais que j'ai déjà pris les mêmes résolutions l'année dernière et il y a deux ans, mais cette fois-ci je tiendrai parole.

Même chose avec l'alcool. Ma mission serait accomplie si seulement vous pouviez remonter dans le temps jusqu'à l'époque où vous n'étiez pas encore tombé dans le piège, ou si vous pouviez vous projeter dans le futur, disons dans trois semaines, lorsque vous savourerez votre liberté retrouvée. Et je ne parle pas seulement d'un bien-être physique, mais aussi d'un sentiment de force et de confiance en soi.

Malheureusement, je ne possède pas de machine à explorer le temps. Vous, en revanche, vous pouvez faire appel à votre imagination :

ALLEZ-Y ! TENTEZ L'EXPÉRIENCE !

Ce n'est pas si difficile. Après tout, nous n'avons aucun mal à nous représenter la panique d'un héroïnomane en manque. Nous devinons ses tremblements, ses frissons, ses suées — et l'immense soulagement qu'il doit éprouver en se plantant enfin une seringue dans la veine. Mais nous n'allons certainement pas en conclure : « Ça m'a l'air formidable de s'injecter de l'héro en intraveineuse ! Il faut absolument que j'essaye à la première occasion ! » Ni nous approcher des gens qui suent à grosses gouttes et leur conseiller : « Vous devriez prendre de l'héroïne, ça vous éviterait de transpirer ! »

Nous savons parfaitement que ces symptômes sont provoqués par l'héroïne et qu'ils sont absents chez les personnes qui ne se droguent pas. Pourtant, les toxicomanes éprouvent vraiment un sentiment de bien-être en se piquant.

De même, les gens qui ne boivent pas ont peine à croire qu'on puisse délibérément ingurgiter des litres de bière, jusqu'aux vomissements et au coma éthylique. Cela n'empêche pas les alcooliques de déclarer : « Pourquoi est-ce que je bois ? Par plaisir. Pour me détendre. Pour partager un bon moment avec mes amis. »

Qui a raison ? Les buveurs ou les non-buveurs qui les observent avec stupéfaction ? Gardez l'esprit ouvert avant de répondre. Faites appel à votre imagination. Une fois que vous aurez conscience d'être au fond du gouffre, il vous sera plus facile de concevoir le bonheur que vous ressentirez en remontant à la surface.

Quoi qu'il en soit, je n'ai nullement l'intention de vous pousser du haut du plongeoir avant que vous ne soyez prêt. Souvenez-vous que je vous ai demandé de ne pas arrêter de boire, et même de ne pas réduire votre consommation avant d'avoir terminé le livre. Même lorsque vous l'aurez fini, je n'essaierai pas de vous obliger à sauter. La décision vous appartiendra, mais à ce moment-là vous serez aussi impatient de vous élancer qu'un cheval qui ronge son frein.

Mais pourquoi abandonner le confort de l'ignorance ? Puisque je suis pris au piège, autant continuer à croire que l'alcool me détend et me donne du courage.

Quand quelqu'un commence une phrase par la formule « Je ne voudrais pas vous vexer... », vous pouvez être sûr qu'il va vous dire quelque chose de vexant. De la même façon, le fameux « confort de l'ignorance » est un cliché auquel on fait surtout appel quand il n'a rien à faire dans l'histoire. Bien entendu, lorsqu'on se trouve dans une situation désespérée, il est préférable de ne pas en avoir conscience. Mais si quelqu'un vous vole régulièrement de l'argent, votre ignorance n'a plus rien de confortable. Or l'alcool vous vole votre argent, votre santé, votre courage et votre confiance en vous depuis le jour où vous êtes tombé dans son piège. Si c'était sans espoir, il vaudrait mieux que vous n'en sachiez rien. Mais j'ai une bonne nouvelle à vous annoncer : vous pouvez réagir ! Mieux, vous allez réagir !

Et puis vous n'avez rien à perdre. Contrairement à ce que vous croyez, l'alcool ne vous a jamais rien donné. Et je me demande si vous n'êtes pas déjà au courant. Je n'ai pas dit que j'allais m'attaquer aux raisons qui vous poussent à boire. J'ai bien pris soin de préciser que j'allais m'attaquer aux prétextes qui vous servent à justifier votre comportement. Tous les toxicomanes se cherchent des excuses. Ils se sentent horriblement mal sans leur drogue, ils ne comprennent pas pourquoi, et ils inventent donc des prétextes pour expliquer leur attitude. C'est pour eux un moyen de ne pas avoir l'air trop stupides aux yeux des autres et à leurs propres yeux.

En fait, vous n'avez pas besoin d'inventer quoi que ce soit : il vous suffit de répéter les platitudes avec lesquelles on vous a bourré le crâne depuis votre enfance. L'exemple classique est celui du fumeur qui prétend fumer parce qu'il aime le goût de la cigarette.

Cela ne tient pas debout une seule seconde. Les fumeurs mangent-ils leurs cigarettes ? Alors comment peuvent-ils en apprécier le goût ? Pourtant, on nous a tellement seriné cette absurdité que nous avons fini par y croire. La vérité éclate lorsque le fumeur atteint le fond du gouffre : parvenu à ce stade, il avoue enfin que ses raisons affichées n'étaient que de mauvaises excuses. Mais comme par miracle, celles-ci retrouvent toute leur authenticité lorsqu'il se rend compte qu'il n'arrive pas à en finir avec la cigarette ni même à réduire sa consommation. Vous devez savoir que tous les toxicomanes, quels qu'ils soient, tentent de rendre la potion moins amère en chaussant une paire de lunettes roses. Ne nous y trompons pas :

TOUS LES TOXICOMANES MENTENT.

Aux autres et à eux-même. Ce n'est pas de la malhonnêteté, mais de l'autodéfense : on retrouve une fois de plus le syndrome du « confort de l'ignorance ». Dans les premiers temps, quand ils n'ont aucun désir de contrôler leur consommation, ils se dorent la pilule. Dans ce cas, pourquoi éprouvent-ils tout de même le besoin de se raconter des histoires ? Parce que tous les toxicomanes devinent instinctivement que leur comportement est stupide. Mais je vous expliquerai plus loin qu'une des subtilités du piège consiste à obliger ses victimes à repousser le plus longtemps possible le moment où elles décident de prendre leur problème à bras-le-corps. Ensuite, lorsque leur alcoolisme est devenu chronique, elles se sentent incapables d'en venir à bout, et leur impuissance les amène à inventer des prétextes.

Heureusement, il existe une solution, et elle sera bientôt à votre disposition, mais vous devez d'abord cesser de vous mentir. Vous devez donc garder l'esprit ouvert, ce qui n'est pas toujours facile. En revanche, rien ne vous empêche de continuer à mentir aux autres, si cela vous arrange. Dans quelque temps, vous n'en aurez plus la moindre envie. Au contraire, vous aurez du mal à vous retenir de porter la bonne parole aux autres victimes de l'alcool. Mais je vous conseille de commencer par les observer de près, afin de repérer le moment où elles essaient de se dorer la pilule. Rien ne vous aidera davantage à contrôler votre consommation que de tenter de comprendre les autres buveurs.

Supposons que vous ayez dressé sur deux colonnes la liste des inconvénients et des avantages de l'alcool. Si je parviens à vous démontrer que chacun de ces éléments positifs va en réalité à l'encontre de ce que vous croyez, quelle conclusion en tirerez-vous : que vous devez réduire votre consommation, ou bien carrément arrêter ? Si vous hésitez à répondre, relisez d'abord la description d'EUPHORIE au début de ce chapitre. S'il pouvait voir cette drogue telle qu'elle est, le pire crétin de la planète refuserait d'y toucher.

J'affirme solennellement que l'alcool ne vous aide pas à vous détendre, qu'il ne vous donne ni courage ni confiance en vous, qu'il ne vous apporte aucun soutien dans le combat contre l'ennui et le stress. Irais-je par hasard jusqu'à contester qu'il étanche votre soif et qu'il joue un rôle essentiel dans les relations sociales ?

Oui, je suis convaincu qu'il produit toute une série d'effets indésirables, et que deux d'entre eux vous donnent l'illusion d'être bénéfiques alors qu'en fait ils sont néfastes. Ainsi, loin d'étancher votre soif, il l'aggrave :

L'ALCOOL VOUS DÉSHYDRATE.

Interrogez votre médecin si vous en doutez. Mais j'imagine que vous en avez déjà entendu parler à plusieurs reprises. Sinon, l'expérience est facile à réaliser. Même lorsque vous avez fait de l'exercice par une chaude journée d'été, un demi-litre d'eau suffit d'ordinaire à vous désaltérer. Alors, pourquoi avons-nous encore soif après avoir descendu un ou deux litres de bière ? N'oubliez pas que la bière, comme le vin, contient plus de 80 % d'eau. Si vous avez l'impression d'être désaltéré, du moins à court terme, c'est grâce à cela. À l'inverse, l'alcool contenu dans ces boissons ne fait qu'exacerber votre soif. Voilà pourquoi, après une soirée arrosée, vous vous réveillez au milieu de la nuit avec la gorge aussi râpeuse que du vieux cuir. Si l'alcool désaltérait, vous n'éprouveriez pas le besoin de boire après avoir absorbé de telles quantités de liquide. D'ailleurs, quand vous avez vraiment soif, que buvez-vous ? De l'eau, tout simplement. Il est indéniable qu'après un match de football ou une partie de squash, une bière vous apporte un soulagement provisoire, mais c'est grâce à l'eau qu'elle contient, et non pas grâce à l'alcool.

Il existe un autre effet apparemment positif, mais qui s'avère en fait très néfaste :

L'IVRESSE.

C'est elle qui rend le buveur accro. L'ivresse est un processus d'anesthésie progressive des sens, pouvant aller jusqu'au coma éthylique : ce que les initiés appellent une « bonne biture ». Une authentique relaxation implique la disparition des soucis, des tensions, du stress et des douleurs. Mais il est impossible d'y parvenir, ni d'ailleurs d'éprouver quelque sensation que ce soit, quand on boit jusqu'à en perdre connaissance. L'ivresse est à peu près aussi relaxante qu'un K.-O. sur un ring de boxe. Son seul mérite est d'être un peu moins douloureuse !

Mais des tranquillisants tels que le Valium agissent exactement de la même manière ?

Oui, et c'est la raison pour laquelle de nombreux médecins répugnent aujourd'hui à les prescrire. Je reviendrai sur ce point le moment venu, et j'expliquerai pourquoi l'alcoolisme sape les rapports humains et constitue l'un des pires ennemis d'une vie sociale harmonieuse. Je démontrerai aussi qu'il est source d'ennui et de stress, et que son aptitude à neutraliser les inhibitions est en fait l'un de ses inconvénients majeurs.

Si la description que j'en ai donné au début de ce chapitre est exacte, il est difficile de comprendre comment 90 % des gens peuvent encore tomber dans le piège — et rester prisonniers. Cela montre que notre époque soi-disant éclairée abrite encore bien des zones d'ombre. Le but de ce livre est justement de faire toute la lumière sur le sujet.

Nous sommes parvenus à un point crucial dans la résolution du problème. Nous allons donc nous arrêter un instant afin que vous puissiez l'assimiler. Essayez de vous souvenir d'une des cuites que vous avez prises à l'époque où vous commenciez à boire. Nous justifions d'habitude ces excès en prétendant que nous apprécions soit le goût, soit les effets de l'alcool, soit la combinaison des deux. Mais il suffit de regarder la vérité en face pour comprendre que le goût nous importe peu. De plus, du temps de notre jeunesse insouciante, nous n'avions nullement besoin de nous griser. Si nous réussissions à nous mettre dans un tel état, c'est parce que l'alcool entretenait notre soif tout en anesthésiant nos sens.

Le piège est d'une redoutable efficacité ! La danse nous donne soif. Nous allons donc boire un verre, ce qui l'étanche provisoirement — et ce qui nous fait croire que les boissons alcoolisées ont un pouvoir désaltérant. Mais dès que l'alcool produit son effet, nous éprouvons le besoin d'un deuxième verre. Notre cerveau nous lance alors un avertissement : « Attends une minute. Si tu continues comme ça, tu vas te rendre malade. » L'ennui, c'est que le premier verre n'a pas seulement exacerbé votre soif : il a aussi commencé à endormir vos inhibitions, y compris celle qui vous incite à modérer votre consommation. Chacun des verres suivants ne fait qu'aggraver la situation. Vous avez de plus en plus soif, et de moins en moins envie de freiner vos ardeurs.

C'est ce que j'appelle la schizophrénie du buveur : une lutte acharnée qui va dominer sa vie entière. La moitié de votre cerveau vous réclame à boire, tandis que l'autre moitié vous intime de vous modérer. Malheureusement, au lieu de vous désaltérer, l'alcool crée un « petit monstre » à l'intérieur de votre organisme, et celui-ci fait preuve d'une soif inextinguible. Ce n'est pas une tare héréditaire qui vous entraîne dans ce cercle vicieux : c'est tout simplement l'effet que produit l'alcool sur n'importe quel être vivant, vous y compris !

Pourquoi ai-je baptisé « petit monstre » un fléau qui cause de tels malheurs dans le monde entier ? Parce que le « petit monstre » n'est pas le vrai problème : pour l'apaiser, il suffit de lui offrir un verre d'eau ou une autre boisson désaltérante. L'alcool non plus n'est pas un point essentiel. L'ennemi véritable, c'est le « Grand Monstre » : la double illusion qui voudrait que l'alcool nous aide à profiter des bons moments et à lutter contre le stress, et que certaines personnes soient incapables de contrôler leur consommation. Cet ennemi a un autre nom :

LE LAVAGE DE CERVEAU.

7

Le lavage de cerveau

Depuis notre naissance, on nous bourre le crâne en nous répétant tous les jours que l'alcool désaltère, apporte de la joie, calme les nerfs, donne du courage et de la confiance en soi, enlève les inhibitions, lutte contre l'ennui et le stress, apaise la douleur, favorise la relaxation et stimule l'imagination. En même temps, nous découvrons son rôle primordial dans la vie en société. Peut-on concevoir une fête sans alcool ? Mais l'aspect le plus redoutable du lavage de cerveau réside dans cette « vérité » absolue : les enfants boivent de la limonade, les adultes de la bière, du vin et du whisky. Inutile d'être grand clerc pour comprendre pourquoi tant de gens se précipitent tête baissée dans le piège.

Mon dictionnaire définit ainsi le mot ivresse :

« 1. Ébriété. 2. Excitation, extase. »

Parmi les synonymes, on trouve le mot « euphorie ». Ce serait tout à fait exact si la liste que je viens de dresser au début de ce chapitre reposait sur des faits réels. Malheureusement, la drogue dont j'ai présenté les caractéristiques au début du chapitre précédent mériterait plutôt le nom de :

DÉVASTATION.

Alors, qui dit vrai ? EUPHORIE OU DÉVASTATION ? Il ne s'agit pas de déterminer si la bouteille est à moitié pleine ou à moitié vide. Nous savons qu'elle est pleine à ras bord. Mais quels sont ses effets : euphoriques ou dévastateurs. Dans ma jeunesse, les deux supports principaux du lavage de cerveau étaient la publicité et les films de Hollywood. Aujourd'hui, nous n'avons plus besoin du cinéma pour nous faire bourrer le crâne : il nous suffit d'allumer la télévision. Chaque fois qu'un mari fait les cent pas dans le couloir d'une maternité, quelqu'un lui propose un cognac pour se calmer les nerfs. Et lorsque l'enfant paraît, il sabre le champagne pour fêter l'événement.

Dans la plupart des westerns, une bonne moitié de l'action se déroule au saloon. Apparemment, les pionniers qui ont jadis conquis le Far West passaient la moitié de leur vie à jouer au poker en buvant sec. Pour ces hommes un peu frustes, le comble de l'amusement consistait à déclencher une bagarre d'ivrognes ou se trouer la peau avec leurs Colts.

Plus près de nous, dans les feuilletons du genre *Dallas*, quel est le premier geste du séduisant milliardaire lorsqu'il rentre chez lui après avoir passé une rude journée à plumer ses concurrents ? Il se dirige tout droit vers le bar, met deux glaçons dans un superbe verre en cristal et se sert une généreuse ration de scotch.

Ne parlons pas de ces publicités qui mettent en scène un jeune homme bronzé en train de surfer dans les mers du Sud. Cela dit, on ne peut pas demander à l'industrie des boissons alcoolisées de dépenser son argent pour nous montrer des clochards avinés… Elle préfère nous donner comme exemple un jeune cadre dynamique ou un mannequin sublime un verre à la main. Les pouvoirs publics ont eux aussi tendance à omettre le côté sordide de l'alcoolisme, ce qui n'a rien d'étonnant puisqu'une bonne partie des bénéfices est encaissée par le ministère des Finances…

Hollywood a été beaucoup plus honnête. Lorsque j'avais une dizaine d'années, j'ai vu un film qui s'est gravé dans ma mémoire. Il racontait la vie d'un cirque, avec Tyrone Power dans le rôle principal. Quand le jeune premier arrive dans la ménagerie, le directeur lui montre les principaux animaux. Dans un coin, il y a une cage mal éclairée. Au moment où ils s'en approchent, une brute féroce se jette sur ses barreaux et tente d'attraper le jeune homme. C'est une créature mi-homme, mi-bête. Il s'agit en fait d'un alcoolique invétéré, hirsute et crasseux, qui a connu jadis la gloire sous tous les chapiteaux du monde. Mais le démon de l'alcool s'est emparé de lui, au point de lui faire accepter ce rôle humiliant en échange d'une bouteille quotidienne. Cela m'avait horrifié, tout autant que Tyrone Power. Comment un être humain pouvait-il se rabaisser à ce point ? À l'époque, j'avais mis cette histoire sur le compte des habituelles outrances hollywoodiennes.

Tous ceux qui ont eu le malheur de souffrir d'alcoolisme chronique savent que celui-ci peut vous entraîner dans des abîmes insondables. Ce film déprimant m'avait beaucoup ému, mais il ne m'a pas empêché de tomber dans le piège. Dès le début, pourtant, on devine le dénouement. Le jeune homme devient à son tour une vedette internationale, puis il se laisse détruire par l'alcool, et il finit par supplier le directeur du cirque de lui donner le rôle de la brute. Et il a la chance de le décrocher, car si le malheureux a toujours le physique de l'emploi, il n'a plus la force de l'interpréter. Tels sont les plaisirs de l'ivrognerie…

Même les films qui traitent de la prohibition déforment la réalité. A-t-on essayé ne serait-ce qu'une seule fois d'expliquer pourquoi les dirigeants américains avaient tenté de bannir ce fléau ? Alors qu'ils s'efforçaient de lutter contre ses conséquences désastreuses, on les représente systématiquement comme des rabat-joie. La jet-set a tellement besoin de son précieux poison qu'elle est prête à le payer n'importe quel prix et à soutenir les assassins qui le lui fournissent. Des acteurs comme Humphrey Bogart sont devenus des stars grâce à ce genre de rôle.

Est-ce que nous idolâtrons les dealers d'héroïne ? Bien sûr que non. Nous les condamnons à de lourdes peines de prison, et à juste titre. Pourtant, dans un pays comme le Royaume-Uni, l'héroïne tue moins de 300 personnes par an, alors que l'alcoolisme décime la population : plus de 40 000 morts par an actuellement, et ce nombre ne cesse d'augmenter. Le verbe « décimer » convient d'autant mieux qu'il a pour origine la coutume propre à l'armée romaine d'exécuter un soldat sur dix en cas de mutinerie. Or, les statistiques officielles nous apprennent qu'un buveur sur dix est condamné à mort. Cependant, si les Romains maintenaient ainsi une discipline de fer, il semble que ce massacre n'ait aucun effet sur les buveurs.

Pourtant, nos puissants trafiquants d'alcool agissent en toute légalité. Mieux, ils sont considérés comme des institutions respectables. Pourquoi les laissons-nous dépenser des milliards en publicité ? Serait-ce parce que l'État se réserve la part du lion ?

L'alcool n'est tout de même pas comparable à l'héroïne. Les dealers sont des ordures qui rendent leurs victimes accros. Alors que les marchands d'alcool ne font que satisfaire les demandes de leurs clients.

Faux ! Les héroïnomanes deviennent accros en imitant leurs amis, exactement comme les alcooliques et les fumeurs. Et les dealers satisfont la demande de leurs clients, après être allés se fournir chez les barons de la drogue.

Vous avez peut-être du mal à accepter mon point de vue, mais je vous ai demandé de garder l'esprit ouvert. C'est une simple question de bon sens. La seule différence avec l'industrie des boissons alcoolisées, c'est que les dealers d'héroïne n'ont pas le droit de faire de publicité. L'un des commerces est légal, l'autre pas. Si nous ne sommes pas habitués à envisager le problème sous cet angle, c'est parce que la drogue est assimilée au mal absolu et l'alcool à l'« euphorie ». Nous n'avons aucun mal à voir l'héroïne sous son vrai jour car nous avons du recul. Mais les toxicomanes la considèrent de la même façon que les buveurs ordinaires considèrent l'alcool. Ils pensent que leur habitude résulte d'un choix et qu'ils contrôlent leur consommation. Ils font campagne pour obtenir la légalisation des produits stupéfiants. Ils ont même réussi à persuader des gens influents qu'une telle mesure se justifie. Comme l'alcoolique, le toxicomane ne prend enfin conscience de son cauchemar qu'après avoir compris qu'il est en train de se tuer et qu'il ne maîtrise plus rien.

J'ai déjà dit que la seule chose qui distingue l'alcool de l'héroïne, c'est sa légalité. Et s'il est légal, c'est parce que sa consommation touche 90 % de la population. Voilà pourquoi nous tombons tous dans le piège : depuis l'enfance, on nous conditionne à croire que l'alcool est un produit normal, convivial, agréable et profitable ; que nous choisissons librement de nous y adonner et que nous maîtrisons la situation. La responsabilité n'en incombe ni à la publicité, ni à Hollywood, ni à la télévision, qui se contentent de dépeindre la société occidentale telle qu'elle est. Il leur arrive sans doute d'exagérer ou de déformer la vérité, mais de toute façon celle-ci est déjà l'objet de grossières manipulations : nous parlons d'EUPHORIE alors qu'il s'agit en fait de DÉVASTATION.

Nous mettons en avant des avantages illusoires. Vous savez que la partie immergée d'un iceberg représente 90 % du total. Dans le cas de l'alcoolisme, c'est 99,99 % du problème qui demeure invisible. Pour échapper aux stigmates infamants qui s'appliquent aux alcooliques, nous essayons de nous faire passer pour de bons vivants parfaitement capables de contrôler leur consommation. Il nous est difficile de regarder les choses en face, et plus encore d'en parler aux autres. Même nos proches et nos amis se joignent au complot. Comme ils se rendent compte qu'ils ne peuvent nous être d'aucun secours, ils nous encouragent dans la mauvaise voie en nous cherchant des excuses : « Je sais que Ted boit trop depuis quelque temps, mais il a tellement de soucis. Ça lui fait du bien de se laisser aller de temps en temps. »

La société refuse de considérer un individu tombé au dernier stade de l'alcoolisme comme la victime d'une terrible maladie. Nous aimons nous représenter les poivrots comme des clowns dont le seul but dans l'existence est de nous divertir. L'acteur américain W.C. Fields en avait fait sa spécialité.

Chaque famille a son oncle Ted. Le nôtre était le boute-en-train des fêtes de Noël. Il titubait tellement qu'il finissait régulièrement sur les fesses et avait un gros nez écarlate. Est-ce pour cette raison que les clowns mettent un nez rouge et passent leur temps à se casser la figure ? Il nous faisait mourir de rire, nous autres enfants, en bredouillant des mots indistincts ou en retirant son dentier. Aujourd'hui, j'ai du mal à croire qu'un gamin puisse trouver cela drôle. D'ailleurs, ses propres enfants n'étaient pas du tout pliés en deux. Mais peut-être les gorgées de porto que j'avais avalées en douce contribuaient-elles à mon hilarité.

Sa femme, la tante Mabel, lui servait de faire-valoir dans ses numéros d'acteur. Cela donnait des dialogues du genre : « Un soir je rentre du pub un peu tard, et elle me dit : "Ton dîner est dans le four, complètement brûlé." Alors je lui réponds : "Ça doit être mon anniversaire !" »

Stimulés par nos éclats de rire, il répétait l'histoire cinq fois de suite. Je n'ai jamais rencontré un couple aussi mal assorti. C'était la femme la plus sinistre qu'on puisse imaginer : jamais un sourire, encore moins un gloussement. Et elle était mariée au type le plus gai et le plus drôle de la terre. Vous connaissez la phrase fameuse : « Je le connaissais depuis des années, et je ne m'étais jamais rendu compte qu'il buvait avant de le voir sobre. »

Un jour, ma mère a été hospitalisée, et je suis allé habiter chez l'oncle Ted pendant une semaine. Je m'en faisais toute une joie, mais j'ai découvert qu'il y avait en lui deux individus très différents — bien que tous deux très portés sur la boisson. Le boute-en-train des fêtes familiales cohabitait avec un lamentable tyran, qui rentrait chez lui tous les jours en dégageant une odeur infecte de bière rance, et qui passait le reste de la soirée à enguirlander sa femme, ses enfants et moi-même. J'ai vite compris pourquoi la tante Mabel tirait en permanence une tête d'enterrement.

Cet épisode m'a beaucoup marqué. Mais comme Tyrone Power, cela ne m'a pas empêché de tomber dans le piège. Car nous sommes soumis à un lavage de cerveau d'une terrible efficacité. Le souvenir de l'oncle Ted m'a tout de même été utile lorsque j'ai commencé à boire. Cela m'ennuyait de caler au bout d'un litre et demi de bière alors que mes copains se vantaient d'en avaler quatre litres. De nouvelles chopes arrivaient sans arrêt, et j'étais incapable de suivre le rythme. Pour ne pas avoir l'air idiot, je posais discrètement les miennes devant un confrère de l'oncle Ted, de sorte qu'elles se vidaient comme par magie. Même si celui-ci était un parfait étranger, nous nous comprenions aussitôt, sans avoir besoin d'échanger ne serait-ce qu'un mot ou un geste. À l'époque, cela me semblait naturel, d'autant que je pouvais aller dans n'importe quel pub, il y avait toujours un volontaire pour se charger de finir mes pintes. Je ne crois pas qu'aucun de ces poivrots ait eu conscience de mon problème et ait cherché à en profiter. Il faut plutôt y voir l'équivalent du dicton : « L'homme poursuit la femme jusqu'à ce qu'elle l'attrape. » Beaucoup plus tard, lorsque à mon tour j'ai atterri au trente-sixième dessous, certains ont dû me prendre pour un oncle Ted. Pour rien au monde je n'aurais bu dans le verre d'un inconnu, de peur d'attraper une maladie. Mais tout le monde peut se tromper dans un bar bourré à craquer.

Je ne voudrais pas me vanter, mais au lycée j'ai été champion de boxe scolaire et capitaine des équipes de rugby et de cricket. Je me considère comme un homme intelligent et doué d'une grande force de volonté. Je ne peux donc pas comprendre comment la société a réussi à me faire croire que j'étais un minable sous prétexte que je n'arrivais pas à boire plus d'un litre et demi de bière sans être malade. Certains abrutis se vantent de pouvoir en descendre huit litres. Comme s'il y avait de quoi se vanter ! Imaginez un seau de bière qui se déverse dans votre gosier. Une vision totalement répugnante ! J'étais ravi de laisser ma part à l'un de mes voisins, alors qu'à l'époque ces consommations représentaient pour moi une petite fortune. Et les oncles Ted qui m'entouraient profitaient de l'aubaine pour se détruire la santé. On peut se demander qui perdait le plus au change, mais au fond peu importe : nous étions tous victimes de notre conditionnement.

Dans ma jeunesse, le crooner le plus populaire était un alcoolique lié à la Mafia : j'ai nommé Frank Sinatra. J'ai eu la chance d'assister à l'un de ses concerts. Durant une pause dans son tour de chant, il a bu une gorgée dans un verre contenant un liquide incolore et l'a aussitôt recrachée en s'écriant : « Beurk ! Mais c'est de l'eau ! »

Bel exemple pour notre génération… Son complice Dean Martin poussa le bouchon encore un peu plus loin en adoptant un style musical donnant l'impression qu'il était perpétuellement beurré ! Il ne faut pas s'étonner, par conséquent, si nous n'avons rien eu de plus pressé que de sombrer dans l'alcoolisme.

Nous n'avons pas davantage choisi de boire que de parler notre langue maternelle. C'est une part de notre héritage, de notre culture, de notre éducation. Bien sûr, la frontière est étroite entre le libre choix et le conditionnement. Mais supposons un instant que dans votre cas cela ait résulté d'une décision et que pendant des années vous ayez parfaitement contrôlé votre consommation. Eh bien, vous vous seriez tout de même fait avoir. Vous auriez dépensé votre argent pour obtenir EUPHORIE, et à la place on vous aurait servi DÉVASTATION. Un abus de confiance caractérisé, et malheureusement on ne peut pas poursuivre les fabriquants d'alcool. Encore que… Il n'y a pas si longtemps, les multinationales du tabac se croyaient elles aussi à l'abri des procès.

Si vous achetez une bouteille de champagne, et si en l'ouvrant vous découvrez qu'elle contient de l'eau, vous ne la boirez pas. Mais vous êtes prêt à payer 100 € une bouteille qui contient du poison et à la boire. Et vous

vous prenez pour une personne intelligente et civilisée ! C'est dire l'efficacité du lavage de cerveau.

Ce qui est fait est fait. Les regrets ne mènent nulle part, et il importe peu de savoir si vous en êtes arrivé là à la suite d'un libre choix ou du conditionnement. Il vaut mieux analyser ce qui s'est passé et en tirer les leçons. L'essentiel, c'est la décision que vous allez bientôt prendre et qui déterminera votre avenir. Car cette fois-ci vous aurez toutes les cartes en main, et vous choisirez en connaissance de cause. Voilà pourquoi vous devez d'abord savoir sans l'ombre d'un doute à quoi vous avez affaire : EUPHORIE OU DÉVASTATION.

Nous avons commencé à étudier l'un des deux partenaires de l'alcoolisme, l'alcool. À présent, tournons-nous vers l'autre, l'alcoolique. Et examinons de près :

UNE FABULEUSE MACHINE.

8

Une fabuleuse machine

Vous êtes-vous réveillé récemment frais et dispos après six heures de sommeil, insouciant, gai comme un pinson, prêt à dévorer la vie à belles dents ? Et vous souvenez-vous de la dernière fois que vous avez ouvert les yeux dans cet état d'esprit un lundi matin ?

J'écris ces lignes à l'âge de 66 ans, et je vous assure que c'est presque toujours mon cas, y compris le lundi matin. Je peux imaginer votre réaction : « Allen Carr nous demande de garder l'esprit ouvert et de bien distinguer les faits avérés des légendes, et le voilà qui nous sert un prêchi-prêcha délirant. Il ne doit pas y avoir une seule personne insouciante à la surface du globe ! »

Je suis d'accord avec cette dernière objection. Tout le monde rencontre des difficultés, mais cela ne signifie pas que nous passions notre existence à ruminer, ni qu'au réveil nous ne puissions *faire comme si* le ciel était sans nuage. Je vous en prie, ayez confiance : je ne vous mentirai jamais délibérément. Et ce, pour une raison évidente : si j'étais surpris ne serait-ce qu'une seule fois en train de déformer la vérité, *La méthode simple* s'écroulerait comme un château de cartes. Il m'arrive d'exagérer, non pas pour vous induire en erreur, mais parce que c'est mon style. Et vous n'aurez aucun mal à repérer mes outrances : elles sont tellement énormes que personne ne peut s'y tromper. Vous en conclurez sans doute que le début de ce chapitre s'explique par mon penchant à l'exagération. Eh bien, pas du tout. J'avais même d'abord écrit : « C'est toujours mon cas. » Mais je me suis rappelé qu'il m'arrive d'avoir mal aux dents et de me réveiller en piteux état. Alors j'ai corrigé : « C'est presque toujours mon cas. »

Revenons quelques instants sur mes déclarations. Me trouverez-vous plus crédible si je vous déclare qu'autrefois, avant d'échapper au piège de la dépendance, je me réveillais fatigué et mal fichu, même après dix heures de sommeil, et que je traînais au lit le plus longtemps possible, de peur de devoir affronter une nouvelle journée de calvaire ?

Comment peut-on se mettre dans un état pareil ? Mon grand rendez-vous hebdomadaire, ce n'était pas la cuite du samedi soir, mais la grasse matinée du dimanche matin ! J'avais pourtant l'impression d'avoir du papier de verre dans la gorge et un marteau-piqueur dans la boîte crânienne. Et au fond de mon lit je me répétais comme une litanie : « Mon Dieu ! demain c'est lundi. Encore une nouvelle semaine à tirer ! »

Ce n'est pas facile de contempler EUPHORIE sous son jour véritable. Même quand l'alcool n'a plus aucun secret pour nous, nous nous aveuglons volontairement aussi longtemps que nous « décidons » de rester au fond du gouffre. Bien sûr, la plupart des gens reconnaissent que la société a tendance à enjoliver ses prétendus « avantages » et à minimiser ses inconvénients. Mais le lavage de cerveau que nous subissons depuis l'enfance nous masque complètement une autre réalité : celle qui concerne les buveurs. On nous bourre le crâne en nous répétant que nous sommes imparfaits, faibles, vulnérables, et qu'il est normal pour un adulte de se sentir en permanence fatigué et mal fichu.

Prenez l'exemple de la grasse matinée. Le lit peut naturellement abriter des activités beaucoup plus agréables, mais en général il est dédié au repos. Les personnes hospitalisées y passent le plus clair de leur temps pour la raison précise qui me faisait autant apprécier ma grasse matinée dominicale : parce qu'elles sont malades et à bout de forces. C'est étrange de voir deux situations identiques produire des impressions aussi opposées. Quand nous sommes malades, nous ne rêvons pas de gagner au loto : nous espérons seulement recouvrer la santé pour sortir de l'hôpital et retrouver les plaisirs de la vie. Dans ce cas, pourquoi le dimanche matin était-il pour moi le meilleur moment de la semaine ?

Lorsque je me suis enfin évadé de cette prison, j'espérais en tirer de grands profits du point de vue de ma santé et de mes finances. Mais j'étais persuadé qu'en contrepartie je ne pourrais plus autant profiter des bons moments sans le concours de l'alcool et de la nicotine. Par-dessus tout, je craignais de ne plus avoir le courage et l'assurance nécessaires pour affronter le stress et les épreuves quotidiennes. Je savais que je creusais ma tombe à force de picoler et de cloper, mais chaque fois que j'essayais de réduire ma consommation ou d'arrêter grâce à une méthode fondée sur la volonté, j'avais le moral à zéro. Un sentiment de vide m'envahissait, et j'étais convaincu qu'il m'accompagnerait jusqu'à mon dernier jour. Alors, pourquoi ne pas se résigner à une vie plus courte, mais plus agréable et plus excitante, plutôt que de se condamner à l'ennui interminable d'une existence ascétique ? Si j'avais eu le choix, j'aurais sûrement continué à fumer et à boire comme un trou — et je ne serais plus là pour vous en parler. (À propos, une définition s'impose ici : selon moi, toutes les méthodes sont fondées sur la volonté, à la seule exception de *La méthode simple*.)

Heureusement, je n'ai pas eu le choix. Et à ma grande surprise, l'abstinence a eu des effets très positifs sur mon courage, ma confiance en moi, mon amour-propre et mon énergie. Mieux encore, elle m'a rendu la joie de vivre ! Vous connaissez la formule éculée : « L'enfance est la plus belle période de la vie. » Une opinion réservée aux adultes… Moi, quand j'étais petit, je me disais : « J'ai hâte de grandir pour ne plus aller à l'école tous les jours et ne plus être obligé d'étudier des matières ennuyeuses et sans rapport avec la réalité. Ça doit être formidable d'avoir sa maison, son argent, et de pouvoir faire tout ce dont on a envie. »

Curieusement, les choses ne se passent pas comme cela. L'existence devient de plus en plus stressante, ce que la Nature n'avait pas du tout prévu. Pour toutes les créatures de la planète, y compris les êtres humains, les expériences les plus éprouvantes sont, dans un ordre décroissant, la naissance, la petite enfance, l'enfance et l'adolescence, parce que le doute et le sentiment d'impuissance sont encore plus stressants que la douleur physique. Vous pouvez faire un test : pincez-vous doucement un bras, puis augmentez progressivement la pression. Vous vous rendrez compte que vous pouvez endurer une souffrance très vive sans éprouver pour autant le moindre stress. Pourquoi ? Parce que vous connaissez la raison de cette douleur et que vous maîtrisez la situation. Si c'était une autre personne qui vous pinçait, la cause de la douleur ne ferait toujours aucun doute, mais le stress se déclencherait beaucoup plus tôt parce que vous n'auriez plus le contrôle des événements. Et si une douleur modérée se déclenchait sans raison apparente, le stress serait encore plus intense car vous n'auriez plus ni explication satisfaisante, ni maîtrise de la situation, ni aucune information sur le moment où cette sensation pénible s'atténuerait.

Vous ne vous êtes jamais dit, en regardant jouer des enfants : « Si seulement je pouvais canaliser une pareille énergie, je pourrais m'éclairer et me chauffer gratuitement toute l'année. » ? Adolescent, je possédais un tel dynamisme que je bondissais comme un cabri pour le simple plaisir de brûler des calories. Et je me réjouissais à l'avance de la visite médicale annuelle, tant j'étais sûr d'être en parfaite santé. Aujourd'hui, cela me semble incroyable. Car je n'avais guère plus de vingt ans lorsque je me suis métamorphosé en vieillard. Je devais accomplir des efforts terribles pour me lever le matin, et quel que soit mon nombre d'heures de sommeil, j'étais perpétuellement épuisé. Mises à part la toux du fumeur et une gueule bois occasionnelle, je me sentais plutôt en forme. Je me considérais même comme un garçon solide. Seule l'énergie me faisait défaut : tous les soirs, je m'endormais devant la télévision.

À quoi mon médecin attribuait-il cette léthargie permanente ? Je n'en avais aucune idée, puisque je ne le consultais jamais. L'idée même d'aller le voir me rebutait. Telle est l'absurdité de nos institutions : après avoir été régulièrement examiné à l'époque où je n'en avais pas besoin, je fuyais le corps médical comme la peste maintenant qu'il aurait pu m'être utile. L'âge adulte ne ressemblait guère au paradis que j'avais imaginé. Je ne m'étais jamais douté que la vieillesse s'annonçait avec une telle précocité. Mon stress s'est encore aggravé quand j'ai fondé un foyer et élevé mes enfants : crédits à rembourser, factures, tracas en tout genre, soucis professionnels. Comme tous les parents, je me suis mis à répéter à ma progéniture : « Profitez-en, l'enfance est la plus belle période de la vie. »

On nous a bourré le crâne avec l'idée selon laquelle l'espèce humaine présenterait une extraordinaire fragilité. Chez les animaux sauvages, la gestation, la mise bas et l'élevage des petits sont des fonctions parfaitement naturelles qui s'accomplissent sans l'aide de médecins ni de médicaments. Chez nous, l'accouchement est de plus en plus considéré comme une maladie exigeant une hospitalisation. La mère et l'enfant ont besoin de nombreux examens et de soins intensifs avant, pendant et après la naissance.

Je ne voudrais pas qu'il y ait de malentendu entre nous. Je ne porte pas de jugement : je souligne simplement des faits et la façon dont nous les percevons. Un bébé est à nos yeux une petite chose extrêmement vulnérable. Quand son père le prend pour la première fois dans ses bras, on croirait qu'il porte un bibelot délicat. Or, les nourrissons sont souvent les seuls survivants dans les accidents de la route. Les prescriptions médicales contribuent à renforcer cette impression de fragilité. Il faut faire bouillir les biberons, désinfecter les toilettes et la cuisine, employer savon et dentifrice. Il faut faire vacciner les enfants et leur donner des médicaments à titre préventif. Autrefois, quand j'étais écolier, nous avions droit à la cuiller d'huile de foie de morue quotidienne et au lavement hebdomadaire. Médecins, comprimés et gélules sont partie intégrante de notre quotidien, et nous nous estimons incapables de survivre sans leur aide.

Comment les animaux sauvages font-ils pour s'en passer ? Vous me répliquerez que c'est la raison pour laquelle autant d'espèces sont en voie de disparition. En réalité, ils ne meurent pas de maladie, mais de faim ou des agressions de leurs prédateurs. Aujourd'hui, les causes principales de décès ou d'extinction sont la destruction de leur habitat naturel et la pollution planétaire provoquées par l'*Homo sapiens*. Mais comment l'espèce humaine a-t-elle survécu et prospéré pendant plusieurs millions d'années, comment a-t-elle conquis le Terre entière sans les apports de la médecine moderne ?

Mon but n'est pas de dénigrer les médecins ou leurs méthodes mais d'insister sur notre fantastique robustesse. Je sais parfaitement quelle a été la plus belle époque de ma vie : ce sont les dix-huit années qui viennent de s'écouler. Les dix-huit années qui ont suivi ma découverte de *La méthode simple*. Certains estimeront que c'est dû à l'aisance financière et au respect qu'elle m'a apportés. Pourtant, je jouissais déjà d'un confort relatif et d'une certaine considération en tant qu'expert-comptable et membre de la direction d'une entreprise de jouets. D'ailleurs, j'ai toujours les mêmes amis et je mène le même genre de vie.

Nous nous imaginons que nos problèmes sont dus au vieillissement et au stress du monde moderne. Quand ils viennent consulter dans nos centres, des cadres très solides sur le plan physique et psychologique nous déclarent souvent :

Mon travail implique de lourdes responsabilités, et je subis beaucoup de stress. Comment pourrais-je répondre au téléphone sans le soutien d'une cigarette ? Je crois que je ne tiendrais pas le coup sans les deux ou trois whiskies qui m'aident à me relaxer le soir.

Encore une illustration du lavage de cerveau auquel nous sommes soumis. Dans les pays occidentaux, nous avons pratiquement neutralisé le stress lié aux événements naturels de la vie. La plupart d'entre nous ne s'inquiètent ni de leur prochain repas ni de l'endroit où ils dormiront ce soir. Pourquoi consacrons-nous nos loisirs au ski ou au saut à l'élastique ? Parce que nous n'avons plus l'occasion d'affronter des dangers réels et que cela nous manque. Parce que nous ne craignons plus d'être attaqués par des animaux sauvages. À l'inverse, un lapin n'est en sécurité qu'au fond de son terrier, et son existence est une lutte perpétuelle pour survivre. Mais il est de taille à s'en sortir grâce à l'adrénaline et à d'autres substances.

Nous aussi, d'ailleurs !

Est-ce vraiment si stressant de décrocher son téléphone ? Il ne va pas vous mordre, ni vous exploser à la figure ! Pourquoi confondons-nous responsabilités et stress ? Si nous prenons des responsabilités, c'est parce que cela nous plaît et qu'un travail plus routinier nous ennuierait et augmenterait donc notre stress.

Pourquoi me suis-je plaint des traites et des factures ? Mon salaire très correct me permettait de les régler. J'avais une femme adorable, quatre enfants en bonne santé, une bonne voiture et une maison confortable. Bref, j'étais un type heureux, et l'avenir me souriait. Alors, pourquoi avais-je l'impression de porter un fardeau écrasant ?

La réponse est évidente : quand vous vous sentez fatigué et que vous n'avez pas le moral, vous vous faites une montagne d'un rien ; le moindre contretemps prend une allure de désastre, et il suffit d'un problème banal pour vous donner le coup de grâce.

Le plus important dans la vie, c'est la santé. Encore un cliché, mais qui traduit une profonde vérité. Quand nous sommes malades, nous n'avons plus qu'une idée en tête : guérir. Mais à peine sommes-nous sortis d'affaire que nous trouvons naturel d'être en pleine forme. En ce qui me concerne, je n'ai jamais été vraiment malade, mais je ne débordais pas non plus d'énergie. À l'époque où je buvais et fumais, j'étais rarement souffrant, mais j'avais oublié cette merveilleuse sensation d'avoir du dynamisme à revendre, de dévorer l'existence à belles dents. Je croyais que cela disparaissait avec l'adolescence.

Encore un mensonge avec lequel on nous bourre le crâne depuis l'enfance. Les animaux ne fêtent pas leur anniversaire et n'entrent jamais dans le troisième âge. Tant que vous êtes en forme sur le plan physique et psychologique, vous pouvez profiter pleinement des plaisirs de l'existance. Bien sûr, les tragédies ne vous seront pas épargnées, mais vous disposerez des moyens de les surmonter. Les revers que nous subissons tous vous apparaîtront comme une composante nécessaire du formidable défi qu'on appelle la vie. La vieillesse n'existe pas. Si vous êtes en bonne santé et plein d'entrain, peu importe que vous ayez deux ans ou quatre-vingt-douze ans. L'important, ce n'est pas le nombre d'années que vous avez vécues, mais votre manière de regarder le monde. À quarante-six ans, j'étais un vieillard ; aujourd'hui, à soixante-six ans, j'ai l'impression d'être un jeune homme. Mieux encore, je me réjouis par avance des années merveilleuses qui m'attendent. La seule différence entre ces deux périodes, c'est qu'entre-temps j'ai cessé de prendre mes doses quotidiennes de poison. Je me suis échappé d'un enfer en noir et blanc, comateux, déprimant, effrayant… pour entrer dans un paradis lumineux, coloré, rassurant, ou règnent la santé et la liberté.

Vous êtes en train de lire le chapitre capital de ce livre. Si je souhaite autant vous aider à réduire votre consommation ou à renoncer à l'alcool, ce n'est pas parce qu'il vous tue à petit feu, qu'il sabote votre bonheur et qu'il vous coûte une fortune. Non, mon but est beaucoup plus terre à terre :

JE VOUDRAIS QU'ENFIN VOUS PROFITIEZ DE LA VIE.

L'obstacle qui nous empêche de régler notre problème d'alcool, c'est la croyance qu'en cas de succès, notre existence sera beaucoup moins agréable. Alors que la réalité est diamétralement opposée !

À quarante-six ans, je me sentais faible aussi bien du point de vue physique que mental. Mes amis et mes collègues me prenaient pour un roc. Effectivement, je ne manquais ni de courage ni de confiance en moi, à condition d'avoir ma bouteille et mes clopes à portée de la main. Sinon, j'en étais réduit à l'état de Samson quand Dalila vient de lui couper les cheveux… J'étais donc convaincu que l'alcool et le tabac étaient le carburant indispensable à mon moteur, et je n'y aurais renoncé pour rien au monde. Je savais aussi qu'ils me conduisaient tout droit à la mort, mais ce n'était pas suffisant pour m'inciter à réagir. Quand je pense que je me suis empoisonné méthodiquement pendant trente-trois ans, je trouve miraculeux que mon organisme ait pu résister. C'est bien la preuve que le corps humain est une machine d'une force et d'une sophistication prodigieuses.

De toute évidence, ni le tigre ni l'éléphant ne sont des animaux fragiles. Pourtant, ils sont l'un comme l'autre en voie de disparition. Le corps humain est composé des mêmes cellules, mais il est équipé d'un cerveau beaucoup plus volumineux. Si je vous demande de lever la main gauche, vous hésiterez peut-être une fraction de seconde avant de choisir la bonne, mais vous conviendrez que la performance n'a rien d'extraordinaire. Un bon dresseur peut obtenir ce résultat avec la plupart des chiens. Maintenant, supposons que vous deviez demander aux six milliards d'hommes qui peuplent la planète de lever la main gauche au même moment. Même avec les techniques de communication modernes, vous n'auriez aucune chance d'y parvenir. Pourtant, vous accomplissez une tâche aussi complexe chaque fois que vous faites le moindre geste — quand par exemple vous vous grattez le nez.

Votre organisme est composé de milliards de cellules : autant d'entités autonomes mais capables d'agir en symbiose avec toutes les autres. Vous n'éprouvez aucune difficulté à éplucher une pomme, à lire le journal, à jouer aux cartes ou à répondre au téléphone. En revanche, il vous serait impossible de mener à bien simultanément ces quatre activités. Les milliards de cellules qui forment notre organisme, elles, ne cessent de remplir en même temps de nombreuses missions d'une incroyable complexité.

Même durant votre sommeil, vos poumons s'emplissent d'oxygène, tandis que votre cœur envoie cet oxygène et d'autres éléments vitaux vers les organes qui en ont besoin par le biais du système sanguin. Pendant ce temps, une sorte de thermostat maintient votre température interne au degré voulu, et votre système digestif continue à traiter les aliments ingérés, à absorber calories et éléments nutritifs, et à préparer l'évacuation des résidus. Quant à votre système immunitaire, il poursuit sans relâche son combat contre les agressions et les infections.

Comme ces fonctions n'exigent aucun effort conscient de votre part, vous n'y prêtez pas attention. Sans entrer dans les détails, il faut tout de même que vous vous rendiez compte de la complexité inouïe du corps humain. Il s'agit en fait de la machine la plus apte à survivre jamais apparue sur cette planète, d'une sorte de chef-d'œuvre de la Création, un million de fois plus perfectionné que nos ordinateurs et nos vaisseaux spatiaux.

Vous croyez peut-être que nous sommes le résultat d'un processus entamé avec le Big Bang et poursuivi par trois millions d'années de sélection naturelle. Ou bien que nous avons été créés de toutes pièces par un Être qui nous est incomparablement supérieur. Ou encore que l'intelligence est l'aboutissement de plusieurs milliards d'année d'Évolution, un peu comme l'invention de la roue a abouti à la fabrication des Rolls-Royce…

Peu importe. Vous n'avez pas besoin d'avoir la foi. Il vous suffit d'ouvrir votre esprit… et vos yeux ! Loin de nous être créés nous-mêmes, nous sommes les fils de la Nature, au terme de plusieurs milliards d'années de tâtonnements. Chacune de nos fonctions instinctives a pour but de favoriser notre survie, que cela nous plaise ou pas. Et celui qui est assez stupide pour contredire plusieurs milliards d'années d'évolution ne mérite pas l'appellation d'être intelligent.

L'humanité a accompli de fabuleux exploits, en particulier dans le domaine médical. La première transplantation cardiaque est très récente. Aussi sommes-nous autant émerveillés par cette prouesse que l'adolescent qui vient tout juste d'apprendre à changer une pièce sur son scooter. Mais celui-ci est totalement incapable de produire l'acier puis de fabriquer les différents composants de son moteur. Il a fallu plusieurs générations pour accumuler le savoir technologique nécessaire à la conception d'un tel engin. Cependant, nos plus remarquables inventions ne sont pas plus sophistiquées que le silex taillé d'un homme préhistorique si on les compare à une cellule vivante. Malgré ses prodigieuses connaissances scientifiques, l'humanité n'est toujours pas en mesure de créer une seule cellule vivante.

Ne vous laissez pas tromper par les derniers progrès du clonage. Il ne s'agit nullement de création. Nous savons cloner des fleurs, des plantes et des légumes depuis des milliers d'années. C'est ce qu'on appelle le bouturage. Il n'y a donc rien d'étonnant à ce qu'on puisse obtenir des résultats identiques avec les cellules animales.

Faute de pouvoir communiquer directement avec la Nature, nous sommes obligés d'avoir recours à des experts appartenant à notre espèce. Aucun problème quand il s'agit de faire dépanner votre voiture ou votre ordinateur. Ceux-ci ayant été conçus par l'homme, il ne vous viendrait pas à l'idée d'en confier la réparation à un gorille apprivoisé. Vous ne croyez pas que la même prudence s'impose lorsqu'il est question de confier une machine aussi complexe que votre organisme à un médecin ? Réfléchissez bien avant d'accepter que celui-ci modifie le fonctionnement normal de votre corps. Et dans le doute, faites plutôt confiance à un expert authentique : la Nature !

Mais vous venez de nous dire qu'il est impossible de communiquer directement avec la Nature !

C'est vrai, mais nous pouvons l'écouter. Elle nous parle depuis l'instant où nous avons vu le jour. Mais nous sommes tellement impressionnés par notre propre intelligence et par notre technologie que nous avons cessé de lui prêter l'oreille. Nos yeux et notre esprit se sont fermés. Il est indéniable que la science contemporaine a beaucoup appris sur le fonctionnement du corps humain. Un savant éminent a récemment comparé ces percées au défrichement d'une clairière dans une gigantesque forêt. Plus cette clairière s'étend, plus s'allonge le périmètre qu'il nous reste à explorer. Ainsi, la découverte de l'ADN a résolu une énigme, mais en a enfanté des milliers d'autres. Chaque gène constitue désormais un nouveau mystère à sonder.

Au moment où j'écris ces lignes, j'ai la chance d'être assis en face d'un paysage très pittoresque, dominé par un chêne majestueux. Là encore, nous ne nous interrogeons jamais sur l'origine de ces arbres magnifiques. Pourtant, c'est un gland minuscule qui lui a donné naissance en tombant sur le sol. Bien que personne ne lui ait fourni d'eau ni d'engrais, il est devenu un géant plus robuste et plus durable que toutes les œuvres humaines. Il se dresse vers le ciel depuis dix siècles, il produit chaque année des milliers de glands afin de perpétuer son espèce, et il offre le gîte et le couvert à des milliers de petites créatures. Cela tient du miracle !

Curieusement, mon dictionnaire donne au mot « miracle » la définition suivante : « événement surnaturel », autrement dit « qui se situe au-delà des lois naturelles ». Pour moi, simple mortel, le processus qui transforme un gland en chêne demeure miraculeux, mais je n'y vois aucune intervention surnaturelle. Au contraire, il s'agit d'un exemple classique des lois naturelles. Je me suis d'ailleurs trompé en affirmant qu'on ne l'avait ni arrosé ni nourri. Toujours ces satanées œillères ! En fait, la Nature a pourvu à ses besoins en eau, en soleil et en nutriments : un miracle pour nous, une simple routine pour elle. La définition du dictionnaire illustre à merveille le message que je tente de vous adresser. Un miracle n'est pas un événement surnaturel, mais simplement un événement incompréhensible pour l'humanité, car elle ne dispose pas des connaissances et de l'intelligence nécessaires pour l'expliquer.

Je vous ai dit qu'à mes yeux ce chapitre est le plus important du livre. Ce n'est sans doute pas un hasard si c'est aussi celui que j'ai le plus de mal à écrire. J'ai également déclaré que *La méthode simple* présente de nombreux points communs avec l'enseignement des AA. Ceux-ci affirment que les alcooliques n'ont pas la force de combattre seuls leur démon, et qu'ils doivent obtenir le soutien d'une puissance supérieure. Si vous croyez que Dieu nous a créés à son image, n'hésitez surtout pas à prier pour qu'il vous vienne en aide. Mais mon message n'a rien à voir avec cela. La foi est inutile. L'essentiel, c'est que nous sommes les fils de la Nature, et peu importe si cette dernière est le fruit du hasard ou l'œuvre d'un Architecte divin.

Aujourd'hui, je me demande comment j'ai pu être aussi aveugle et arrogant. J'étais entouré de miracles, et pourtant je refusais d'admettre qu'ils étaient le produit d'une intelligence suprême, la Nature. La source d'informations la plus fiable dont nous disposions, c'est notre instinct. Je suis extrêmement reconnaissant à la Nature de nous avoir donné tout ce dont nous avons besoin pour survivre et pour profiter de l'existence. Je veux parler de son chef-d'œuvre :

LE CORPS HUMAIN, CETTE FABULEUSE MACHINE.

De nos jours, la toxicomanie ne cesse de progresser, à la grande stupeur de la société en général, et des parents en particulier. Les politiques répressives ont montré qu'on ne règle pas le problème en tentant de démanteler les réseaux d'approvisionnement. La lutte contre la prostitution avait déjà largement prouvé qu'on ne tarit pas la demande en rendant l'offre illégale. Certains « experts » en ont même conclu qu'en interdisant une drogue, on augmente la demande parce qu'elle devient une sorte de « fruit défendu ».

Non seulement nous n'avons pas tiré les leçons de l'époque de la Prohibition aux États-Unis, mais il semble que nous n'ayons rien appris de l'histoire d'Adam et Ève. Certains experts vont jusqu'à prôner la légalisation de drogues comme le cannabis et l'héroïne. Ils croient sincèrement que les jeunes tombent dans ce piège par désir de se rebeller contre l'autorité parentale, et que la seule solution consiste donc à banaliser ces produits. C'est l'évidence même ! Comment n'y ai-je pas pensé plus tôt ? Si nous légalisons l'héroïne, par exemple, la situation deviendra identique à celle de l'alcool : seuls 90 % de la population tomberont dans le piège de l'héroïne ! L'idée est si géniale qu'il ne faut pas s'arrêter en si bon chemin. Pourquoi ne pas encourager nos enfants à consommer du cannabis et de l'héroïne, exactement comme nous le faisions pour la nicotine, et comme nous continuons à le faire pour l'alcool ?

Bien entendu, nous nous efforçons d'empêcher nos enfants de tomber dans le piège de la drogue. Pour ma part, quand j'ai enseigné aux miens le code de la route, je ne me doutais pas que je risquais par là même de les pousser à se jeter sous un bus en signe de rebellion ! Si les prétendus « experts » profèrent de pareilles inepties, c'est parce qu'ils ne disposent d'aucun moyen de protéger les adolescents contre la menace des drogues, et qu'ils ignorent comment fonctionne le piège. C'est toujours la même histoire : rien n'a changé depuis l'époque où je suis tombé dans le piège de l'alcool, qui repose sur un triple lavage de cerveau. Premier mensonge : l'esprit et le corps humains sont si faibles et si débiles qu'une aide extérieure est nécessaire pour pouvoir jouir de la vie et affronter le stress. De là provient la croyance selon laquelle nous devrions combler nos lacunes grâce à des produits chimiques. Deuxième mensonge : l'alcool nous permet de compenser nos faiblesses, alors qu'en fait c'est lui qui les provoque. Troisième mensonge : nous sommes plus intelligents que la Nature qui nous a créés. Quelle prétention !

Voilà pourquoi ce chapitre est le plus important du livre. Tous les hommes d'affaires savent que si la demande se tarit, vous pouvez faire toute la publicité que vous voudrez, cela n'y changera rien. C'est parce que nous nous croyons faibles et déficients que nous avons envie de boire de l'alcool ; et c'est parce que celui-ci nous donne l'illusion de combler un manque que nous devenons dépendants. Les escroqueries les plus réussies exploitent toujours la faiblesse humaine et l'avidité. Si vous supprimez cette faiblesse et cette avidité, aucune victime ne se laissera plus abuser. Dans le cas de l'alcoolisme, les avantages promis sont purement illusoires. C'est comme si l'on vendait une béquille en bois vermoulu à quelqu'un qui ne s'est pas cassé la jambe. Mais si l'on ne parvient pas à neutraliser ce prétendu besoin, la sensation de vide demeurera : c'est ce qui distingue la guérison définitive de la simple amélioration.

Mon ordinateur portable est une machine extrêmement ingénieuse et perfectionnée. Mais elle est aussi très fragile. Le jour où je l'ai achetée, quelqu'un a renversé un verre d'alcool à côté de moi, et quelques gouttes se sont répandues sur le clavier. Bien que je l'ai essuyé aussitôt, mon ordinateur est tombé en panne, et j'ai dû le faire réparer. À l'évidence, une machine incomparablement plus complexe, comme le corps humain, devrait donc être d'une incroyable fragilité. C'est en tout cas l'idée avec laquelle on nous bourre le crâne. Mais examinez les faits. Pendant trente-trois ans, j'ai avalé tous les jours un liquide poisseux et toxique, sans compter d'autres poisons tels que la nicotine. Et non seulement j'ai survécu, mais je n'ai même pas été obligé de payer des réparations ! D'accord, j'ai eu plus de chance que beaucoup de gens. Mais vous aussi vous avez de la chance, sinon vous ne seriez pas en train de lire ce livre.

Voulez-vous, s'il vous plaît, relire le premier paragraphe de ce chapitre ?

Ce n'est ni de la propagande ni même de l'exagération. Vous n'aimeriez pas éprouver ce genre de sensation ? Eh bien, sachez que vous possédez un organisme d'une grande robustesse et d'une totale autonomie. Le cerveau humain est la machine la plus fabuleuse à la surface de la planète, et elle contrôle un corps doté de toutes les substances chimiques nécessaires pour vivre vieux, heureux et en bonne santé.

Nous sommes équipés d'un système d'alarme qui nous prévient des dangers longtemps à l'avance. Si le voyant rouge de votre niveau d'huile s'allume sur votre tableau de bord, allez-vous régler le problème en retirant l'ampoule ? Et si chez vous un fusible saute à plusieurs reprises, allez-vous le remplacer par un clou ? Bien sûr que non. Car ce seraient des solutions à court terme. Le voyant d'huile et le fusible sont des systèmes d'alarme, et les ignorer ne peut que vous conduire au désastre. Pourtant, la médecine moderne est fondée sur des médicaments qui traitent les symptômes, et non pas les causes de la maladie.

Pendant de nombreuses années, j'ai souffert de constipation, avec ses conséquences habituelles : hémorroïdes et douleurs intenses. Mon médecin me prescrivait des laxatifs et diverses pommades. Pourquoi ne m'a-t-il pas expliqué que ma constipation était due au fait que je préférais suivre un menu concocté par l'intelligence humaine plutôt que de manger les aliments prévus par la Nature ? Cela vous viendrait-il à l'idée de faire le plein de gazole dans une voiture équipée d'un moteur à essence ?

Nous avons tous pris des analgésiques à un moment ou à un autre. Certaines personnes y sont même accros. Cependant, la douleur n'est pas une maladie, mais un symptôme. Et détruire un symptôme dans votre organisme peut s'avérer encore plus désastreux que de retirer l'ampoule du voyant d'huile sur votre tableau de bord. N'importe quel médecin à peu près compétent vous dira que le système immunitaire est l'arme la plus efficace dont vous disposiez, à la fois pour prévenir et pour guérir vos pathologies. En supprimant les symptômes, vous neutralisez votre système immunitaire. Si vous débranchez l'alarme-incendie, n'espérez pas voir arriver les pompiers !

J'aurais bien aimé aussi que mon médecin m'explique que l'organisme n'est pas fait pour souffrir, et que la plupart des maux dont je venais me plaindre auraient été éradiqués par un changement de mode de vie. Les effets les plus néfastes de l'alcoolisme ne concernent peut-être pas le foie, mais le système immunitaire, qui devient incapable de fonctionner normalement. C'est un peu comme si nous décidions de nous inoculer le virus du sida.

Si vous avez déjà conduit dans un brouillard à couper au couteau, vous savez que c'est une expérience angoissante, même en plein jour, et même quand on roule très doucement. Imaginez-vous maintenant aux commandes d'un avion dans des conditions identiques, mais de nuit, et au-dessus d'une chaîne de montagnes. Une perspective terrifiante malgré tous les instruments de bord ! Bien entendu, vous devez voler à une vitesse suffisante pour ne pas décrocher. Soudain, l'altimètre vous indique 1 000 mètres, alors que les plus hauts sommets atteignent 2 000 mètres. Allez-vous bloquer l'aiguille de l'altimètre sur 3 000 mètres ? Bien sûr que non. Même un parfait imbécile n'agirait pas ainsi.

C'est pourtant ce que nous faisons en consommant de l'alcool et des drogues. Je ne répéterai jamais assez que lorsqu'il est sous le contrôle de notre cerveau, notre organisme est une machine sans rivale à la surface de la Terre du point de vue de l'adaptation à la survie. Que cela nous plaise ou pas, la Nature nous a équipés de sens et d'instincts conçus exclusivement à cette fin. Comme le lapin, nous produisons de l'adrénaline et d'autres substances chimiques en cas de besoin — et ce, sans limitations quantitatives. Toute interférence avec ces sens et ces fonctions mène à la catastrophe — comme si un pilote déréglait ses instruments de navigation. Je vous expliquerai un peu plus loin comment l'alcool altère nos sens afin de créer une illusion de plaisir et de soutien.

Vous estimez peut-être que la comparaison avec la navigation aérienne par temps de brouillard est un peu exagérée. Pourtant, ce n'est pas un hasard si nous désignons la démarche d'un ivrogne par des expressions comme « être dans le coton », « marcher à l'aveuglette » ou « avancer au radar ». Imaginez une personne sourde et aveugle de naissance. Comment pourrait-elle traverser la rue sans risquer sa vie ? Exactement comme un aviateur qui pilote dans le brouillard sans instruments de navigation. Sans nos sens, c'est-à-dire sans les instruments dont nous sommes entièrement dépendants, nous flotterions en permanence dans une épaisse nappe de brouillard. Il est donc absurde de perturber leur bon fonctionnement en ingérant des produits chimiques. Et il faut être carrément idiot pour consommer des poisons qui nous rendent accros.

Le piège de l'alcool ressemble à un beau jardin. Des jeunes gens s'y promènent pendant des années et n'ont aucun désir d'en sortir. Un jour, ils se rendent compte que les fruits et les légumes qui y poussent sont toxiques, que le jardin est un labyrinthe, et que le seul moyen de s'en évader consiste à emprunter en sens contraire le chemin par lequel ils sont entrés. Bien entendu, cela leur faciliterait la tâche de retrouver leurs propres traces. C'est ce que nous allons faire à présent :

COMMENT SOMMES-NOUS TOMBÉS DANS LE PIÈGE ?

9

Comment sommes-nous tombés dans le piège ?

Les circonstances varient selon les individus, mais le principe est toujours le même. Beaucoup d'enfants réussissent à boire de petites gorgées d'alcool à la faveur des repas de fêtes, mais pour la plupart d'entre nous, les choses sérieuses commencent à l'âge où l'on nous demande de renoncer aux plaisirs de nos tendres années pour entrer dans le monde des adultes sérieux et responsables. La petite enfance est d'habitude beaucoup plus stressante que l'adolescence, mais à cette époque de la vie on surmonte toutes les difficultés sans recourir à quelque drogue que ce soit. Observez des gamins invités à un anniversaire. Ils arrivent tout intimidés ; une demi-heure plus tard, ils hurlent de joie avec leurs copains. Et ce, sans l'aide de l'alcool, de la nicotine ou d'un autre poison. C'est cela, le bonheur authentique : la joie de vivre à l'état pur. En fait, je ne crois pas qu'il y ait beaucoup de plaisirs plus intenses que d'entendre rire les gens qu'on aime, qu'ils aient un an, dix ans ou cinquante ans. Et inutile de connaître la raison de leur hilarité : le rire est si contagieux !

Quand l'individu entre dans l'adolescence, le lavage de cerveau a déjà exercé ses effets. Je suis effrayé de constater à quel point les jeunes gens d'aujourd'hui ont besoin de trouver des soutiens, comme si la Nature avait oublié de fournir un ingrédient essentiel à la plus perfectionnée de toutes ses créatures. Après tout, est-ce si étonnant dans un monde pressé qui fait davantage confiance à la technologie qu'aux éléments naturels ? La révolution industrielle pensait que la science allait libérer l'humanité ; mais comme dans l'histoire du monstre de Frankenstein, les rôles se sont inversés, et notre propre technologie nous a réduits en esclavage. Nous sommes victimes de l'intelligence qui nous distingue des autres animaux. Cette merveilleuse intelligence qui nous a permis d'inventer des objets aussi extraordinaires que le vélo d'appartement et la télécommande. La seconde nous transforme en loques humaines, d'autant que nos métiers trop sédentaires nous amènent à accumuler des calories inemployées. Les jours de pluie, nous sommes donc obligés de les brûler entre quatre murs, en pédalant sur des vélos qui ne mènent nulle part…

Impossible d'acheter des aliments sans se demander s'ils sont génétiquement modifiés ou gorgés d'insecticides. Pis encore, nous découvrons régulièrement de nouvelles maladies pour lesquelles il n'existe aucun traitement. La tuberculose et la malaria reprennent du poil de la bête, tandis que nous polluons allègrement les rivières, les sols, la mer et jusqu'à l'atmosphère que nous respirons. Nous sommes responsables des trous qui se forment dans la couche d'ozone et du réchauffement planétaire. Nos pêcheurs épuisent les réserves de poissons, nos agriculteurs transforment les terres arables en déserts et détruisent les forêts tropicales. Nous gaspillons les matières premières et les sources d'énergie, tandis que notre démographie galopante entraîne l'extinction de milliers d'espèces.

Nous avons hérité d'une planète magnifique, parvenue à maturité au terme de trois milliards d'années d'évolution, et dont les écosystèmes assuraient la prospérité d'innombrables espèces animales et végétales. Et nous nous acharnons à bétonner et à stériliser ce vert paradis. Malgré nos immenses progrès technologiques, nous n'avons éradiqué ni la faim, ni les maladies, ni la guerre. Au contraire, nous avons fabriqué des armes si dévastatrices que nous n'osons même plus nous en servir contre nos ennemis. Voilà ce que nous allons léguer à nos enfants : un monde gangréné par la toxicomanie et la violence. L'homme occidental n'a vraiment pas de quoi se vanter. Il est exact que nous avons mis fin à de nombreux fléaux : la mortalité infantile a été considérablement réduite, du moins dans les pays riches. Mais la somme des souffrances humaines est restée constante, car les triomphes du progrès scientifique se sont payés au prix de nouvelles catastrophes. Ainsi, le recours abusif aux antibiotiques a renforcé les maladies qu'ils étaient censés combattre.

C'est vrai, nos ancêtres n'avaient ni psychiatres ni services de police performants. Mais ces nouveaux remèdes s'expliquent par la création de nouveaux besoins. L'homme moderne ressemble au fou qui lancerait une pierre dans sa propre fenêtre afin de s'obliger à acheter une alarme antivol ! Bien que la plupart d'entre nous vivent dans des villes surpeuplées, ils ne se sont jamais sentis aussi seuls. Pour tenir le coup dans cet univers trépidant, nous avons dû élaborer des médicaments euphorisants et des pilules antistress. Et non contents de nous imposer ce calvaire, nous y soumettons nos enfants. L'éducation est devenue une fin en soi, et non plus un moyen. Sinon, nous ne tolérerions pas qu'on teste trois ans d'études en trois heures d'examen, et que 90 % des notions qu'on leur inculque ne leur soient jamais d'aucune utilité pratique.

Et tout cela, pour quoi ? Pour que nos enfants soient encore plus dépendants de la technologie que nous ne le sommes nous-mêmes ? D'ailleurs, la réussite aux examens ne leur garantit nullement un poste correspondant à leur formation. N'oublions pas non plus que nous sommes l'unique espèce animale qui ait appris à pleurer, et qui se rende la vie si misérable que certains d'entre nous ne voient pas d'autre issue que le suicide.

Depuis l'enfance on nous rabâche que nous sommes faibles et délicats, que les médicaments nous sont indispensables, et que l'alcool nous apporte un plaisir et un soutien. Nous n'avons aucune raison de remettre en cause ce lavage de cerveau quand nous arrivons à l'adolescence. Si c'était faux, pourquoi 90 % des gens avaleraient-ils des comprimés pour se calmer les nerfs ou pour dormir ? Pourquoi boiraient-ils si cela ne leur faisait pas du bien ? On nous présente évidemment les dangers de l'alcool. Mais on nous explique aussi qu'on peut se tuer en moto, et ce n'est pas cela qui nous fera y renoncer.

Et puis les adultes ne nous donnent pas vraiment le bon exemple. Ils nous recommandent la modération, alors que nous savons très bien qu'ils boivent comme des trous ! Vous avez peut-être remarqué que les donneurs de leçons ont tendance à se montrer indulgents avec leurs propres péchés mignons…

Il faudrait un miracle pour que nous ne finissions pas un jour ou l'autre par boire une première bière. Peu importe en quelle occasion et pour quelle raison. Cette première expérience illustre à merveille l'ingéniosité du piège : l'alcool a un goût épouvantable ! En son for intérieur, l'adolescent se dit : « Je dois vraiment avaler cette cochonnerie ? Je préférerais une limonade ! » Mais la limonade est réservée aux enfants. Les adultes, eux, boivent de la bière, même s'ils la trouvent infecte. Cette répugnance le rassure d'ailleurs sur ses risques de devenir accro.

Ainsi se déclenche le mécanisme du piège. La mouche interromprait son festin si le nectar avait mauvais goût, car elle obéit à son instinct. Nous, nous préférons nous fier à notre intelligence. À force de nous bourrer le crâne, on nous a persuadés que les gens boivent parce qu'ils aiment cela. Pourquoi remettre en cause cette vérité ? Il est évident que l'oncle Ted ne picole pas dans le but de vomir et de s'abrutir jusqu'à en perdre connaissance : il s'agit d'effets secondaires malheureux, mais qu'il est prêt à supporter, tant il apprécie le goût des boissons alcoolisées. Pourquoi nos parents commandent-ils une bouteille de vin quand ils dînent au restaurant ? Parce que c'est un produit délicieux qui donne au repas un petit air de fête. Quelle surprise, donc, lorsque nous buvons notre premier verre ! Mais c'est justement ce mauvais goût qui nous rassure. Si nous trouvions cela délicieux, un signal d'alarme résonnerait dans notre cerveau, et nous aurions peur de finir comme l'oncle Ted. Mais avec un breuvage aussi infect, aucun risque de devenir accro et de suivre la pente fatale de cette malheureuse épave !

L'aspect le plus pathétique de l'alcoolisme, c'est qu'au début il exige des efforts de la part de ses victimes. Bien sûr, nous pouvons nous faciliter la tâche en commençant par des boissons plus ou moins sucrées comme le panaché, le cidre, le porto ou les vins liquoreux. Mais nous passons vite à la bière, au vin et aux alcools forts, et nous en arrivons à nous demander comment nous avons pu boire de la limonade. Bientôt, nous cessons de mettre de l'eau ou de la glace dans le whisky. Quel plaisir de descendre son verre cul sec, sans le moindre frisson, à la manière de John Wayne ou de Clint Eastwood ! Nous avons l'impression d'être des durs de durs ! J'ai entendu parler d'un étudiant d'Oxford capable d'avaler un demi-litre de bière en deux secondes sans déglutir, et d'un autre qui se targuait de pouvoir boire pendant deux minutes sans interruption, et sans être obligé de tout revomir. On comprend mieux la réputation internationale de l'université d'Oxford… *In vino veritas ?* Certainement pas ! Je crois au contraire que plus il y a de *vino*, moins il y a de *veritas*.

Sans même que vous vous en rendiez compte, l'alcool devient partie intégrante de votre quotidien. Vous n'imaginez plus d'aller à une fête ou de sortir en boîte sans boire un coup. Sauf si vous devez conduire, évidemment. Mais plus vous appréciez les alcools forts, plus votre capacité d'absorption augmente, et plus les occasions de boire sont nombreuses. Bien entendu, vous n'y êtes pour rien…

Lorsque j'ai commencé à jouer au golf le dimanche matin, aussitôt après le dernier trou je rentrais chez moi pour déjeuner en famille. Mais un jour, une vieille baderne que je venais de battre m'a retenu : « Tu payes ta tournée ! Allez, ne joue pas les ours mal léchés. Après tout, tu viens de me piquer mon argent ! »

Je ne roulais pas sur l'or à l'époque, mais comment un débutant aurait-il pu refuser un verre au capitaine du club ? Ensuite, évidemment, il a voulu me rendre la politesse. Je ne sais pas exactement comment cela s'est passé, mais j'ai pris l'habitude de boire une tournée tous les dimanches midi. Puis deux. Puis trois. À quoi sont venues s'ajouter les parties de billard. Du coup, à quoi bon rentrer chez moi ? Le déjeuner serait brûlé, et je n'avais aucun envie de subir les reproches de ma femme après une dure semaine de travail. Finalement, l'oncle Ted n'était peut-être pas un si mauvais bougre. S'il buvait autant, c'était sans doute la faute de la tante Mabel.

Quand l'hiver est arrivé, je me suis mis à boire un ou deux cognac avant de démarrer avec d'autres membres du club. Histoire d'activer un peu la circulation du sang, vous comprenez ? Puis les doses ont augmenté, et nous avons continué à la belle saison. Lorsque je jouais mal, j'attendais avec impatience d'en reprendre un ou deux à la mi-parcours. Bizarrement, je jouais de plus en plus mal. Je me demande pourquoi… Alors que j'avais remporté quelques tournois juste après mon adhésion au club.

Certains de mes partenaires portaient une petite flasque sur eux. Je m'étais juré de ne pas les imiter, car c'était à mes yeux la première étape vers l'alcoolisme. Mais pour mon anniversaire, une de mes filles m'a offert une jolie petite flasque en argent portant mes initiales, et je n'ai pas voulu la vexer. Peu à peu, elle m'est devenue indispensable — un peu comme mon ordinateur portable quelques années plus tard. Bien entendu, la politesse exigeait que je propose une rasade à mes compagnons. Comme bien souvent les plus jeunes n'en avaient pas, et que les autres se montraient moins généreux que moi, ma flasque se vidait en un rien de temps. Si bien que j'en ai acheté une plus grande.

Au début, j'éprouvais du dédain pour les vieux poivrots qui passaient leur temps à picoler au club-house. Ils étaient mal élevés, colériques, désagréables, avec un gros nez rouge assorti à leurs yeux injectés de sang. Ils attendaient toute l'année le jour où le serveur confondrait leur marque de whisky favorite avec une autre : alors ils pourraient enfin pousser des cris d'orfraie, comme s'il leur avait versé du poison. Au fond, c'est ce qu'il avait fait.

Je ne me rendais pas compte que j'étais en train de devenir l'un des leurs.

L'alcool ne concernait plus seulement les moments de convivialité : il était désormais l'un des piliers de ma vie quotidienne. Jusqu'à cette époque, j'avais coutume de déjeuner dans un restaurant confortable qui proposait une nourriture très saine pour un prix raisonnable. Je ne me souviens pas comment cela s'est passé, mais je me suis retrouvé tous les midis, debout dans un bar enfumé, avec une pinte de bière dans une main et un sandwich rassis dans l'autre. Je ne me souviens pas non plus du premier verre que j'ai pris avec un collègue en sortant du bureau, mais là encore c'est devenu un véritable rituel.

Mon premier mariage n'a pas survécu à l'épreuve. Est-ce que je buvais parce que ma femme me harcelait, ou bien me harcelait-elle parce que je buvais ? Aujourd'hui, je connais la réponse, mais à l'époque je la rendais responsable de tout. Car j'avais le sentiment d'être comme tout le monde. Je ne buvais jamais au bureau, même si la pause du déjeuner avait tendance à commencer plus tôt et à s'achever plus tard. Le matin, il m'arrivait de me remonter un peu le moral quand je prévoyais une journée difficile. Mais je n'avais strictement rien à voir avec un alcoolique. Quand je forçais un peu la dose, ma voix devenait un peu pâteuse, mais je ne me suis jamais assoupi ni roulé par terre. Au contraire, je tenais bien l'alcool. Mon patron ne m'a pas licencié, et je n'ai pas eu d'accident de voiture.

Voilà mon histoire. La vôtre est peut-être un peu différente. Mais peu importe si vous préférez les fléchettes, le football, le billard ou les soirées au pub entre amis. Peu importe également si votre profession est stressante ou routinière, puisque l'alcool vous aide en apparence à lutter contre les tensions et contre l'ennui. La seule chose qui compte, c'est que vous êtes engagé sur une pente glissante, exactement comme la mouche dans la fleur de népenthès. Les effets cumulés du poison, votre consommation qui ne cesse d'augmenter, le fait que votre santé ne s'arrange pas avec l'âge, tous ces facteurs combinés vous mènent tout droit à ce que j'appelle :

De quoi s'agit-il ? Du moment où la mouche gorgée de nectar est au bord de la nausée, où elle ne pense plus qu'à s'échapper, mais où elle s'aperçoit qu'elle en est incapable. Vous atteignez ce stade lorsque votre famille et vos amis vous laissent entendre que vous buvez trop. Votre patron peut aussi vous faire remarquer que vous êtes beaucoup moins efficace après déjeuner que durant la matinée. Autre indice : la grimace de vos proches lorsqu'ils sentent votre haleine. Ou encore un accrochage en voiture. Vous n'acceptez toujours pas le qualificatif d'alcoolique, mais vous ne pouvez plus nier que votre consommation est excessive. C'est l'occasion de prouver à votre famille et à vos amis ce que vous leur avez si souvent répété, à savoir que vous contrôlez la situation. Il vous suffit pour cela de lever le pied.

Peu importe que vous décidiez de boire moins souvent ou en moins grande quantité chaque fois. Dans un cas comme dans l'autre, vous vous heurtez vite à de grosses difficultés. Jusqu'alors vous ne vous êtes jamais rationné. Logiquement, votre prise de conscience devrait se traduire par une réduction automatique de votre consommation. C'est d'ailleurs ce que voudrait faire une partie de votre cerveau. Je me souviens parfaitement d'avoir pris la résolution de supprimer certaines occasions de boire. Mais je n'allais tout de même pas renoncer au golf : c'était mon dernier plaisir, avec le tabac et l'alcool.

Dans ce cas, pourquoi ne pas m'abstenir sur le green ? Tout simplement parce que c'était aussi inconcevable que de jouer aux fléchettes sans une pinte de bière, d'aller aux courses sans une bouteille de champagne ou d'assister à une soirée sans un verre de whisky. J'ai donc essayé de moins boire à chacune de ces occasions — tout comme vous, j'imagine. Mais cela n'a pas marché non plus. Au bout de deux ou trois verres, je me disais : « Il m'en faut encore un pour me remonter, un seul, c'est promis. » Et après avoir cédé une fois, difficile ensuite de résister... De toute manière, à quoi bon tenir la comptabilité de ce que j'avais déjà ingurgité ? Comment aurais-je pu m'amuser dans ces conditions ?

Vous voyez le problème. Le fait qu'une partie de votre cerveau vous encourage à la modération ne change rien à l'affaire. Tout le monde sait que la nourriture devient dix fois plus alléchante quand on fait un régime. En outre, l'alcool est une drogue. Comme je l'expliquerai plus loin, il a tendance à vous entraîner dans une spirale fatale, et à résister à toute tentative de limiter votre consommation. Avant que vous n'atteignez le point critique, votre penchant à la boisson n'était pas inquiétant, ou du moins vous ne le considériez pas comme tel. À présent, vous êtes conscient du problème. Or, les problèmes favorisent le stress. Et comment lutte-t-on contre le stress ? Eh oui, en buvant un verre !

Quand un médecin annonce à un gros buveur qu'il lui reste moins d'un an à vivre s'il n'arrête pas immédiatement, ce dernier, sonné par la nouvelle, commence par prononcer un vœu solennel d'abstinence, puis il se dirige vers le pub le plus proche pour boire un petit remontant. Et si le médecin adresse la même mise en garde à un alcoolique invétéré qui a multiplié en vain les tentatives de sevrage, celui-ci va se soûler pour oublier qu'il est condamné à mort.

Le buveur qui prend conscience de son état doit désormais affronter deux problèmes, et non plus un seul. Quand il boit, il souffre d'un sentiment de culpabilité ; quand il ne boit pas, il souffre d'un sentiment de privation. Voilà pourquoi je parle de point critique : il a l'impression de trop boire et en même temps de ne pas pouvoir boire suffisamment. Les Alcooliques anonymes expriment très bien ce paradoxe : « Le malade éprouve un désir irrépressible pour quelque chose qui ne peut qu'aggraver sa souffrance physique, son comportement irrationnel et son isolement croissant. »

Plus la mouche se débat, plus elle est happée par le piège. De même, plus l'alcoolique s'efforce de maîtriser la situation, plus il apprécie le plaisir et le soutien apportés par l'alcool, et plus sa dépendance s'accroît. Il a beau recourir à l'autodiscipline, il finit toujours par boire davantage qu'avant d'avoir décidé de se restreindre. Après plusieurs échecs, il en arrive donc à la conclusion que l'abstinence totale est la seule solution. Malheureusement, pour parvenir à ses fins, il choisit une méthode fondée sur :

LA VOLONTÉ.

10

La volonté

Loin d'atteindre leurs objectifs, les méthodes de sevrage alcoolique fondées sur la force de volonté nous confirment dans l'idée que nous sommes incurables. Je dois vous expliquer pourquoi.

Durant notre enfance, nous avons été soumis à un lavage de cerveau visant à nous faire croire que l'alcool procure un plaisir et un soutien. En buvant nos premiers verres, nous ne ressentons aucun plaisir, c'est le moins qu'on puisse dire. Mais curieusement nous persistons, et nous finissons par y trouver le plaisir et le soutien qu'on nous avait promis. Puis nous en arrivons au point critique : le problème est désormais si sérieux que ce plaisir et ce soutien apparents ne représentent plus une compensation suffisante. Nous avons beau essayer d'en revenir au stade des buveurs normaux, nos efforts sont en pure perte. C'est bien la preuve que nous souffrons d'une tare.

Il ne nous reste plus qu'une seule solution : renoncer complètement à l'alcool. Une perspective guère réjouissante. Le verbe « renoncer » implique que nous consentons un sacrifice. Le mot « abstention » a la même signification. Effectivement, notre expérience personnelle rejoint le lavage de cerveau qu'on nous a infligé : nous avons de bonnes raisons de croire que le sevrage est une entreprise terriblement difficile.

Cependant, personne ne contestera que les clochards avinés ne trouvent aucun plaisir ni aucun soutien dans leur litron. C'est d'ailleurs celui-ci qui a détruit leur vie et les a conduits à cet état lamentable. Dans ce cas, pourquoi continuent-ils à boire ? Ce n'est pas étonnant que les AA en aient déduit qu'ils souffraient d'une déficience génétique. En effet, aucune explication rationnelle ne semble satisfaisante. Et si vous avez déjà tenté de réduire votre consommation ou d'arrêter grâce à votre volonté, vous savez que la tâche est aussi ardue que déprimante. C'est d'ailleurs la raison pour laquelle nous remettons sans cesse la décision à plus tard.

Au lieu de relever le défi, pleins d'entrain et de courage, nous nous lançons dans l'aventure à contrecœur, un peu comme si nous nous apprêtions à gravir l'Everest sans cordes ni bouteilles d'oxygène. Et vers quoi tendons-nous la main quand nous avons le moral à zéro ? Eh oui, vers notre vieil ami ! Avant même d'avoir commencé à appliquer la méthode, nous pâtissons déjà d'un double handicap : nous ne pouvons même pas boire un verre pour oublier que nous n'avons plus le droit de boire le moindre verre ! Cela nous déprime encore davantage, ce qui nous donne encore plus soif, et ainsi de suite… Nous espérons que les choses vont s'arranger peu à peu, et que nous tiendrons le coup assez longtemps pour nous réveiller un beau matin en nous écriant : « Ça y est ! C'est gagné. Je n'ai plus envie de boire d'alcool ! »

Mais avons-nous la moindre chance de réussir ? C'est le moment de citer deux autres adages un peu éculés :

« Le fruit défendu est le plus savoureux. »

Peut-être, mais seulement si vous l'avez trouvé savoureux la première fois que vous l'avez goûté.

« L'absence fortifie l'amour. »

À condition que cet amour soit authentique. Si vous êtes convaincu que l'alcool vous apporte un plaisir et un soutien, vous ne pourrez jamais comprendre qu'il n'en est rien en vous imposant l'abstinence. C'est la raison pour laquelle je souhaite que vous continuiez à boire jusqu'à la fin du livre. Il faut absolument que vous vous rendiez compte par vous-même qu'il ne vous procure ni plaisir ni soutien. Mais le moment n'est pas encore venu.

Examinons d'abord les méthodes de sevrage fondées sur la volonté. Supposons que vous soyez prêt à endurer des heures, des jours, des mois ou même des années de souffrances. Il se produit alors une évolution qui devrait en apparence vous rendre la tâche plus facile, mais qui en fait la complique. À peine avez-vous arrêté de boire que les raisons impérieuses à l'origine de votre décision vous apparaissent beaucoup moins justifiées. En effet, votre santé s'améliore, tout comme vos finances, vos relations avec vos proches et vos perspectives professionnelles. C'est un peu comme lorsque vous assistez à un terrible accident de la route. Vous ralentissez pendant quelques kilomètres, mais peu à peu la scène s'efface de votre mémoire, et de nouveau vous accélérez pour arriver à l'heure à votre rendez-vous.

La Nature, dans sa bonté, nous a dotés du pouvoir d'oublier les expériences douloureuses. Mais si nous ne tenons pas compte de ses sages conseils, cette aptitude a tendance à se retourner contre nous. Plus le temps passe, plus le souvenir des ravages de l'alcool s'estompe, et moins nous avons de raisons de résister à la tentation de nous accorder :

JUSTE UN PETIT VERRE.

Notre résistance finit par s'étioler, et avec l'ingénuité propre à l'espèce humaine en général, et aux toxicomanes en particulier, nous trouvons un prétexte pour remplir ce fameux petit verre. Bien entendu, l'alcool nous déshydrate, et nous avons envie d'en boire un deuxième. Il endort également nos inhibitions, ce qui facilite la rechute. Vient alors le troisième verre, puis le quatrième, et ainsi de suite jusqu'à la nausée. Et jusqu'à la mort.

Vous voilà retombé dans le piège. Peu importe si vous plongez la tête la première, comme beaucoup de gens, ou si la rechute est progressive.

Pourquoi y échapperiez-vous cette fois-ci ? Le piège n'a pas changé, pas plus que votre vision erronée de l'alcool. Si la mouche comprenait le fonctionnement de la fleur de népenthès, croyez-vous qu'elle se laisserait avoir ? Pas plus que la souris si on pouvait lui expliquer le mécanisme du ressort dissimulé sous le morceau de fromage. Hélas pour elles, ces secrets demeureront toujours inaccessibles aux souris et aux mouches.

Certaines personnes réussissent à rester sobres pendant de longues années grâce à leur force de volonté, mais il est très rare qu'elles soient définitivement tirées d'affaire. Heureusement, j'ai deux bonnes nouvelles à vous annoncer : d'abord, je peux vous expliquer le fonctionnement du piège ; ensuite, vous n'aurez pas besoin de recourir aux méthodes fondées sur la volonté. Mais nous devons avant tout poursuivre notre combat contre le lavage de cerveau. Nous devons démontrer une bonne fois pour toutes que l'alcool ne procure absolument aucun avantage. Quand vous demandez à quelqu'un pourquoi il boit, que contient sa réponse :

DES PRÉTEXTES OU DE BONNES RAISONS ?

11

Des prétextes ou de bonnes raisons ?

D'abord et avant tout, pourquoi buvons-nous ? La réponse est évidente : parce que 90 % des adultes boivent, et qu'ils ne le feraient pas s'ils n'y trouvaient pas du plaisir ou un soutien. Quand nous voulons arrêter, pourquoi est-ce si difficile ? La réponse semble tout aussi évidente : parce que le manque provoque de terribles souffrances et que par ailleurs il est toujours délicat de rompre avec une habitude bien enracinée. Totalement faux ! Ce n'est pas une raison valable, mais un simple prétexte. Comme je l'expliquerai plus loin, les symptômes physiques du manque sont si bénins qu'on les perçoit à peine. Et il est aisé de rompre avec une habitude, pourvu qu'on le désire vraiment.

J'ai déjà souligné que s'il est très difficile d'en finir avec la dépendance à l'alcool, c'est à cause de notre schizophrénie. Nous avons en effet l'impression de consentir un authentique sacrifice. Même s'il nous ruine la santé, l'alcool se situe au cœur même de notre mode de vie. Nous nous croyons incapables de profiter des bons moments et d'affronter le stress sans son aide, et nous n'avons rien pour le remplacer. Sans lui, l'existence nous paraît insupportable.

La situation ne serait pas aussi cruelle si les autres cessaient aussi de boire. Or, non seulement ils continuent, mais à table ils vous chantent les louanges de la bouteille qu'ils viennent de commander :

Ce petit vin-là est sans prétention, mais il bien charpenté ! Tu es sûr que tu n'en veux pas ? Vraiment pas ? Ce n'est pas un verre de rouge qui va te faire du mal, quand même !

Ils jouent les connaisseurs avisés et voudraient vous faire croire que le patron du restaurant leur a spécialement mis de côté ce château remarquable. Vous avez envie de répondre à ces crétins que si vous aviez le malheur d'en avaler une gorgée, vous risqueriez d'en écluser trois bouteilles d'affilée et de leur verser la quatrième sur le crâne ! Mais vous préférez rester courtois :

Non, sans façon. Une grosse journée m'attend demain, et je veux garder les idées claires.

En fait, la fameuse cuvée du patron n'est qu'une infâme piquette… Cet incident mineur permet de mieux comprendre pourquoi les alcooliques en voie de guérison évitent la compagnie des buveurs. L'objet de ce chapitre et des suivants est de vous aider à assimiler trois vérités essentielles :

- L'ALCOOL NE VOUS PROCURE STRICTEMENT AUCUN AVANTAGE !

- IL N'EN PROCURE PAS NON PLUS AUX AUTRES ! VOUS N'AUREZ DONC RIEN À REGRETTER !

• TOUS LES BUVEURS MENTENT !

De nos jours, la plupart des jeunes gens s'initient aux plaisirs douteux de l'alcool durant leurs années de lycée. L'université est également un terrain propice pour l'alcoolisme et les autres formes de toxicomanie. Mais si vous interrogez un groupe de novices sur les raisons de leur comportement, je vous assure qu'aucun ne vous répondra :

Parce que je ne suis plus un enfant et que je me sentirais idiot de commander une limonade quand mes copains boivent de la bière.

Non, ils vont tous prétendre :

Parce que j'aime ça.

Et ils vous le diront sur un ton qui laisse entendre que votre question est idiote. Pourtant, cela saute aux yeux qu'ils n'apprécient pas leur pinte de bière. Vous ne pouvez pas prouver qu'il s'agit d'un mensonge délibéré. Mais vous savez que c'est le cas, et eux aussi le savent.

Comment savoir si un buveur vous dit la vérité ? Il suffit d'un peu de bon sens pour voir si son attitude correspond à ses paroles. Ainsi, le goût prétendu de nos étudiants pour la bière est démenti par le fait qu'ils boivent à petites gorgées, en réprimant une grimace.

Mais ce n'est pas toujours aussi simple. Si vous leur posez la même question trois mois plus tard, ils vous feront la même réponse, et cette fois-ci il y aura peut-être une once de vérité. Ils se sont habitués à l'amertume du breuvage et ont acquis la conviction qu'il leur permettait d'étancher leur soif. Il ne s'agit donc plus d'un mensonge délibéré. Néanmoins, c'est toujours un prétexte, et non une bonne raison. S'ils vous affirment aimer la bière parce qu'elle les désaltère, vous pouvez être sûr qu'ils mentent. La plupart des buveurs boivent de l'alcool quand ils ont soif, tout en sachant parfaitement que cela les déshydrate. De toute manière, l'eau est moins chère et plus efficace.

Mais le goût de la bière me plaît, alors que je déteste l'eau.

Cet argument est plus difficile à démonter. Vous pouvez répliquer que l'eau n'a pratiquement aucun goût et qu'aucune boisson n'est plus désaltérante, alors que la bière est amère et renforce la soif. Sinon, pourquoi donnerait-elle envie d'en boire davantage ? Notre jeune homme vous répondra que ce n'est pas une question de soif, mais de goût. Nous reviendrons plus loin sur cette affaire de goût ; pour l'instant, essayez de vous mettre à la place de la Nature. Pendant des millions d'années, celle-ci a créé un nombre incalculable d'espèces animales, qui assurent leur survie avec de l'eau et des aliments. Contrairement aux hommes, ces espèces ne savent pas qu'elles mourraient si elles cessaient de boire et de manger. Quel moyen la Nature a-t-elle donc employé pour les obliger à se nourrir ?

Elle a bien sûr sélectionné le procédé le plus efficace : celui qui consiste à déclencher la soif quand la proportion d'eau contenue dans l'organisme descend au-dessous d'un certain seuil, et la faim quand les réserves d'énergie et d'oligo-éléments deviennent insuffisantes. Ensuite, il ne lui restait plus qu'à rendre les animaux capables de distinguer les aliments sains des aliments toxiques. Dans l'espèce humaine, les parents gardent les poisons sous clef aussi longtemps que leurs enfants ne sont pas en mesure de les identifier. La solution élaborée par la Nature est beaucoup plus ingénieuse : elle leur a donné une odeur et un goût désagréables, qui tranchent avec ceux des aliments consommables. La faim, la soif, l'odorat et le goût : voilà les quatre armes dont la Nature nous a équipés afin de pouvoir survivre, que cela nous plaise ou non !

Le système est d'une efficacité remarquable. Quand un aliment devient toxique, tel un fruit qui pourrit, son odeur, son goût et son aspect se modifient pour nous mettre en garde. Ce n'est pas l'homme, mais la Nature qui a inventé les « dates limites de consommation » ! Or, l'alcool est un produit d'origine végétale qui a dépassé le stade de la putréfaction pour entrer dans celui de la fermentation.

C'EST UN POISON REDOUTABLE ET RÉPUGNANT !

C'est le moment ou jamais de vous avouer que mon existence serait merveilleuse si un certain type d'individu ne venait pas régulièrement tout gâcher. Prenons par exemple une des émissions de radio auxquelles je participe de temps en temps. Je viens d'évacuer les questions bateaux du genre « Est-ce que l'alcool détruit vraiment le foie ? », je sens que les auditeurs sont supendus à mes lèvres, et soudain le standard met en ligne mon ennemi intime. Ses objections commencent toujours de cette manière :

Comment pouvez-vous prétendre que l'alcool ne m'apporte aucun avantage, alors que mon médecin affirme qu'un verre de vin a pour effet de réduire la tension et les risques d'accident cardiaque ? Et c'est un des meilleurs spécialistes du pays.

C'est toujours un des meilleurs spécialistes du pays. Je dois être la seule personne au monde à consulter un simple généraliste lorsque j'ai un problème de santé…

Que voulez-vous répondre à ce genre d'argument ? Mais ce que mon interlocuteur oublie de préciser, c'est que son médecin est surtout un spécialiste des hallucinations chroniques. Nous avons beau vivre à une époque de progrès scientifiques, j'ai rencontré une fois un praticien qui vantait les bienfaits du tabac. C'était bien entendu un fumeur. Il aurait voulu réduire en cendre, d'un coup de baguette magique, un demi-siècle de faits médicaux établis !

Mon ennemi intime se réfère alors à une autorité encore plus incontestable : le Tout-Puissant en personne. L'ensemble de la Création n'a qu'un seul objectif : le bonheur de l'humanité. Et l'alcool ne peut qu'être bénéfique, puisque tous les peuples de la Terre ont appris à élaborer des breuvages alcoolisés. Après m'avoir opposé les déclarations incontestables d'un grand spécialiste, il m'achève avec la sagesse ancestrale des Pygmées ! De pareilles inepties montrent surtout que les toxicomanes sont prêt à faire feu de tout bois pour justifier leur comportement. Il est possible que Dieu le Père ait créé l'univers dans l'intérêt exclusif de l'humanité. En tout cas, c'est ce qu'elle semble croire, si l'on en juge par le sort qu'elle réserve aux autres espèces animales. Et l'on ne peut nier que l'alcool possède certaines vertus : c'est un détergent efficace et un bon combustible (songez à la façon dont il vous réchauffe les viscères...). Mais d'ici à en conclure que Dieu nous en a fait don pour que nous puissions nous empoisonner, il y a de la marge. C'est exactement comme si l'on disait qu'il nous a fourni les rivières pour que nous puissions nous y noyer.

Vous noterez au passage que mon ennemi intime minimise systématiquement les inconvénients de l'alcool. Comme par hasard... Une preuve supplémentaire que les buveurs ne cherchent pas des explications, mais des prétextes.

Je veux à présent aborder l'un des aspects les plus sinistres des différentes formes de toxicomanie. Quand vous essayez de vous libérer grâce à une méthode fondée sur la volonté, vous continuez à envier vos amis qui n'y ont pas renoncé. Il ne vous vient pas à l'esprit que ce serait plutôt à eux d'être jaloux. On assiste ainsi à une sorte de poker menteur : vous tentez de bluffer en prétendant vous réjouir de votre abstinence, et de leur côté ils vous plaignent ostensiblement de vous priver d'un plaisir authentique. Avec *La méthode simple*, le bluff devient inutile, car vous avez en mains un carré d'as, et eux une paire de deux. Cependant, il est parfois difficile de contrer certains de leurs arguments spécieux, et c'est pourquoi le bon sens demeure indispensable. Si jamais le doute commence à vous gagner, que ce soit avant d'avoir achevé ce livre ou après vous être libéré, souvenez-vous que l'opinion des autres n'a aucune importance : si vous lisez ce livre, c'est parce que vous avez un problème et qu'il va vous aider à le résoudre. Voilà une vérité indiscutable ! À propos, je ne saurai trop vous conseiller de relire le premier paragraphe des chapitres 6 et 8. Pourquoi pas maintenant ?

Revenons-en à présent à la question de savoir si nous buvons des boissons alcoolisées parce qu'elles ont bon goût. Lorsque vous avez établi que l'alcool est infect, on vous réplique d'ordinaire :

C'est possible, mais si vous le mélangez avec autre chose, il peut être délicieux. Par exemple, le gin et le jus de citron, la vodka-orange, le whisky-Coca ou encore le punch.

Je suis pour ma part incapable de réfuter cette objection. Mais cela n'explique pas ce qui nous pousse à verser un liquide répugnant, toxique et très onéreux dans un excellent breuvage. C'est même totalement illogique.

On me rétorque aussi parfois :

J'apprécie un verre de vin à table, et je le bois pur évidemment.

Mais qu'est-ce que le vin, sinon de l'alcool dilué dans de l'eau avec différents additifs destinés à en adoucir le goût ?

Peut-être, mais j'aime beaucoup le vin rouge.

Cette préférence ne serait-elle pas due au fait que les alcools sucrés font davantage grossir ?

C'est vrai. Mais maintenant que j'ai pris du goût pour le vin rouge, je ne supporte plus les boissons sucrées.

Nous étions obligés d'en arriver là tôt ou tard. Alors autant régler une fois pour toutes l'une des sources majeures de confusion mentale :

L'ACQUISITION DU GOÛT.

12

L'acquisition du goût

L'initiation à l'alcool s'opère souvent par le biais de boissons sucrées qui n'exigent aucun apprentissage, comme le panaché, le cidre ou le porto. Et nous nous trompons souvent sur notre véritable impression. Si votre première expérience a lieu dans une soirée, vous serez grisé par votre coupe de champagne, même si vous n'appréciez pas particulièrement son goût acide ni le pétillement des bulles dans vos sinus ! En outre, une fois le premier verre avalé, vos sens vous enverrons des informations déformées et donc dénuées de toute fiabilité.

Mais si vous avez la chance de posséder une bonne mémoire, vous vous souviendrez par la suite du goût détestable de l'alcool. Ainsi, quand on les interroge sur leur premier verre de bière, la plupart des gens répondent en substance :

Je me suis demandé si j'étais vraiment condamné à boire toute ma vie cette cochonnerie !

Ce goût âcre déclenche un signal d'alarme dans votre organisme :

ATTENTION ! ATTENTION !
CE LIQUIDE EST EMPOISONNÉ !

Mais en même temps qu'il accentue votre soif, l'alcool émousse vos sens, de sorte que son mauvais goût passe inaperçu et que vous êtes amené malgré vous à remplir votre verre une fois, deux fois, trois fois, et ainsi de suite. Pourtant, la Nature nous a dotés d'une technique de survie encore plus ingénieuse, qui finit par interrompre cette pente naturelle afin d'éviter une issue fatale : le vomissement ! Cela n'a rien de très agréable, mais ne vous y trompez pas : c'est une assurance sur la vie. Là encore, il s'agit d'un signal d'alarme indiquant clairement que vous maltraitez votre organisme.

Si nous traversions une expérience comparable après avoir mangé trop de pommes vertes, par exemple, nous en tirerions la leçon. Mais comme 90 % des adultes boivent, y compris nos modèles et nos parents, nous ignorons l'avertissement, et nous préférons suivre l'exemple de ces esprits distingués qui nous encouragent à consommer de l'alcool régulièrement. Une fois parvenus à ce stade, nous ne pourrions pas en vouloir à la Nature de nous abandonner à notre triste sort. Pourtant, elle continue à veiller sur nous. Notre système de survie est si admirable que nous commençons alors à développer une immunité contre le poison. De la même manière, Raspoutine s'était volontairement accoutumé aux effets de l'arsenic, dit-on.

Pourquoi diable s'imposer une chose aussi stupide ?

Favoriser une telle immunité n'avait rien de stupide à une époque où il était courant d'empoisonner ses ennemis. Au fond, rien n'a changé, si ce n'est que nous parlons désormais de convivialité, et non plus d'assassinat. En nous immunisant contre les effets de l'alcool, non seulement nous préservons notre santé, mais nous atténuons l'âcreté de son goût. Et au bout d'un certain temps, nous finissons par nous persuader qu'il nous plaît.

N'aurait-il pas été plus ingénieux de rendre ce goût encore plus infect au lieu de l'adoucir ?

Sans aucun doute. Mais il ne faut pas en vouloir à la Nature : comment aurait-elle pu imaginer que des êtres vivants soient assez idiots pour consommer du poison de leur plein gré et de manière régulière ?

Elle en conclut que nous n'avons pas le choix. Puisque le mauvais goût ne nous a pas détournés de l'alcool, elle cherche à nous aider en le rendant plus agréable. Un exemple typique de la façon dont les lois de la Nature s'inversent quand on décide de les violer.

Mais revenons-en à l'essentiel. L'alcool ne change pas : il reste un poison violent. Son mauvais goût aussi demeure, même si notre cerveau et notre organisme s'immunisent contre ses effets. La seule chose qui change, c'est la perception que nous en avons. Avec l'habitude, un homme qui travaille dans une porcherie finit par oublier complètement la puanteur ambiante. Mais s'il rentre chez lui avec ses bleus maculés, sa femme l'accueillera vertement. On retrouve le même phénomène avec la réaction très différente des fumeurs et des non-fumeurs face à une odeur de tabac froid. En réalité, beaucoup de boissons alcoolisées sont si infectes que même les consommateurs habituels sont obligés de les couper ou de les sucrer. C'est le cas du gin. Il est exact que beaucoup de gens le boivent pur, mais seulement au bout d'un certain temps. Plus ils s'y accoutument, plus ils doivent augmenter les rations, et à force ils en ont assez de devoir avaler un litre de jus d'orange pour parvenir au degré d'ivresse désiré.

Tous les produits qui exigent une accoutumance progressive sont à la fois des drogues et des poisons : nicotine, caféine, alcool. Y prendre goût revient à développer une immunité contre leur saveur déplaisante. Si vous réussissez à vous habituer au vin rouge, vous pouvez vous en réjouir, car désormais vous aurez une bonne raison de boire un ou plusieurs verres à chaque repas. C'est un argument presque imparable, mais en réalité tout à fait spécieux.

Vous connaissez sans doute des personnes qui mettaient deux cuillerées de sucre dans leur thé, et qui un beau jour ont décidé d'y renoncer. Si par inadvertance vous avez le malheur de laisser tomber deux malheureux grains de sucre en poudre dans leur tasse, n'espérez surtout pas qu'elles ne s'en apercevront pas. Elles vont recracher votre brevage comme si vous leur aviez servi de l'arsenic ! Cela montre bien qu'il est facile de rompre avec une vieille habitude, pourvu qu'on le veuille vraiment.

Dans ce cas, pourquoi est-il si difficile d'en finir avec la cigarette ou avec l'alcool ?

Parce qu'il ne s'agit pas d'une simple habitude, mais d'une forme de toxicomanie. Nous verrons d'ailleurs que ce n'est pas si difficile, pourvu qu'on sache comment s'y prendre. Mais revenons-en à notre tasse de thé et à son second enseignement : nos papilles gustatives possèdent une grande souplesse, et nous n'avons aucune raison de subir leur esclavage. La plupart des buveurs s'habituent progressivement à leur boisson préférée. Vous avez sans doute déjà entendu des gens s'exclamer :

J'adore l'« amertume » de la bière !

Or, mon dictionnaire définit le mot « amertume » comme une « saveur rude, aigre, désagréable ». N'est-ce pas la preuve que les toxicomanes ne cessent de mentir, à eux-mêmes comme aux autres ? « Adorer l'amertume » est une expression inepte, mais elle est devenue si banale que personne ne prend plus la peine d'en relever l'absurdité.

Aucun toxicomane mort ou vivant n'a projeté volontairement de devenir une épave humaine. Aucun buveur mort ou vivant n'a pris la décision délibérée de sombrer dans l'alcoolisme. Aucun adolescent n'a choisi en toute connaissance de cause de s'habituer à l'amertume de l'alcool afin d'y prendre goût. C'est l'inverse qui se produit : nous nous y habituons parce que nous persistons à boire pour d'autres raisons. Nous avons vu plus haut que le mauvais goût du premier verre est l'une des subtilités du piège : cela nous rassure en nous persuadant que nous ne risquons pas de devenir accros. Beaucoup de fumeurs et de buveurs se maudissent d'avoir été aussi stupides. Ils se trompent : c'est le piège qui est redoutable. Personne n'a jamais été assez bête pour se dire : « Je vais persévérer jusqu'à ce que ce mauvais goût devienne plaisant. » Cela reviendrait à dire :

JE VEUX À TOUT PRIX SOMBRER DANS L'ALCOOLISME !

Revenons-en à notre ami qui aime boire du vin rouge à table. Condamne-t-il pour autant les boissons sans alcool ?

Bien sûr que non. Je prends souvent des sodas quand je conduis.

Et cela vous plaît ?

Oui, mais au bout de deux verres le sucre m'écœure, et je n'ai plus envie de boire.

Si vous n'avez plus soif, pourquoi voudriez-vous continuer ?

Parce que j'aime boire en mangeant.

Et nous voilà de retour à notre point de départ. Cela dit, la question des sodas sucrés mérite d'être étudiée, car elle pose souvent des problèmes aux alcooliques en voie de guérison. Nous y reviendrons donc en temps voulu.

En attendant, nous sommes parvenus à une certitude : ni les jeunes débutants, ni les buveurs ordinaires, ni les alcooliques chroniques ne consomment d'alcool parce qu'ils en apprécient le goût. Ceux qui le prétendent vous mentent et se mentent eux-mêmes. Puisqu'il ne leur permet pas non plus de se désaltérer, à quel besoin peut-il donc répondre ? C'est l'occasion de dissiper une autre illusion très répandue :

L'ALCOOL DONNE-T-IL DU CŒUR AU VENTRE ?

13

L'alcool donne-t-il du cœur au ventre ?

En tout cas, le lavage de cerveau auquel on nous soumet voudrait nous le faire croire. Sinon, pourquoi la marine britannique aurait-elle coutume de servir du rhum à ses matelots à l'approche du combat ? En ce qui me concerne, j'ai longtemps été convaincu que l'alcool me donnait du courage et renforçait ma confiance en moi. C'est la découverte de *La méthode simple* qui m'a ouvert l'esprit et m'a amené à remettre en cause mes certitudes. Et ce processus a mis mon existence sens dessus dessous — ou plutôt l'a remise dans le bon sens. Pour la première fois, je voyais enfin les choses dans leur véritable perspective.

Le mot « courage » a sans aucun doute une sens précis pour vous, de même que des termes voisins tels que « bravoure » ou « lâcheté ». Mais n'oubliez pas que je vous ai demandé de vous méfier des notions les plus évidentes. Avant de nous intéresser aux effets de l'alcool sur le courage, nous devons définir ce mot de manière très précise, tout comme celui qui lui est fréquemment associé : la PEUR !

Imaginez que je vienne au baptême de votre fils et que je porte le toast suivant :

« J'espère qu'il sera aussi intrépide que son père. »

Même si ce vœu vous semble un peu grandiloquent, vous en serez plutôt flatté, et vous lui souhaiterez vous aussi d'ignorer la peur. Mais il vaut mieux que nous ne soyons pas exaucés, car ce serait le condamner à une mort précoce. Nous avons tendance à considérer la peur comme une ennemie, alors qu'en réalité, malgré les désagréments qu'elle nous cause, elle est la plus sûre de nos alliées. Là encore, la Nature nous a doté d'une amie fidèle afin d'assurer notre survie. Le vertige nous contraint à prendre les précautions nécessaires quand nous montons sur une échelle ; la peur du feu nous empêche de manipuler de l'essence à proximité d'une flamme ; notre peur de l'eau nous amène à enfiler un gilet de sauvetage ; notre peur d'être blessés ou tués nous dissuade de prendre des risques inutiles à la guerre. La peur n'est pas plus nocive qu'un signal d'alarme. C'est le moyen auquel recourt la Nature pour nous prévenir du danger et nous permettre de réagir instantanément.

Les notions de bravoure et de lâcheté n'ont aucun sens pour les animaux sauvages. En revanche, la peur leur est familière et les conduit à se fier au même instinct de survie que celui dont la Nature nous a équipés. Je prendrai l'exemple de ma chatte, un animal domestique, mais qui retourne à l'état sauvage chaque fois qu'elle chasse une souris ou un oiseau.

J'ai eu un jour l'occasion de l'observer en train de traquer une proie dans le jardin. Elle y prenait un plaisir évident et ne manifestait aucune méchanceté particulière : à ses yeux, la souris était l'équivalent d'un morceau de papier attaché au bout d'une pelote de laine. Pour sa victime, à l'inverse, il ne s'agissait pas d'un jeu, mais d'une question de vie ou de mort. Pendant plusieurs minutes, la pauvre bestiole a tenté de fuir ou de se cacher. En pure perte. Elle s'est retrouvée acculée dans un coin de l'appentis. Soudain, à ma grande surprise, elle s'est dressée sur les pattes arrière et s'est tournée vers son ennemie, comme pour l'attaquer. Ma chatte était encore plus stupéfaite que moi. Elle a fait un bon en arrière et a laissé la souris s'échapper.

Essayons d'analyser cette scène en nous fondant sur des critères humains. Dans un premier temps, les tentatives de fuite de la souris ne sont des preuves ni de bravoure ni de lâcheté, car il faut se rappeler qu'à l'échelle d'un petit rongeur, une chatte est l'équivalent d'un tyrannosaure pour nous. Ensuite, j'ai été frappé par son courage lorsqu'elle lui a fait face. Mais en réalité ce n'était qu'une réaction naturelle. Son instinct lui avait d'abord ordonné de fuir. Comme cela s'avérait impossible, il l'a poussée à adopter une attitude agressive et lui a ainsi permis de sauver sa vie.

J'avais honte pour ma chatte de s'être ainsi défilée : cela montrait bien que les brutes sont généralement des couards. En fait, elle n'était pas plus lâche que la souris n'était courageuse. Bien nourrie, elle ne risquait pas de mourir de faim si sa proie lui échappait. Dans ce cas, pourquoi aurait-elle couru le moindre risque d'être blessée ? Elle s'est comportée de la même manière que nous lorsque nous cherchons à éviter d'être piqués par une guêpe ou par une abeille. À quoi bon s'exposer inutilement : c'est une simple affaire de bon sens.

Nous employons parfois l'expression « un courage de lion ». Pourtant, les lions ne sont pas courageux. Ils choisissent instinctivement les espèces les moins susceptibles de se défendre, et attaquent toujours les individus les plus faibles au sein d'un troupeau. Ils n'ont aucun scrupule à se mettre à plusieurs sur un seul animal. C'est seulement en cas de disette qu'ils affrontent des proies plus dangereuses, telles que la girafe ou le buffle, parce que la peur de mourir de faim l'emporte alors sur l'appréhension de la blessure.

Le courage et la lâcheté n'existent pas chez les animaux sauvages, qui n'obéissent qu'à l'instinct de survie. Vous m'objecterez peut-être qu'il faut une certaine bravoure pour risquer sa peau en défendant sa progéniture. C'est vrai si nous nous fions à nos critères confus. En réalité, la Nature n'a pas seulement doté les êtres vivants d'instincts qui les obligent à assurer leur survie de gré ou de force : elle a aussi prévu des mécanismes destinés à préserver les espèces. La protection des petits est l'un de ces mécanismes, le désir sexuel en est un autre. Ce dernier est agréable à assouvir, mais il vise essentiellement à favoriser la perpétuation de l'espèce. L'instinct reproducteur l'emporte même parfois sur la survie individuelle, comme dans les cas des saumons qui meurent après avoir pondu leurs œufs. La prochaine fois que vous vous disputerez avec votre femme, songez à ces malheureux mâles de mante religieuse qui se font dévorer par leur femelle après l'accouplement…

Il est possible que mes propos vous choquent, parce que vous êtes persuadés que l'humanité s'est élevée au-dessus de la condition animale et aspire à des idéaux dont la noblesse est indiscutable. Moi aussi, j'ai nourri cette illusion durant le plus clair de mon existence. Mais il faut regarder la vérité en face. Et c'est dans ce but que je vous demande la permission de me citer en exemple.

J'ai été hanté pendant de longues années par la conviction d'être un lâche. Mes camarades d'école et mes collègues de travail auront du mal à me croire, car d'ordinaire ce défaut épargne les champions de boxe et les joueurs de rugby aux plaquages impitoyables. Pourtant, bien loin d'être un sportif intrépide, je mourrais littéralement de trouille. Au cours de mon enfance, on m'avait sans cesse répété qu'un garçon doit ignorer la peur, se montrer agressif et ne rêver que de plaies et de bosses. Après tout, les westerns et les films de guerre hollywoodiens comportent toujours une bagarre dans un bistrot, et tous les participants ont l'air d'y prendre un plaisir formidable. Cela pourrait encore se concevoir s'ils affrontaient l'ennemi, mais en général ce genre de rixe oppose des matelots à des marines. Dans les films britanniques, les jeunes pilotes de la bataille d'Angleterre ont hâte d'en découdre avec les « Boches », alors que leur espérance de vie ne dépassait pas trois semaines. À l'époque, je rêvais moi aussi d'en découdre avec les Boches, à condition bien sûr qu'ils ne puissent pas en découdre avec moi. Heureusement, on ne pouvait pas demander à un enfant de sept ans de faire ses preuves… D'ailleurs, quand un garçon de mon âge me cherchait noise, mon instinct m'ordonnait de réagir comme la souris : je ne pensais qu'à fuir, même s'il faisait une tête de moins que moi. Mais j'avais le sentiment d'être un couard.

Alors pourquoi suis-je devenu un champion de boxe ? Je peux vous garantir que mon agressivité naturelle n'y a été pour rien. Il s'agissait au contraire d'un moyen d'échapper à la honte. Je détestais la boxe, mais je craignais davantage d'être démasqué par mes copains que d'encaisser de mauvais coups. Même chose sur les terrains de rugby : la peur ne m'a jamais quitté, malgré ma réputation de plaqueur impavide. Chaque fois que je plongeais dans les genoux d'un adversaire, j'appréhendais une fracture des cervicales. Lors de ma première sélection dans un match qui nous opposait à des rivaux honnis, nous avons perdu parce que j'ai raté un plaquage, révélant ainsi ma couardise aux autres joueurs comme aux spectateurs. Personne ne m'a adressé le moindre reproche. En fait, personne ne m'a dit un mot. Et ce silence était plus douloureux que tous les coups que j'avais pris sur un ring. Vous connaissez le dicton : « Un héros ne meurt qu'une fois, tandis qu'un lâche souffre mille morts. »

Cet incident m'a appris à quel point cet adage est exact, et je n'ai plus jamais eu le courage de rater un plaquage. Vous pouvez m'objecter qu'il m'a fallu de la bravoure pour continuer à boxer et à jouer au rugby dans ces conditions. Autrefois, j'aurais partagé votre point de vue : l'essence même du courage ne consiste-t-elle pas à surmonter sa peur ? Quand quelqu'un accomplit un acte de bravoure sans éprouver aucune crainte, on ne parle pas de courage, mais d'inconscience. J'avais le choix entre deux maux : être blessé ou révéler la lâcheté que je me reprochais. Etait-ce du courage que de choisir le moindre ? Pas du tout : ce n'était que de la logique. Vous estimez peut-être qu'il est paradoxal d'affirmer : « Je n'ai plus jamais eu le courage de rater un plaquage. » J'y reviendrai dans un moment. Mais je veux d'abord vous dire que je n'étais ni lâche ni courageux. Tout le problème vient du lavage de cerveau : les principes de l'humanité « éclairée » entraient en conflit avec mes instincts naturels, créant ainsi le doute et la confusion. Aujourd'hui encore, on traite les enfants de poltrons, comme si la peur était un crime — alors qu'elle résulte de l'instinct de survie.

Cela signifie-t-il que je ne croie pas à l'existence de notions telles que le courage et la lâcheté ? Ou que je considère qu'en la matière les hommes se distinguent à peine des animaux sauvages ? Non, pas du tout. Notre cerveau très développé nous permet d'emmagasiner des souvenirs et de tirer ainsi les leçons de nos erreurs. Nous pouvons donc recourir à notre expérience pour résoudre de nouveaux problèmes. Mais nous devrions nous servir de notre intelligence pour renforcer nos instincts naturels, et non pour les brider en compliquant les choses et en semant la confusion. Je vais vous donner un exemple.

Imaginons que quelqu'un me défie d'oser passer du toit d'un immeuble sur un autre en empruntant une étroite poutrelle métallique. Je refuserai sans hésiter, et sans me reprocher un seul instant de céder à la lâcheté. Si cette personne me traite de trouillard, j'en conclurai simplement qu'elle est d'une bêtise crasse. Mais si un enfant risque de basculer dans le vide, et si le seul moyen de le sauver exige de s'aventurer sur cette poutrelle, ma conscience m'ordonnera de tenter le coup. Et je me considérerai comme un type courageux ou comme un dégonflé en fonction de ma réaction.

On peut définir la lâcheté comme une incapacité à accomplir un acte dicté par la conscience, à cause de la peur de se blesser ou d'être ridicule. Cela veut-il dire que je me précipiterais dans une maison en flammes pour sauver ses occupants ? Pas obligatoirement. Je commencerais par en mesurer les risques avant de prendre une décision. Et je serais prêt à m'exposer à de plus grands dangers si la menace pesait sur des membres de ma famille, et non sur des inconnus.

Mes doutes ont disparu une fois que j'ai découvert *La méthode simple*, et aujourd'hui je n'aurais aucun mal à surmonter le dilemme auquel j'ai été soumis durant mon adolescence. Si mon instinct naturel n'avait pas été égaré par les principes biaisés de l'humanité « éclairée », je n'aurais pratiqué ni la boxe ni le rugby, pas plus que je ne me serais risqué sur une poutrelle suspendue dans les airs. Je n'avais pas plus envie de faire mal à un autre garçon que d'encaisser ses coups ! Mais la confusion dans laquelle je me trouvais m'a valu de nombreuses blessures sur les rings comme sur les terrains de rugby, des heures d'angoisse avant les matches, et des années de souffrance morale, tant j'étais convaincu d'être un poltron. Et tout cela pour rien ! Il aurait fallu beaucoup de courage à l'enfant que j'étais pour tenir tête aux adultes et remettre en cause les préjugés qui étaient alors acceptés par le plus grand nombre. Avec des idées claires, je crois que j'aurais eu ce courage. Et Dieu sait s'il m'en aurait fallu pour rater de nouveaux plaquages et endurer les insultes de mes maîtres et de mes camarades !

Si une nouvelle guerre éclatait, saurais-je accomplir mon devoir ? Même s'il est très difficile de répondre à une pareille question, je pense que je serais en mesure de relever le défi. En effet, je ne vis nullement dans la crainte d'être soumis à une épreuve et de me révéler incapable de réagir. J'ai dû affronter quelques moments difficiles depuis que j'ai découvert *La méthode simple*. Rien de comparable au défi de la poutrelle ou à un sauvetage dans une maison en flammes, mais il m'a tout de même fallu un certain courage pour m'en sortir. Bien que je sache aujourd'hui que je n'étais pas un lâche dans ma jeunesse, mes souvenirs sont encore trop cuisants pour je rechigne à affronter la peur.

Nous avons maintenant tous les éléments en main pour aborder le point central de ce chapitre : l'alcool donne-t-il du cœur au ventre ? Je suis convaincu que la plupart des marins appréciaient leur petit verre de rhum, et qu'ils croyaient sincèrement y puiser des réserves de courage. Mais comment l'alcool pourrait-il nous donner de la bravoure, puisque celle-ci consiste à surmonter sa peur ? S'il réduisait l'intensité de cette dernière, cela voudrait dire que nous aurions moins besoin de courage pour la surmonter. Il est incontestable que l'alcool nous enivre, et que l'ivresse diminue toutes nos facultés, y compris notre vulnérabilité à la peur. Vous serez donc d'accord avec moi pour en déduire que le petit verre de rhum ne donnait pas du cœur au ventre aux marins, mais soulageait en partie leur appréhension.

Un exemple familier vous aidera à y voir plus clair. Il arrive souvent que les gens qui ont peur en avion boivent un bon coup avant d'embarquer. Ils ne se font aucune illusion sur les effets d'une telle pratique, car ils ne se sentent pas plus courageux pour autant ! En revanche, leur phobie s'en trouve un peu anesthésiée. S'il est indéniable qu'il agit sur la peur,

L'ALCOOL NE DONNE PAS DE CŒUR AU VENTRE.

Vous vous demandez peut-être ce qui distingue une peur réduite d'un courage renforcé. Effectivement, le petit verre de rhum dissuadait les marins de se mutiner et les encourageait à accomplir leur devoir — de même qu'il peut aider un passager à monter dans un avion. Pour mieux comprendre les effets exacts de l'alcool sur le comportement, revenons-en à l'observation de la Nature.

Pourquoi l'autruche enfouit-elle sa tête dans le sable ? Parce qu'elle est persuadée que le danger disparaît dès qu'il n'est plus visible. Pourtant, cet oiseau possède une taille imposante et deux pattes puissantes qui sont à la fois des armes redoutables et un moyen de distancer la plupart de ses prédateurs. Quand elle enfouit sa tête dans le sable, non seulement elle adopte une attitude ridicule, mais elle se prive des trois attributs indispensables à sa survie : la vue, la force de frappe et la vitesse de fuite. Bref, pour reprendre une expression familière, cela lui coupe les jambes.

« Tête de linotte », « cervelle de moineau » : le langage populaire nous rappelle que les oiseaux ont un petit cerveau. L'autruche ne fait pas exception à la règle. Comme nous avons la chance d'être beaucoup mieux pourvus en matière grise, une telle stratégie n'a aucun sens à nos yeux. Nous sommes assez intelligents pour savoir que le refus de regarder le danger en face nous rendrait encore plus vulnérables. Et que, bien loin d'endormir notre peur, il aurait pour effet de l'aviver. Le fait de ne pas voir le lion affamé ne nous empêcherait nullement de penser que, lui, il nous voit.

L'analogie avec l'autruche a le mérite de mettre en lumière le fonctionnement de nos instincts naturels. En réalité, la peur est un atout précieux, comparable à une alarme d'incendie. Elle nous prévient des dangers réels ou supposés. Et le seul moyen de l'apaiser, c'est d'en supprimer la cause. Enfouir sa tête dans le sable est aussi absurde que de déconnecter le système d'alarme. Non seulement c'est inutile, mais cela ne fait qu'accroître le danger : si la sirène se tait, les pompiers n'ont plus aucune raison de venir éteindre l'incendie. Or, vous agissez exactement de cette manière quand vous recourez à l'alcool ! Vous vous interdisez toute possibilité de vous attaquer à l'origine de votre appréhension et donc de l'éliminer une bonne fois pour toutes.

Tout cela vous semble peut-être évident. C'est vrai dans le cas de l'autruche qui, comme tous les animaux sauvages, n'obéit qu'à son instinct. Elle ne se laisse pas perturber par des notions telles que le courage, la lâcheté, le devoir, la famille ou la patrie. Et au nom de quoi tournerions-nous son attitude en dérision, nous qui agissons de manière rigoureusement identique chaque fois que nous buvons de l'alcool pour engourdir nos craintes ? Quelle différence entre la vision trouble de l'ivrogne et l'aveuglement volontaire du grand oiseau ? Dans un cas comme dans l'autre, cela revient à saper ses propres moyens de défense. Considérez-vous le fait d'enfouir sa tête dans le sable comme un acte de bravoure ? Bien sûr que non. Ce serait même plutôt une preuve de couardise. Alors pourquoi voudriez-vous que la consommation d'alcool en face du danger vous donne du cœur au ventre ?

On m'a expliqué à plusieurs reprises que, contrairement à la légende, l'autruche n'a jamais recours à ce type de comportement dans les situations périlleuses. Bien que je me sois tout de même permis d'utiliser cette anologie, je dois dire que cette information m'a soulagé. Cette attitude est tellement contraire aux lois naturelles qu'il aurait été très étonnant de voir une espèce l'adopter comme technique de survie. Cela ne fait que confirmer une triste vérité : malgré notre énorme cerveau et notre technologie très avancée, nous sommes encore plus bêtes que les autruches !

Revenons-en à présent à notre comparaison avec un avion qui survole les Alpes dans un épais brouillard. Ce serait déjà une expérience effrayante pour un pilote expérimenté et équipé d'instruments de navigation en bon état. Alors imaginez dans quel état vous vous trouveriez si l'on vous privait de toute aide extérieure : radar, altimètre, jauge de carburant, radio, boussole. Et si de plus vous perdiez peu à peu l'usage de vos sens : la vue, l'ouïe et le toucher. Et si, pis encore, votre cerveau, cet ordinateur qui contrôle votre esprit et votre corps, se mettait à dérailler. Une épreuve absolument terrifiante… Eh bien, c'est l'effet que l'alcool exerce sur ses victimes. Au-delà d'une certaine quantité, il vous coupe littéralement les jambes. Si vous continuez encore à boire, il anesthésie tous vos sens. Vous ne pensez pas qu'il faut être un peu stupide pour vivre dans un épais banc de brouillard, pour passer son existence avec la tête enfouie dans le sable ?

Si vous avez encore un peu de mal à comprendre ce que je veux dire, mettez-vous dans la peau d'un passager qui voit le pilote de son avion en train de siroter une flasque d'alcool. Quelle serait votre réaction ? La même que la compagnie d'aviation qui l'emploie : vous le ficheriez à la porte ! Votre cerveau et votre organisme sont des machines extrêmement perfectionnées. Croyez-vous pouvoir améliorer leur fonctionnement en absorbant des produits stupéfiants qui vont à l'inverse dérégler leur mécanisme ? Le LSD donne l'impression de pouvoir voler. Mais aucun de ceux qui ont tenté l'expérience n'ont décollé ; au contraire, certains y ont même trouvé la mort ! Le petit verre de rhum empêchait peut-être les marins de se mutiner. Malheureusement, il réduisait aussi leur aptitude à prendre des décisions stratégiques et nuisait à leur acuité visuelle, à la coordination de leurs mouvements et à leur vitesse de réaction.

Nous abordons ici l'un des tournants du livre où vous risquez d'être repris par vos doutes. Ne tombez pas dans le piège ! N'allez surtout pas vous imaginer qu'il vaut mieux se voiler la face et que l'alcool vous donne du cœur au ventre ! Laissez-moi vous rappeler que je n'ai que de bonnes nouvelles à vous annoncer. De toute façon, nous n'arrivons jamais à nous aveugler complètement lorsque nous nous enivrons pour stimuler notre détermination. Nous savons d'ailleurs très bien que ce n'est pas du vrai courage, puisque nous le qualifions de « courage aveugle ». Nous avons conscience de nous rendre encore plus vulnérables. De même que la peur du pilote est décuplée s'il s'aperçoit que ses instruments ne fonctionnent plus, de même notre peur augmente lorsque nous prenons conscience de notre vulnérabilité. L'alcool exerce donc des effets contradictoires : nous avons grâce à lui l'illusion d'être plus courageux face au danger, et en même temps l'impression que notre courage est miné de l'intérieur.

Ne vous inquiétez pas si vous avez un peu de mal à suivre mon raisonnement. Examinons plutôt ces effets illusoires. Il est évident que l'alcool ne donne pas de courage. Il est tout aussi évident qu'il peut aggraver votre appréhension face à un péril imminent, car vous vous rendez compte qu'il sape vos moyens de défense. Du coup, vous vous sentez moins courageux. En réalité, vos réserves de courage demeurent intactes, mais l'alcool peut vous empêcher de les employer. Vous ne me croyez peut-être pas, mais je vous assure que c'est vrai. C'est d'ailleurs ce que nous enseigne la vie de tous les jours. Considérez-vous les ivrognes comme des gens qui affrontent avec bravoure les difficultés de l'existence ? Bien sûr que non. Vous savez qu'ils sont incapables d'aborder les épreuves quotidiennes et qu'ils cherchent une échappatoire dans la boisson — sans d'ailleurs y parvenir. Vous avez également deviné que l'alcool ne fait qu'aggraver leur problème. Car, bien loin de donner du cœur au ventre,

L'ALCOOL DÉTRUIT LE COURAGE !

Mais si c'est tellement évident, pourquoi les ivrognes ne s'en rendent-ils pas compte ? Parce qu'ils ont subi un lavage de cerveau depuis l'enfance, et que leur descente aux enfers a été graduelle, de sorte qu'ils n'ont pas pu mesurer l'évolution d'un jour à l'autre. Ils ont oublié ce que cela signifie de se réveiller plein d'énergie et de confiance en soi. Ils mettent leur état sur le compte de l'âge ou de simples difficultés que les buveurs ordinaires surmontent aisément. Ils ne s'aperçoivent pas que le coupable, c'est l'alcool. Au contraire, ils le considèrent comme leur unique ami. Plus ils absorbent de poison, plus ils encaissent le choc, et plus ils ont besoin d'un autre verre. Les parois internes du népenthès deviennent abruptes : le piège se referme.

L'alcool n'apporte ni confiance en soi ni courage : il va même jusqu'à vous persuader que vous ne possédez aucune de ces deux qualités ! Heureusement, ce n'est qu'une illusion. Vous serez bientôt surpris de découvrir en vous des réserves considérables d'assurance et de courage.

Venons-en à présent à un autre phénomène très voisin, celui en vertu duquel :

L'ALCOOL SUPPRIME LES INHIBITIONS.

14

L'alcool supprime les inhibitions

L'alcool ne donne pas de cœur au ventre. Cependant, il est indéniable qu'il supprime les inhibitions. Mais est-ce vraiment un avantage ? Autrefois, je me figurais que la clef du succès, quand on organise une soirée, consistait à faire boire à ses invités le plus de verres possible en un temps record. Je pensais que c'était le meilleur moyen de mettre un terme à leur gêne et à leur timidité initiales. Encore une illusion ! D'abord, parce que la majorité des invités avaient déjà avalé un petit remontant avant même d'arriver chez moi ; ensuite, parce que toute occasion réunissant de parfaits étrangers débute par des conversations polies tenues en petits groupes distincts.

Comme la peur, les inhibitions sont un moyen de protection. Elles lui ressemblent d'ailleurs beaucoup, même s'il n'est pas question ici d'un danger palpable, mais de la crainte d'être ridicule ou de ne pas apparaître sous son meilleur jour. C'est ce qu'on appelle la timidité, le manque de confiance en soi. Bien sûr, ce sont des sentiments désagréables. Et la souffrance de leurs victimes saute aux yeux, surtout quand il s'agit d'un enfant. La gêne de celui-ci est d'ailleurs décuplée si ses parents ont la mauvaise idée de se porter à son aide en disant :

Allons, ne sois pas timide. Tu vas montrer à tout le monde comme tu chantes bien.

Pourquoi agissons-nous ainsi avec nos enfants ? La dernière chose dont un gamin timide ait besoin, c'est de se retrouver l'objet de l'attention générale. Non seulement cela n'arrange rien à son malaise, mais il risque de prendre un sentiment parfaitement naturel pour une manifestation de faiblesse — ce qui ne peut qu'aggraver son complexe d'infériorité. Il ne faut donc pas s'étonner si la plupart des gens souffrent toute leur vie d'un reste de timidité, et ce bien qu'ils réussisent souvent à le dissimuler. Là encore, en ce qui me concerne, je n'en suis vraiment venu à bout qu'après avoir découvert *La méthode simple*.

Dans quelle mesure celle-ci m'a-t-elle aidé à vaincre ma timidité ? En me faisant comprendre qu'elle était tout à fait normale, de même que mes inhibitions, et qu'elle constituait un moyen vital de protection. Vous ne gagnerez jamais la confiance d'un animal sauvage avant de l'avoir convaincu que vous ne lui voulez aucun mal. De la même manière, il est naturel qu'un enfant se méfie des étrangers, jusqu'à ce qu'il soit persuadé de leurs bonnes dispositions à son égard.

J'ai été ravi d'apprendre que ma timidité n'avait rien d'anormal, et j'ai aussitôt cessé de m'en préoccuper. Cela m'a aussi aidé à m'apercevoir que ce que je prenais pour de la froideur chez les autres invités n'était en fait qu'une manifestation de leur propre timidité. En m'efforçant de les aider à la surmonter, j'ai fini par oublier la mienne et par prendre beaucoup de plaisir à briser la glace. C'est un peu comme si l'on aidait un bourgeon à se transformer en une jolie fleur.

Dans ce cas, pourquoi s'interdire les deux ou trois verres qui permettent d'endormir nos inhibitions ? Tout simplement parce que dans ce domaine l'alcool est trop efficace. Prenons quelques exemples. Et revenons d'abord sur mon manque d'agressivité durant l'adolescence. Vous avez sans doute remarqué que lorsque deux garçons s'apprêtent à laver un affront réel ou imaginaire, tels deux cerfs en rut, ils commencent par gonfler la poitrine et par échanger des menaces avant d'en venir aux poings. Les effets du lavage de cerveau sont d'une puissance incroyable. J'ai déjà raconté que je me considérais comme un type anormal puisque je n'éprouvais aucun plaisir à infliger une correction à un rival, et que la perspective de prendre des coups me terrifiait. Il ne m'est jamais venu à l'esprit que mon adversaire avait subi le même bourrage de crâne et éprouvait la même appréhension que moi. Nous étions deux jeunes mâles qui roulions des mécaniques, avec l'espoir que l'autre refuserait le combat. Voilà pourquoi la plupart des affrontements ne débouchent pas sur la violence physique. L'âge venant, et la sagesse avec lui, ce genre d'incident finit par disparaître complètement. Mais si les deux jeunes mâles ont bu, leur crainte d'être blessé diminue, et ils ne reculent plus à la perspective de donner des coups et d'en encaisser. En temps normal, la bagarre s'arrête dès que la supériorité d'un des deux combattants a été établie, mais un jeune homme en état d'ébriété continue à jouer des poings et des pieds jusqu'à ce que son adversaire perde connaissance. Parfois pour toujours ! L'alcoolisme est vraiment un délicieux passe-temps !

Autre exemple classique : l'alcool au volant. Je dois avouer qu'avant les grandes campagnes de prévention routière, j'étais l'un de ces crétins qui se vantent de mieux conduire avec deux ou trois verres dans le nez.

Je me considère comme un type raisonnablement intelligent. Alors comment pouvais-je proférer de pareilles inepties ? Il est probable que je n'étais pas à jeun… Et comment pouvais-je m'imaginer que l'alcool me rendait meilleur conducteur ? Ma peur de l'accident étant émoussée, je roulais plus vite que je ne l'aurais fait en temps normal. Autrement dit, l'alcool me procurait un sentiment illusoire de sécurité. Bien entendu, cela faisait de moi un danger public.

Cependant, la pire conséquence de l'alcool au volant n'est pas d'endormir votre peur de l'accident, mais de supprimer vos inhibitions. Vous ne perdez pas seulement une partie de vos facultés : vous perdez aussi votre sens des responsabilités. Imaginez l'horreur que cela représente de tuer un être humain parce qu'on conduisait avec plusieurs verres dans le nez — par exemple de provoquer la mort de votre enfant et de devoir vivre pour le restant de vos jours avec le poids de la culpabilité.

Mais vous êtes bien entendu une personne trop raisonnable pour conduire en état d'ivresse ou chercher querelle à vos semblables. Alors, qu'y a-t-il de mal à boire deux ou trois verres au cours d'une soirée ? Vous avez sans doute déjà rencontré une de ces personnes qui n'arrêtent pas une seconde de parler, un de ces bavards impénitents dont le cerveau semble directement relié à la bouche. Dès que le moindre semblant d'idée leur traverse l'esprit, ils ne peuvent pas se retenir d'en faire profiter tout le monde. Le résultat, c'est ce que certains qualifient de manière assez crue, mais très pertinente, de « diarrhée verbale ». Ce genre d'individu cherche à aiguiser votre appétit en promettant de vous raconter une expérience fascinante qu'il a vécue lundi dernier. À moins que ce ne soit mardi… Lundi ou mardi ? Au bout de dix minutes, incapable d'en supporter davantage, vous interrompez poliment son monologue pour lui demander avec mille précautions si la date exacte de l'anecdote est vraiment importante. Il vous rétorque sèchement : « Bien sûr qu'elle est très importante. C'est le jour où j'ai pris le bus ! » Vous préférez en rester là, car vous sentez que toute objection de votre part ne ferait que prolonger encore votre supplice. Alors vous écoutez patiemment toute l'histoire, pour découvrir finalement que son aspect le plus intéressant était encore de savoir si elle s'était déroulée le lundi ou le mardi !

Nous sommes presque tous équipés d'un ou plusieurs filtres disposés entre le cerveau et la bouche. Un dispositif très utile qui nous permet d'analyser les pensées qui nous passent par l'esprit et de garder pour nous celles qui risqueraient d'ennuyer ou de choquer nos interlocuteurs. C'est justement ce qu'on appelle une inhibition. Je ne dispose pour ma part que d'un seul filtre. D'autres en possèdent un si grand nombre que vous ne les entendrez jamais prononcer le moindre mot pouvant prêter à controverse. Nous trouvons d'ordinaire ces personnes un peu coincées, et nous n'apprécions guère leur conversation extrêmement convenue. Je ne sais pas quel est le nombre de filtres idéal : peut-être deux. En tout cas, je suis souvent bien embarrassé de n'en avoir qu'un seul, car à ma grande honte il laisse parfois passer de sacrées boulettes !

L'alcool supprime ces inhibitions, et c'est ainsi que des fêtes joyeuses débouchent parfois sur des scènes de violence : quand quelqu'un par exemple profère des paroles insultantes qui, à jeun, n'auraient jamais franchi la barrière de ses lèvres. Vous me répondrez qu'un ami un peu trop coincé deviendra alors beaucoup plus amusant, sans pour autant violer les règles de la courtoisie. Malheureusement, il est impossible d'en être certain. Quand on commence à perdre la maîtrise de soi, on ne sait plus trop où s'arrêter. Et puis il y a une autre faille dans ce type de raisonnement : en général, l'alcool ne rend pas les gens coincés plus amusants ;

au contraire, il les amène à tenir des propos excessifs, répétitifs, incohérents et très ennuyeux. En outre, bien loin de les aider à profiter pleinement de l'occasion, il les plonge dans un état de stupeur.

Quel effet produisent-ils sur les autres invités ? Si ceux-ci en ont aussi un coup dans l'aile, leur opinion importe peu puisqu'ils ne sont plus que l'ombre d'eux-mêmes. On peut même dire qu'ils sont « ailleurs ». Combien de fois avez-vous entendu un ami vous raconter : « J'ai dû passer un moment formidable hier soir, mais j'étais tellement bourré que je n'en ai aucun souvenir. » Comment diable peut-on passer un moment formidable quand on est plongé dans un coma éthylique ?

Le problème, c'est que vous êtes d'habitude à moitié soûl lorsqu'un de vos amis très inhibé se laisse enfin aller sous l'emprise de la boisson, si bien que vous avez du mal à apprécier la situation. Mais il existe un moyen imparable de savoir à quoi vous en tenir : il vous suffit de rester sobre et d'écouter deux grands timides « libérés » par l'alcool et tenant une de ces conversations « passionnantes ». Vous saurez alors à quoi vous en tenir. Et vous aurez une idée du genre de propos que vous tenez vous-même quand vous avez un coup dans le nez…

Je ne me rappelle plus quel acteur a déclaré : « Je me suis couché avec certaines des plus belles femmes du monde, et je me suis réveillé avec les plus laides. » On peut trouver la formule humoristique et y voir une illustration des vertus de l'alcool, qui met un peu de bonheur et de beauté dans nos ternes existences. Mais s'il était incapable de juger du physique de ses conquêtes, je pense qu'il n'était pas au sommet de sa forme. Tout le monde sait qu'une nuit avec un ivrogne se traduit généralement par un fiasco. Et je suppose que ces femmes n'ont pas non plus été emballées de coucher avec un impuissant au front moite et à l'haleine fétide, dont les ronflements les ont empêchées de fermer l'œil.

Reste à savoir ce que les invités à peu près sobres auront pensé des gens d'ordinaire un peu coincés et rendus très diserts par la boisson. Une expression familière nous fournit la réponse :

NE FAITES PAS ATTENTION,
C'EST LE VIN QUI PARLE !

Lorsque j'étais directeur financier d'une entreprise de jouets, le dîner annuel des représentants débutait par des conversations courtoises et parfaitement hypocrites. En fin de soirée, l'un d'entre eux — un véritable agneau quand il venait se faire rembourser ses notes de frais — m'enlaçait les épaules et me soufflait sa fumée nauséabonde dans la figure en m'expliquant comment il aurait redressé les comptes s'il avait occupé mon poste. Étais-je impressionné par son dynamisme ? Est-ce que j'envisageais de lui confier davantage de responsabilités ? Absolument pas. Je savais très bien qu'il était sous l'emprise de l'alcool, et je me promettais simplement de ne pas me laisser coincer de nouveau l'année suivante.

À moi aussi, il m'est arrivé de me ridiculiser lorsque j'avais bu. Et sans doute plus souvent que je ne me le rappelle. C'est d'ailleurs l'un des problèmes avec l'alcool : quand vous êtes ivre, votre mémoire se brouille. Mais j'ai au moins le souvenir de m'être senti honteux le lendemain matin. Retournez-vous sur votre passé. Avez-vous déjà été impressionné par un poivrot ? Prenez-vous vraiment du plaisir à sombrer dans le coma ? Êtes-vous fier de vous le lendemain ? Les ivrognes sont-ils des modèles, des gens qu'on admire et qu'on rêve d'égaler ? Au contraire : nous les considérons comme des types sans grande envergure, qui ne feraient pas de mal à une mouche en temps normal, mais qui se croient tout permis quand ils ont picolé.

L'alcool ne donne pas de cœur au ventre : c'est une illusion. Et s'il supprime effectivement les inhibitions, ce n'est pas une bonne chose. La peur est salutaire pour une fille qui rentre seule chez elle en sortant d'une boîte de nuit. Si elle est soûle, sa méfiance est endormie, et elle devient une proie facile.

Nous allons maintenant aborder une illusion assez voisine :

L'ALCOOL ME CALME LES NERFS.

15

L'alcool me calme les nerfs

C'est l'une de ces journées torrides dont nous rêvons au cœur de l'hiver, mais que nous maudissons une fois l'été venu. Le système de ventilation du centre n'est pas adapté à une telle chaleur, et mon groupe de patients non plus, si bien que nous avons dû laisser les portes et les fenêtres grandes ouvertes. Soudain, la porte de la salle claque violemment, et la femme qui se trouve en face de moi sursaute si fort qu'elle décolle de son siège. Elle est visiblement au bout du rouleau. « Vous voyez l'état de mes nerfs, dit-elle en pleurant. J'ai tellement de problèmes en ce moment. Si je me sens déjà aussi mal malgré ma drogue favorite, comment voulez-vous que je puisse m'en passer. »

Elle n'a pas remarqué que tout le groupe a tressailli, moi y compris. Heureusement pour nous, ses larmes nous ont distraits et nous ont empêchés d'avoir à rougir de notre réaction. Je lui demande si elle a déjà observé des oiseaux en train de se nourrir : au moindre bruit, ils se réfugient dans un arbre. Un simple craquement, en effet, peut signifier l'arrivée d'un chat, et leur fuite n'est pas seulement naturelle : elle est vitale.

Voilà un nouvel exemple du lavage de cerveau auquel nous sommes soumis depuis l'enfance. On nous amène à prendre une réaction de peur parfaitement naturelle pour une manifestation de faiblesse, voire de déficience physique ou mentale. En réalité, le système nerveux n'est qu'une autre facette de l'extraordinaire mécanisme visant à assurer notre survie. Ce petit incident va d'ailleurs s'avérer très bénéfique, car cette patiente était tellement démotivée qu'elle n'avait guère profité de la séance. Soudain, elle se rend compte que son bond, bien loin d'être anormal, est une preuve du bon fonctionnement de son organisme. Le résultat est spectaculaire : ses larmes se tarissent aussitôt, et un grand sourire se dessine sur son visage. Elle réussit alors à nous parler des problèmes insurmontables qui l'écrasent — et qui s'avèrent n'être rien d'autre que les ennuis auxquels sont confrontés tous les membres des sociétés occidentales. Elle admet qu'en fin de compte sa situation n'a rien de tragique. Je lui dit que j'ai exactement les mêmes problèmes qu'elle, mais que je ne m'en soucie plus guère. Cet incident l'aide grandement, tout comme les autres membres du groupe, à comprendre que si leurs petits ennuis quotidiens leur paraissent aussi insurmontables, c'est parce qu'ils absorbent régulièrement un poison redoutable, et que celui-ci mine leur santé, leur énergie, leur courage et leur confiance en soi. Il est évident que si vous vous sentez diminué sur le plan physique et moral, la moindre taupinière prend une allure de montagne.

Nous avons tendance à confondre stress et sens des responsabilités, et à considérer nos nerfs comme des ennemis. Il est essentiel de définir ces termes avec précision. Notre système nerveux constitue un atout capital, un moyen de défense absolument vital. Quant aux responsabilités, elles peuvent être positives pour certains, négatives pour d'autres. Une personne qui aime relever des défis trouvera beaucoup plus stressant un métier répétitif et monotone. En revanche, celle qui n'est pas prête à prendre des risques supportera mal la tension liée à un poste à responsabilités.

Il en est de même pour le stress que pour la peur et la douleur : le lavage de cerveau nous conduit à le considérer comme un mal, alors qu'il n'est lui aussi qu'un signal d'alarme, une simple indication que quelque chose ne tourne pas rond. Quand le voyant lumineux de votre niveau d'huile commence à clignoter sur votre tableau de bord, vous jugeriez absurde de retirer l'ampoule et de prétendre que le problème est résolu. Ce serait la meilleure façon de transformer un incident très bénin en catastrophe. Il serait tout aussi stupide de lutter contre le stress, la peur ou la douleur sans s'attaquer en même temps aux causes profondes de ces symptômes.

Vous avez peut-être remarqué qu'aujourd'hui les médecins répugnent à prescrire des tranquillisants tels que le Valium. En effet, celui-ci agit un peu de la même façon que l'alcool. Au lieu de combattre la source du stress, il se contente d'éteindre le voyant lumineux. Dès que ses effets se dissipent, le patient revient à son point de départ et a besoin d'une nouvelle dose. Et ainsi de suite… Ce produit étant ressenti par votre corps comme un envahisseur indésiré et néfaste à son bon fonctionnement, il commence à développer une immunité contre le Valium. Le médicament perd donc de son efficacité, ce qui vous incite à augmenter les quantités ingérées et à réduire l'intervalle entre les doses — jusqu'à ce qu'il devienne totalement inutile. L'étape suivante consiste à adopter un médicament encore plus puissant, et donc à aggraver le problème. Entre-temps, votre vie quotidienne s'est encore dégradée, puisque vous n'avez rien fait contre la source de tous vos maux. Toutes les drogues ont des effets secondaires sur le plan physique et mental, à commencer par la création d'une dépendance.

Si un médicament prescrit par un médecin peut produire ce genre d'effets, vous imaginez aisément les conséquences d'un poison aussi redoutable que l'alcool : il détruit progressivement vos cinq sens. Mettez-vous dans la tête une bonne fois pour toutes que l'alcool ne soulage pas du stress, mais qu'il en est une des causes principales.

Cela signifie-t-il qu'il ne faille jamais recourir à un calmant en cas de douleur physique, ou bien à un tranquillisant en cas d'angoisse aiguë ? Pas du tout ! Quand on m'arrache une dent, je suis ravi d'être insensibilisé grâce au Valium. Dans ce cas précis, il devient une arme précieuse puisqu'il aide à neutraliser l'origine de mon problème. Je ne pense pas non plus qu'il faille s'interdire d'employer le Valium ou des médicaments similaires en cas de stress sévère, à condition qu'il s'agisse d'un traitement à court terme et qu'on cherche simultanément à extirper ou du moins à réduire les racines du mal. En revanche, si vous avez systématiquement recours à des comprimés pour soulager vos migraines ou pour réussir à dormir, il est évident que votre situation n'est pas près de s'améliorer.

Prendriez-vous des calmants si vous éprouviez une souffrance permanente ?

Sans doute, mais je demanderais aussi à mon médecin d'identifier la cause de cette souffrance.

Si l'alcool permet de combattre la douleur à court terme, comment pouvez-vous dire qu'il ne présente aucun avantage ?

Vous pouvez utiliser votre tête en guise de marteau pour planter un clou, mais vous n'allez pas prétendre que c'est là l'une de ses fonctions les plus utiles ! Boire de l'alcool pour endormir une souffrance physique ou psychologique, cela revient à vous trancher le pied pour vous débarrasser d'un cor douloureux ! Si vous avez vraiment besoin d'un analgésique, votre médecin vous prescrira un produit plus efficace et moins dangereux.

Vous ne pouvez tout de même pas nier que l'alcool, consommé avec modération, favorise la détente après une dure journée de travail.

Voilà une excellente question, qui va nous aider à mettre les choses à plat ! Selon vous, l'alcool favoriserait la détente. Si nous étions déjà parfaitement détendus, nous n'en aurions donc pas besoin, n'est-ce pas ? Puisque nous avons besoin de nous relaxer, j'en conclus que notre travail est une source de tension, qui se manifeste sous des formes diverses. Quand nous sommes encore préoccupés par des soucis d'ordre professionnel en rentrant chez nous, nous allumons la télévision, nous ouvrons un livre ou bien nous en discutons avec notre conjoint. Quand la chaleur nous fait transpirer, nous prenons une douche ; quand nous nous sentons sales et épuisés, nous optons pour un bon bain. Une paire de pantoufles soulage nos pieds fatigués, et il est toujours agréable d'enfiler des vêtements plus confortables. Par ailleurs, il suffit de manger et de boire pour apaiser la faim et la soif. Dans tous ces cas de figures, nous réglons un problème concret ou bien nous nous changeons les idées. Il n'y a rien de tel qu'un bain chaud pour se laver à fond, pour cesser de grelotter et pour se décontracter les muscles. Mais par une journée torride, il est évident qu'il ne ferait qu'aggraver notre inconfort et qu'une douche froide est bien préférable. De même, nous aimons nous vautrer dans un fauteuil moelleux quand nous sommes fatigués, alors qu'un enfant dont l'énergie a été trop longtemps bridée n'a aucune envie de nous imiter. J'en conclus qu'aucune de ces activités n'est intrinsèquement relaxante. Pour vous apporter un bienfait, chacune d'entre elles doit être adaptée à un problème particulier. Ainsi, la nourriture peut apaiser votre faim, mais pas vos douleurs aux pieds. Par conséquent, comment un verre d'alcool pourrait-il vous détendre, puisqu'il ne s'attaque en rien aux causes des tensions qui vous harcèlent ? Il n'est même pas capable d'étancher votre soif.

Dans ce cas, pourquoi les buveurs sont-ils convaincus du rôle relaxant de l'alcool ? Pour deux raisons principales. Nous avons déjà abordé la première : l'alcool engourdit vos sens. Il ne supprime aucune de vos douleurs, mais vous permet simplement de les oublier. Voilà pourquoi les alcooliques ne se donnent plus la peine de se laver, de se raser ou même de s'alimenter. Lorsque les effets de l'alcool se dissipent, en effet, ils s'aperçoivent qu'il n'a rien arrangé à leur situation, bien au contraire. Ils ressentent donc un besoin accru de s'enivrer, et descendent un peu plus dans la spirale de leur déchéance.

C'est une erreur de prêter des pouvoirs relaxants à quelque drogue que ce soit. La relaxation totale est un état merveilleux qui implique l'absence de toute forme de malaise — et aucun toxicomane n'est en mesure de l'atteindre. Réfléchissez cinq minutes : pourquoi une personne heureuse aurait-elle envie de se soûler ? Le suicide, qui représente une fuite définitive, est la preuve d'un profond désespoir. L'ivresse représente quant à elle une fuite provisoire et partielle, avec bien entendu différents degrés d'intensité. Les personnes qui s'y livrent sont donc indiscutablement malheureuses.

L'alcool ne les aide pas à trouver le bonheur, sinon elles n'auraient pas besoin d'y avoir recours régulièrement. Pour comprendre la deuxième raison qui conduit les buveurs à prêter des vertus relaxantes à l'alcool, nous devons à présent nous arrêter sur un phénomène capital :

LA DÉPENDANCE.

16

La dépendance

J'ai fumé à la chaîne pendant la plus grande partie de ma vie d'adulte. Je me considérais alors comme un accro à la nicotine, mais certainement pas comme un toxicomane. Ce n'était qu'une simple expression dans ma bouche, puisque je n'hésitais pas à me qualifier aussi d'accro au golf. Je savais que le tabac contient de la nicotine, mais j'ignorais que celle-ci est une drogue et qu'elle provoque une dépendance. Pour moi, la nicotine était une vague substance qui me tachait les doigts et les dents, un effet secondaire déplaisant du plaisir de fumer. De même, l'alcool ne me semblait absolument pas comparable à une drogue telle que l'héroïne, malgré le grand nombre d'occasions où il m'avait plongé dans un coma éthylique — et en dépit du fait qu'une soirée sans alcool m'aurait paru inconcevable. Comme tout le monde, j'étais soumis au lavage de cerveau.

Que signifie réellement la dépendance ? Mon dictionnaire donne la définition suivante :

« Habitude ou asservissement. »

Je trouve que cette définition peut prêter à confusion. Les toxicomanes se présentent plutôt comme des « consommateurs » — ce qui pour moi sous-entend qu'ils ne sont nullement esclaves de leur drogue, et qu'ils contrôlent parfaitement leur consommation. Ils préfèrent aussi parler d'un « penchant » plutôt que d'une « dépendance ».

À partir de quel stade commencent-ils à se considérer comme des « toxicomanes », et non plus comme des « consommateurs » ? Au même moment que celui où les gros buveurs acceptent le qualificatif d'« alcooliques ». Autrement dit, lorsque enfin ils se rendent compte qu'ils ne contrôlent plus rien.

Je propose donc une définition plus réaliste de la dépendance :

« Impossibilité de renoncer à une drogue, alors que vous voudriez arrêter, et même de diminuer votre consommation, malgré tous vos efforts. »

Comment savoir si oui ou non vous êtes dépendant ? Voici quelques indices très utiles. Je ne suis pas venu au golf petit à petit, ou par hasard : j'ai décidé consciemment de m'y mettre. J'en ai tiré un plaisir sincère et immédiat, sans avoir besoin de me forcer. Dès le début, j'ai rêvé de pouvoir jouer davantage. Vous m'objecterez qu'un homme porté sur la boisson rêve lui aussi de boire davantage. C'est faux ! Il ne pense qu'à arrêter ou du moins à réduire sa consommation, mais il est obligé de l'augmenter.

Essayez de vous rappeler votre adolescence, et plus précisément le week-end où vous avez fumé vos cinq premières cigarettes et bu vos trois première bières. Vous êtes-vous dit : « J'envie vraiment les gens qui peuvent fumer un paquet entier et descendre dix demis en une seule soirée » ? N'est-ce pas plutôt le contraire ?

N'est-ce pas le fumeur invétéré ou le gros buveur qui envie les personnes capables de s'abstenir de tabac et d'alcool en société ? J'imagine que tous les golfeurs de la terre aimeraient être à la place de Tiger Woods ! Mais croyez-vous qu'il existe une seule personne au monde qui consomme un paquet de cigarettes et une bouteille de vin par jour, et dont l'ambition soit de passer à trois paquets et trois bouteilles ?

Je ne parle pas, bien entendu, d'une personne qui pour des raisons financières ou médicales aurait réduit sa consommation à un paquet et à une bouteille, alors qu'elle aurait *besoin* du triple.

Bien que le golf soit un loisir onéreux, je n'ai jamais eu l'impression de perdre mon temps. Je m'y suis toujours adonné sans aucun mauvais pressentiment, et malgré ma passion je ne me suis jamais senti en manque lorsque je ne pouvais pas y jouer. Je pouvais très bien partir en vacances sans terrain de golf à proximité, et ne pas éprouver pour autant de sentiment de privation. Finalement, le jour où mon envie de jouer a disparu, je n'en ai pas fait tout un drame : j'ai arrêté le golf, un point c'est tout.

En toute sincérité, je n'ai jamais eu peur non plus de prendre quinze jours de congés sans alcool ni tabac. Mais pour une raison très différente : il n'était même pas concevable que je ne trouve pas de cigarettes ou de boissons alcoolisées sur mon lieu de vacances. De toute évidence, j'étais déjà accro à ces deux poisons bien avant de prendre conscience de ma double dépendance. Vous me répliquerez peut-être : « Pourquoi diable se priver du plaisir de boire et de fumer pendant les vacances ? » Dans ce cas, vous n'avez pas bien suivi, car c'est l'objection soulevée par tous les « consommateurs » pour tenter de prouver qu'ils sont capables de se contrôler. Le point essentiel, c'est que je partais en vacances dans des endroits où je ne pouvais pas pratiquer une activité qui me donnait beaucoup plus de plaisir que la nicotine et l'alcool, à savoir le golf, mais que pour rien au monde je ne me serais privé de boire et de fumer. C'est bien la preuve que :

J'ÉTAIS DÉJÀ DÉPENDANT.

Telle est la véritable différence entre le plaisir et la dépendance. Avec le golf, il n'y avait chez moi aucune schizophrénie. Je n'avais pas la moitié de mon cerveau qui disait : « Pourquoi est-ce que je gaspille sur les greens un argent gagné à la sueur de mon front ? », pendant que l'autre moitié répondait : « Comment pourrais-tu profiter des bons moments et lutter contre le stress sans le golf ? »

Si les mots « dépendant », « accro » ou « consommateur » prêtent autant à confusion, c'est parce que les mystères de la toxicomanie demeurent hermétiques, y compris pour les prétendus experts. Voilà pourquoi ces derniers parlent souvent d'accoutumance, comme si c'était une simple question d'habitude ! Nous ne sommes pourtant pas naïfs au point de croire qu'on peut acquérir une habitude par hasard. Quand je suis en Angleterre, j'ai l'habitude de rouler sur le côté gauche de la route. Mais quand je traverse la Manche, je romps immédiatement avec cette habitude vieille de plusieurs décennies, sans éprouver la moindre difficulté. Rien ne m'irrite davantage que le cliché éculé selon lequel il serait très dur de se débarrasser d'une habitude. Si c'était le cas, j'aurais du mal à conduire à droite sur le continent. En fait, quand nous essayons de justifier un comportement en prétendant agir par habitude, nous disons à mots couverts :

JE NE COMPRENDS PAS CE QUI ME POUSSE
À FAIRE CELA.

Il est évident que quelqu'un qui s'injecte de l'héroïne dans les veines est un toxicomane. Il est beaucoup moins facile de voir sous le même jour des produits aussi acceptés d'un point de vue culturel que la cigarette et l'alcool. Depuis quelques années, néanmoins, le regard que la société porte sur le tabac s'est radicalement modifié. Dans les pays occidentaux, presque tous les fumeurs adultes avouent qu'ils voudraient n'avoir jamais commencé, et qu'ils ont l'impression d'être tombés dans un piège plutôt que d'avoir fait un choix conscient. Les gens qui n'ont jamais fumé ne peuvent pas comprendre comment on peut être prêt à payer des fortunes pour allumer des feuilles séchées et inhaler une fumée mortelle et répugnante dans ses poumons. Notons au passage que c'est également un mystère pour ceux qui s'adonnent à ce vice... Aux yeux d'un non-fumeur, les motivations d'un fumeur sont aussi opaques que celles d'un héroïnomane pour le commun des mortels. Nous nous demandons quel plaisir on peut trouver à se planter une seringue dans une veine. Et nous nous contentons en général d'une réponse toute faite :

C'est évident. Il est accro.

Pourtant, cela n'explique rien. La dépendance comme l'habitude ne sont que des mots. Je vais donc essayer d'éclairer l'origine d'un tel comportement. J'ai subi comme tout le monde un lavage de cerveau qui voudrait nous faire croire que le toxicomane prend de l'héroïne pour atteindre des paradis artificiels. Essayez plutôt de vous représenter le cauchemar d'un drogué en manque : son angoisse, sa peur panique, sa souffrance atroce. Maintenez, songez à l'intensité de son soulagement lorsqu'il se pique. Vous croyez qu'il veut s'ouvrir les portes du paradis ? Noël est un moment magique, mais personne ne redoute de devoir attendre

364 jours avant qu'il ne revienne. En réalité, l'héroïnomane ne s'inflige le terrible rituel de la seringue que pour combler l'état de manque créé par la première dose et entretenu par les suivantes.

Les toxicomanes s'imaginent qu'ils ne souffrent du manque que quand ils essayent de se désintoxiquer. En réalité, ils le ressentent en permanence, et c'est d'ailleurs la seule et unique raison qui les incite à se refaire une piqûre. Il faut être accro à l'héroïne pour connaître cette peur panique et ce besoin irrépressible de reprendre une dose. L'héroïne ne les soulage qu'à très court terme, puisque c'est elle qui produit ces symptômes. Elle donne d'une main ce qu'elle reprend aussitôt de l'autre. Pourquoi l'héroïnomane ne s'en rend-il pas compte ? Parce qu'il s'aveugle sur sa dépendance, exactement comme le fumeur, le gros buveur ou n'importe quelle autre personne qui a eu le malheur de tomber dans le piège de la drogue. Ce piège présente certaines variations secondaires en fonction de la nature du poison, mais ses caractéristiques essentielles sont toujours les mêmes :

1. Le lavage de cerveau nous fait croire que nous sommes des êtres incomplets, qu'il existe en nous un vide inhérent.

2. Le lavage de cerveau nous fait croire que ces divers poisons nous apporteront un plaisir et un soutien, qu'ils nous aideront à combler ce vide.

3. La première dose a mauvais goût et ne nous procure aucun plaisir, qu'il soit réel ou illusoire. Nos craintes de devenir accro sont donc endormies. Pourquoi diable voudrions-nous continuer à consommer des produits désagréables et qui ne nous apportent rien ? Cependant, le mauvais goût de drogues telles que l'alcool et la caféine est souvent masqué — en

partie ou en totalité — par des adjuvants ou des additifs à la saveur sucrée. C'est ce qui s'appelle se dorer la pilule !

4. Quand la drogue évacue notre organisme, nous souffrons du manque : une impression de vide et d'insécurité presque imperceptible, très semblable à la faim. Comme nous sommes incapables de distinguer ce manque des autres sensations désagréables, et que nous n'en souffrons jamais quand nous consommons la drogue en question, nous ne l'identifions pas comme la source de notre malaise.

5. Quand nous prenons une nouvelle dose durant une période de manque, nous obtenons un soulagement partiel. Nous nous sentons plus sûrs de nous et plus détendus que quelques minutes auparavant. Et cette impression n'est nullement une illusion. Hélas ! ce phénomène authentique de soulagement partiel fait croire à notre cerveau que la drogue est à l'origine de ce plaisir et de ce soutien — ce que nous a rabâché le lavage de cerveau.

C'EST UNE ILLUSION.

L'aspect le plus pathétique de la toxicomanie, c'est que vous continuez à prendre votre drogue dans le seul but de dissiper le sentiment d'insécurité qu'elle produit. Autrement dit, pour retrouver l'état dans lequel vous étiez en permanence avant de tomber dans le piège. Comme votre organisme s'immunise contre ce produit, vous n'avez aucune chance de retrouver les impressions merveilleuses d'autrefois, même quand vous venez d'absorber une dose. La drogue est donc absolument incapable de vous apporter une détente. Bien au contraire, elle ne fait que renforcer votre sentiment de vide, d'insécurité et de tension.

6. Les effets cumulatifs de la drogue sapent votre santé physique et mentale, de sorte que votre état de dépendance s'aggrave, et que votre consommation augmente dans les mêmes proportions : un cercle vicieux qui vous entraîne au fond du gouffre. De même qu'un quignon de pain rassis prend une allure de festin pour un homme affamé, le toxicomane se laisse de plus en plus tromper par l'illusion de plaisir — alors que son état est de plus en plus évident aux yeux de ses proches et de ses amis.

7. Le lavage de cerveau nous fait croire qu'il est difficile de renoncer à une drogue, et que plus nous sommes dépendants, plus nous ressentons le manque quand nous essayons d'arrêter. Durant une tentative de sevrage ou de contrôle de sa consommation, le sentiment de privation et de malaise s'accroît chez le toxicomane, mais son plaisir aussi augmente lorsqu'il cède enfin à son désir. J'insiste sur ce point : je ne nie absolument pas l'authenticité et l'intensité de sa souffrance, ni celles de son plaisir. On en trouve l'illustration dans les conversations familières : « L'horizon s'éclaircit après le deuxième verre », ou encore : « Le vin est toujours gai, c'est le lendemain matin qui l'est moins ! »

Ces lendemains qui déchantent sont dus à cinq facteurs distincts :

1. La gueule de bois consécutive aux frasques de la veille.

2. Les effets cumulés de l'abus d'alcool sur votre santé physique et mentale, sur vos finances et sur vos relations avec vos proches.

3. Les autres causes de stress, qui n'ont rien à voir avec votre penchant à la boisson, mais que vous auriez

déjà éliminées si vous n'aviez pas choisi d'éluder le problème en vous réfugiant dans l'alcool.

4. Le sentiment de vide et d'insécurité créé par le « petit monstre ».

5. L'impression persistante de manque.

Les alcooliques savent que le facteur n° 1 est la conséquence directe de leur comportement. En ce qui concerne le n° 2, les choses sont moins claires dans leur esprit, car la détérioration est très progressive et peut être mise sur le compte du vieillissement et des épreuves de la vie. Ils préfèrent ne pas penser au facteur n° 3. Le n° 4 étant à peine perceptible, ils s'en tiennent d'ordinaire à des formules du genre : « J'aime bien boire un bon coup de temps en temps. » Ainsi naît le facteur n° 5, qui joue un rôle plus important que les quatre autres réunis.

Entre deux soirées bien arrosées, l'alcoolique est harcelé par le désir de boire. Il sait qu'un verre lui suffirait pour satisfaire cette envie et a donc tendance à oublier les autres facteurs. Pourtant, certaines raisons peuvent l'amener à prendre son mal en patience plutôt qu'à le soulager. Un vrai calvaire ! Mais puisque le « petit monstre » est presque imperceptible, pourquoi le manque entraîne-t-il un tel supplice ? Parce qu'il se produit le même phénomène qu'avec une démangeaison : au début, ce n'est qu'une gêne infime, mais dès que vous en avez pris conscience, elle devient intolérable si vous n'êtes pas en mesure de vous gratter. Le fait de vous gratter vous procure alors un plaisir intense. C'est un peu comme une alarme antivol qui résonne au loin depuis une heure, et dont vous ne prenez conscience qu'au moment où elle se tait. Le silence vous semble délicieux, parce que le bruit vous agressait, même si vous ne vous en étiez pas rendu compte. Ce que vous appréciez dans une boisson alcoolisée, ce n'est pas l'alcool qu'elle contient, mais l'extinction du désir de boire. Un petit bonheur que les non-alcooliques connaissent constamment.

Maintenant, imaginez que l'alarme soit beaucoup plus proche : juste sous vos fenêtres. Impossible de l'ignorer. Vous ne pouvez ni vous relaxer ni vous concentrer sur votre travail. Le bruit strident va vous pourrir la vie jusqu'au moment où quelqu'un viendra débrancher le système antivol. Voilà pourquoi le facteur n° 5, autrement dit l'impression persistante de manque, est plus puissant que les quatre autres réunis. Une fois que vous avez décidé que vous devez à tout prix satisfaire votre envie de boire un verre, vous subirez un calvaire jusqu'à ce que ce souhait soit exaucé. Et plus le supplice s'éternisera, plus votre soulagement et votre illusion de plaisir seront intenses.

Inutile de préciser que cette torture est bien réelle. Mais l'illusion consiste à croire que l'alcool vous apporte du plaisir et comble votre manque. Relisez la description des cinq facteurs à l'origine des « lendemains qui déchantent » : vous verrez que chacun d'entre eux est dû à la consommation d'alcool, et ce quel que soit le stade auquel vous êtes parvenu dans votre descente aux enfers. Imaginez qu'on vous oblige à porter des chaussures trop petites pendant une semaine, tout en exigeant que vous gardiez la même attitude au travail et durant vos loisirs. Vous ressentirez bien sûr un formidable soulagement lorsqu'on vous autorisera enfin à les ôter. Prétendre que l'alcool procure un vrai plaisir revient à dire que porter des chaussures trop petites est très relaxant. Or, personne n'est assez stupide pour s'imposer une telle épreuve dans le seul but de connaître quelques brefs instants de bonheur en se déchaussant. Bien loin de satisfaire le manque, l'alcool est à la fois sa cause initiale et l'unique raison de sa perpétuelle reproduction.

Que les choses soient bien claires : les « lendemains qui déchantent » sont la conséquence directe de vos soirées arrosées. Le pire, c'est que vous pourriez échapper à votre triste sort, contrairement à l'insecte pris au piège par le népenthès. Mais laissons de côté ces sinistres périodes de privation pour examiner de plus près les merveilleux moments que vous consacrez à vous enivrer... Faites un effort pour vous affranchir du lavage de cerveau. Je vous demande donc de ne pas tenir compte du plaisir illusoire que je viens d'analyser : autrement dit, du soulagement que vous éprouvez en rompant une période d'abstinence. En effet, vous ne devez pas confondre la fin d'un calvaire et un plaisir. Une piqûre d'analgésique calme la douleur, mais n'a jamais procuré de bonheur à personne : elle ne vous apporterait strictement rien si vous n'aviez pas commencé par souffrir. La période d'abstinence paraît toujours terrible et interminable, et elle s'achève par un acte d'une brièveté presque ridicule. Ces quelques instants ne font donc pas partie du plaisir de boire. Nous nous sentons si mal quand nous sommes privés d'alcool que nous attribuons au premier verre un pouvoir extraordinaire. C'est une illusion commune à toutes les formes de toxicomanie. En réalité, ce premier verre nous soulage, un point, c'est tout. Les choses sérieuses ne commencent qu'ensuite, et c'est à elles que nous allons nous intéresser maintenant.

Vous ne devez pas non plus tenir compte des occasions dans lesquelles vous avez satisfait une soif toute simple. Le plaisir est alors authentique, mais nous avons vu plus haut que l'alcool exacerbe la soif à long terme. Il vous faut aussi exclure les moments durant lesquels votre joie n'avait rien à voir avec l'alcool : les fêtes, les sorties en boîte de nuit, les mariages, les repas d'anniversaire, les célébrations sportives, et ainsi de suite. Vous vous demandez peut-être pourquoi : après tout, c'est en de telles occasions qu'il est le plus agréable de boire un verre. N'oubliez pas de garder l'esprit ouvert. D'abord, notre plaisir est lié à l'événement, et l'alcool ne joue donc qu'un rôle secondaire. Ensuite, vous conviendrez avec moi qu'un buveur de jus de fruit peut lui aussi profiter pleinement de ce genre d'occasions.

La plupart des fumeurs apprécient particulièrement les cigarettes qu'ils allument dans une fête ou à la fin du repas. Au cours des séances thérapeutiques, nous demandons à ceux de nos patients qui affirment aimer la cigarette d'en allumer une et de nous décrire ce qu'ils lui trouvent de si délicieux. Ils ont toujours beaucoup de mal à s'expliquer et nous font d'ordinaire des réponses de ce genre :

Je ne sais pas. Celle-ci, je ne l'apprécie pas tellement. À vrai dire, elle est infecte. Mais j'aime beaucoup le goût du tabac à la fin d'un repas.

Il ne leur vient jamais à l'idée que deux cigarettes provenant du même paquet ne peuvent pas avoir un goût différent. Elles sont toutes aussi infectes : celle de tous les jours comme celle qu'on allume dans les grandes occasions. Alors pourquoi la seconde paraît-elle meilleure que la première ? Pour une raison très simple : vous n'arriverez jamais à franchir une barre de 3 mètres dans un concours de saut en hauteur, mais vous avez une chance d'y parvenir avec l'aide d'une perche ; par conséquent, le mérite de votre réussite doit être attribué à la perche. Les accros à la nicotine détestent les soirées où ils ne peuvent pas fumer, mais apprécient beaucoup celles où on les y autorise. Par conséquent, leur plaisir dépend de la cigarette. Non pas parce que celle-ci est délicieuse, mais parce que sans elle la vie du fumeur se transforme en cauchemar.

Si nous ne demandons pas à nos patients de tester leur boisson favorite au cours des séances thérapeutiques, c'est parce que nous souhaitons qu'ils soient parfaitement sobres et lucides. Cependant, je vous ai recommandé de ne pas arrêter de boire ni même de réduire votre consommation avant d'avoir achevé ce livre : en effet, votre seul moyen d'évaluer le plaisir que vous retirez de l'alcool consiste à étudier vos sensations pendant que vous buvez. Vous devez absolument dissiper vos illusions, ce qui vous serait impossible si vous aviez déjà renoncé à l'alcool. Quel que soit le contexte dans lequel vous buvez, essayez de vous concentrer sur le poison que vous êtes en train d'ingurgiter. Et interrogez-vous sur le plaisir qu'il vous procure.

Repassez-vous le film de votre vie. Bien entendu, vous avez des centaines de bons souvenirs liés à l'alcool. Mais qu'est-ce qui comptait le plus à vos yeux : ce que vous buviez ou l'événement que vous fêtiez ? Avez-vous une seule fois apprécié un verre pour la seule et unique raison qu'il contenait de l'alcool ? Rappelez-vous vos débuts, quand vous deviez faire des efforts pour vous habituer au goût de la bière ou du vin : ce n'était pas une partie de plaisir… Ensuite est venue une époque de transition : vous vous étiez accoutumé à la saveur de l'alcool, et celui-ci ne vous causait encore aucun problème. Y attachiez-vous une importance particulière, ou bien le considériez-vous comme une chose naturelle ? Quand vous sortiez dîner, vous pensiez aux plats que vous alliez déguster, aux amis que vous alliez retrouver, au restaurant dont vous alliez découvrir le décor. Mais vous ne vous disiez jamais : « Ça va être formidable de descendre une bouteille de vin ! » Vous voyez bien que l'alcool ne prend d'importance que quand il est devenu un réel problème. Tous ces exemples démontrent que le plaisir de boire est bien moindre que le déplaisir entraîné par la privation.

Si vous gardez l'esprit ouvert, vous reconnaîtrez que tous les bons moments de votre passé n'étaient pas dus à l'alcool et que le plaisir de boire que vous avez souvent éprouvé était à la fois illusoire et presque imperceptible. N'oubliez pas non plus les conséquences les plus déplaisantes de l'alcool : vos bredouillis, vos propos incohérents tenus d'une voix pâteuse, votre démarche titubante, votre agressivité, vos nausées, vos vomissements. Même si vous ne pouvez pas vous en souvenir, inscrivez aussi au passif vos nuits comateuses. En fin de compte, vos fiestas alcoolisées sont-elles beaucoup plus brillantes que vos périodes de privation ? J'ai l'impression qu'elles sont encore plus lamentables. Mais les unes comme les autres sont la conséquence directe de l'alcool, et celui-ci ne vous a donc jamais procuré ni plaisir ni soutien.

Si vous vous croyez affligé d'une tare congénitale, d'un penchant héréditaire pour la boisson, vous devez aussi penser que l'alcoolique est condamné à assouvir son vice. Eh bien, vous vous trompez. Nous avons envie d'alcool ou de n'importe quelle autre drogue parce que nous nous imaginons qu'ils vont nous procurer un plaisir ou un soutien. Mais une fois cette illusion dissipée, l'envie disparaît aussitôt. J'y reviendrai le moment venu.

Les fumeurs s'identifient plus facilement que les buveurs aux héroïnomanes, et ce pour deux raisons. D'abord, il nous semble aussi peu naturel de se planter une aiguille dans une veine que d'inhaler des fumées toxiques dans ses poumons. Boire, à l'inverse, est une fonction parfaitement naturelle qui est non seulement très agréable, mais aussi indispensable à la survie. Boire de l'alcool n'entre nullement dans cette définition, mais nous avons les idées brouillées par le lavage de cerveau que nous subissons depuis l'enfance : on nous a tellement ressassé qu'il est à la fois plaisant et naturel de consommer de l'alcool avec modération !

La seconde raison tient à l'essence même de la nicotine : celle-ci nous amène très vite à fumer du matin au soir et à éprouver une véritable panique en cas d'épuisement de nos réserves. Le fumeur occasionnel, capable de tenir une journée entière sans cigarette, prend une allure d'exception et de veinard ! Avec l'alcool, c'est le contraire : le petit verre matinal et le besoin d'avoir en permanence une bouteille à portée de main sont considérés comme des comportements anormaux, comme des symptômes certains d'alcoolisme.

La différence s'explique par l'action très rapide de la nicotine : une heure après avoir éteint une cigarette, la majeure partie de la drogue a déjà évacué votre organisme. C'est d'ailleurs la raison pour laquelle la plupart des fumeurs atteignent vite un paquet par jour. Bien que cette sensation soit réelle, elle est presque imperceptible. Nous éprouvons simplement le besoin de tripoter quelque chose — un besoin que nous traduisons par la phrase suivante : « Je fumerais bien une petite cigarette. » Dès que nous l'allumons, la nicotine envahit de nouveau notre organisme, le sentiment d'insécurité s'évanouit, et l'illusion selon laquelle le tabac nous détend et nous donne confiance en nous s'en trouve renforcée.

Dans le cas de l'alcool, le manque ne produit pas de véritable souffrance physique. Cependant, on observe un certain nombre d'effets indésirables. Nous avons déjà parlé de l'ivresse et de la déshydratation. Pas besoin de s'appeler Einstein pour lui attribuer aussi les vomissements et la gueule de bois qui caractérisent nos premières cuites d'adolescents. C'est d'ailleurs dans de telles circonstances que nous nous jurons bien de ne plus jamais en boire une seule goutte. Voilà pourquoi il faut entre deux et soixante ans de pratique pour devenir alcoolique. Voilà aussi pourquoi la plupart des buveurs n'atteindront jamais ce stade : la répugnance causée par ces effets secondaires nous retient au bord du gouffre.

Pourtant, vous êtes en face d'un problème sérieux dès que vous entrez dans la catégorie des gens qui recherchent dans l'alcool un moyen de chasser le stress de leur esprit. Ces personnes apprennent très vite à doser leur consommation : elles boivent assez pour oublier leurs soucis, mais s'arrêtent avant que l'alcool ne vienne vraiment perturber leur vie quotidienne. Elles savent que ce n'est pas un bon moyen de résoudre leurs problèmes, mais elles disposent désormais d'un moyen efficace de les fuir : il leur suffit de boire le nombre de verres voulus pour retrouver l'ambiance protectrice de l'ivresse, de sorte que les fardeaux de l'existence leur pèsent moins lourd sur les épaules.

Et alors, quel mal y a-t-il à cela ? Après tout, je contrôle ma consommation.

Mais non, voyons ! C'est l'alcool qui vous contrôle avec beaucoup d'habileté. Vous avez conscience de ses effets secondaires, mais vous n'en êtes pas encore au stade où ils prennent un tour inquiétant, si bien que votre désir instinctif de cesser de boire ou du moins de réduire votre consommation n'aboutit à rien. Mais même si la pente est douce, elle vous conduira inéluctablement au fond du gouffre. En s'immunisant contre l'alcool, votre organisme réclamera des doses sans cesse plus importantes pour atteindre le même degré d'ivresse. Mais cette évolution est si graduelle que vous vous en apercevrez à peine. Et plus vous boirez, plus vos problèmes psychologiques, physiques et financiers s'aggraveront. Là encore, la déchéance est si progressive que vous ne vous rendrez pratiquement compte de rien. Plus votre vie deviendra pénible, plus vous rechercherez le soutien de cet ami qui vous veut du mal. C'est la raison pour laquelle, même si vous commencez à vous douter que quelque chose ne tourne pas rond, vous trouvez que le moment n'est pas encore venu de réagir. Vous préférez attendre que votre situation s'améliore avant de régler votre problème avec l'alcool. Mais vous vous trompez : une fois pris au piège, vous n'avez pas la moindre chance de voir votre situation s'améliorer. Nous reviendrons sur ce point un peu plus tard.

Je veux d'abord vous convaincre d'une vérité essentielle : comme nous consommons régulièrement un produit chimique qui est en même temps un poison, il nous semble logique d'en déduire que cette substance possède une propriété physique qui nous oblige à l'absorber, et que nous souffrirons des symptômes du manque si jamais nous arrêtons d'en prendre.

Il s'agit là encore d'une pure illusion. Nous ne sommes jamais accros à une substance chimique. Ce qui nous rend dépendant, c'est la croyance selon laquelle celle-ci nous offre quelque chose en échange. Nous nous imaginons par exemple que nous ne pourrions pas profiter à plein des bons moments ou affronter des épreuves sans le secours d'une cigarette. Ce qui nous rend dépendants à l'alcool, c'est l'ivresse ! Ou plutôt le sentiment fallacieux que l'état d'ébriété nous fait mieux apprécier les occasions de convivialité, qu'il nous aide à nous détendre et qu'il soulage notre stress. Je le répète : ce n'est qu'une illusion. Une fois qu'elle se sera dissipée,

LA DÉPENDANCE AUSSI DISPARAÎTRA.

Continuons à présent notre chasse aux idées reçues en abordant l'un des aspects les plus subtils du piège, à savoir la ressemblance troublante entre :

L'ALCOOL ET LA NOURRITURE.

17

L'alcool et la nourriture

Nous avons vu que la Nature avait muni ses créatures d'un dispositif de sécurité que nous appelons la faim, et qui nous empêche d'oublier de nous alimenter. Avez-vous déjà réfléchi à l'extraordinaire ingéniosité de ce système ? Vous ne ressentez aucune douleur physique quand votre faim se réveille. Bien sûr, votre estomac gargouille, vous éprouvez une impression de vide et vous devenez irritable, mais vous ne souffrez pas le moins du monde. Je ne parle pas de la famine, évidemment, phénomène beaucoup plus grave et sur lequel je ne suis pas compétent. En effet, j'appartiens à ces privilégiés qui ne sont jamais restés une seule journée sans avaler au moins un repas correct. Je ne m'adresse donc qu'aux lecteurs ordinaires qui mangent trois fois par jour.

Pourquoi la faim est-elle aussi ingénieuse ? Parce qu'elle n'implique aucune douleur véritable (elle ne provoque qu'une réaction du genre : « Je mangerais bien un morceau »), mais aussi parce que la plupart du temps nous n'en avons même pas conscience. De toute évidence, la Nature voulait nous obliger à fournir suffisamment d'énergie et de nutriments à notre organisme pour nous assurer une bonne santé à court terme, et une certaine espérance de vie à long terme. Ce matin, mon petit déjeuner était à peine avalé que je commençais déjà à brûler son apport en énergie et à assimiler ses oligo-éléments. Depuis, huit heures se sont écoulées, je suis en train d'écrire ce chapitre à mon bureau, et je n'ai absolument pas faim. Je ne dînerai que dans deux heures, et je sais que d'ici là mon estomac n'émettra aucune protestation. La raison en est simple : j'ai l'habitude de respecter ces horaires depuis de longues années. En revanche, j'ai du mal à comprendre pourquoi ma faim s'est endormie après mon petit déjeuner, et pourquoi je serai pris d'un appétit féroce à l'instant précis où je m'attablerai devant mon dîner. Heureusement, je n'ai pas besoin de trouver de réponse. La Nature est beaucoup plus intelligente que moi, et je lui suis très reconnaissant de m'accorder l'immense plaisir de satisfaire mon appétit deux fois par jour.

L'un des aspects les plus astucieux de la toxicomanie consiste à adopter un fonctionnement presque identique à la faim. Quand nous avons besoin d'alcool, nous nous disons : « Je boirais bien un verre. » Comme dans le cas de la nourriture, cette sensation ne produit aucune souffrance, et elle est même presque imperceptible. Dans les premiers temps, il peut s'écouler de longues périodes sans que nous éprouvions cette envie, et nous avons tendance à l'associer à certaines occasions très conviviales. Mais quand nous ressentons cette envie et que nous pouvons la satisfaire, la satisfaction et la détente qui en résultent sont similaires à l'apaisement de la faim, même si la boisson alcoolisée n'a pas bon goût.

La différence entre la nourriture et l'alcool peut donc sembler minime. En réalité, ils sont diamétralement opposés, pour cinq raisons différentes :

1. Les aliments sains ont bon goût quand vous avez faim. L'alcool est toujours infect.

2. La nourriture est indispensable pour votre santé, votre bonne humeur et votre survie. L'alcool est un poison qui sape systématiquement votre santé physique et psychologique.

3. Manger est un plaisir authentique. Boire de l'alcool relève de l'abus de confiance.

4. L'alcool vous enivre et anesthésie vos sens. La nourriture n'exerce aucun effet nocif.

5. Le fait de manger ne crée pas la faim, mais la satisfait à titre provisoire ; c'est d'ailleurs une excellente chose, car vous pouvez ainsi profiter de ce plaisir toute votre vie durant. L'alcool crée un besoin et n'étanche même pas la soif. Bien loin d'apaiser votre envie d'alcool, il fait en sorte qu'elle vous harcèle continuellement et que vous souffriez de ses effets nocifs jusqu'à votre dernier jour.

Réfléchissez une minute, et l'évidence de ces affirmations vous sautera aux yeux. Vous n'aviez nullement besoin d'alcool autrefois, avant de prendre votre premier verre. Aujourd'hui, l'alcool ne vous désaltère même pas ! En en buvant, vous ne faites qu'entretenir votre dépendance envers un poison qui finira par vous détruire.

Vous avez peut-être noté que j'ai employé le mot « habitude » pour qualifier mes horaires de repas. Mais n'allez surtout pas croire que manger n'est qu'une habitude. Si vous essayez de rompre avec votre routine, vous vous rendrez vite compte que la nourriture est nécessaire à votre survie. Il est exact que les horaires et les types d'aliments varient en fonction des individus. Il est également indéniable que beaucoup d'entre nous ont pris la mauvaise habitude de trop manger. Les buveurs peuvent eux aussi recourir à des boissons qu'ils ingurgitent à des horaires variés, mais la consommation d'alcool n'est pas une simple habitude : il s'agit tout simplement d'une forme de toxicomanie.

La diversité des comportements individuels amène certains « experts » à caractériser les différents types de buveurs. Cela revient à caractériser les différents types de souris qui se laissent prendre au piège ! Ces prétendus « experts » ne font que rendre encore plus opaques les mystères de la toxicomanie. Et cela ne semble pas les gêner d'être ensuite incapables de guérir aucune de ses victimes. Peu importe à quelle catégorie appartiennent les buveurs : ils sont tous dans la même prison, et la même clef peut tous les délivrer. Le moment est venu de dissiper une autre illusion, qui empêche beaucoup de gens de se libérer, comme ce fut mon cas pendant de longues années :

LE MYTHE DES PERSONNES SUJETTES À LA DÉPENDANCE

18

Le mythe des personnes sujettes à la dépendance

Comme la plupart des hommes de ma génération, je me suis mis à boire et à fumer quand j'ai commencé à travailler, à l'âge de vingt et quelques années. Étant devenu très vite un fumeur à la chaîne, j'en ai déduit que j'étais particulièrement sujet à la dépendance, que de ce point de vue j'étais différent des « fumeurs ordinaires ». Les AA disent exactement la même chose lorsqu'ils prétendent que les alcooliques se distinguent des buveurs ordinaires par des facteurs d'ordre chimique. J'étais donc convaincu soit de présenter un défaut de constitution, soit de ne pouvoir survivre sans certains éléments chimiques contenus dans le tabac — alors que les fumeurs « normaux » pouvaient s'en passer sans difficulté. J'hésitais entre ces deux hypothèses, mais de toute façon le résultat était le même.

Aujourd'hui, même les fumeurs considèrent le tabagisme comme une activité anormale et asociale, alors que dans mon enfance plus de 90 % des hommes adultes s'y livraient. C'étaient les non-fumeurs qui étaient traités d'anormaux, voire de mauviettes. Comme plus de 90 % des Occidentaux adultes boivent de manière régulière, l'alcool est considéré comme quelque chose de normal. Pourtant, il n'est pas plus « normal » d'avaler des boissons empoisonnées au goût âcre que d'inhaler des fumées cancérigènes.

Je continuerai pour des raisons pratiques à parler de buveurs « ordinaires ». Un terme qui mérite d'être défini précisément si l'on veut éviter les confusions :

Un buveur ordinaire est une personne qui trouve un plaisir ou un soutien dans la consommation d'alcool ; elle a conscience des risques encourus, mais elle estime que les avantages l'emportent sur les inconvénients.

Aux yeux de ces personnes, l'alcool n'est pas un problème ; si jamais il en devenait un, elles sont persuadées qu'il leur suffirait d'arrêter ou de réduire leur consommation. Autrement dit, un « buveur ordinaire » est quelqu'un qui croit contrôler sa consommation.

Bien que cela puisse sembler contradictoire, il arrive à certaines de ces personnes de s'enivrer. Ma définition du « fumeur ordinaire » est identique : il suffit de remplacer le mot « alcool » par « tabac ». Je dois ajouter qu'à aucune période de ma vie je n'ai établi de rapport entre ma vulnérabilité vis-à-vis de la dépendance ou mon « défaut de constitution » et ma consommation d'alcool. J'ai attendu d'avoir cinquante-cinq ans pour soupçonner l'existence d'un problème, et un peu plus de soixante ans pour l'accepter. À cette époque, j'avais déjà découvert *La méthode simple*, et je savais que ni moi ni qui que ce soit d'autre n'était contraint d'absorber un poison à cause d'une prétendue sujétion à la dépendance ou d'une tare imaginaire.

La plupart des gens qui n'ont jamais touché au tabac s'imaginent que les fumeurs invétérés ont une consommation aussi élevée parce qu'ils y prennent beaucoup plus de plaisir que les fumeurs occasionnels. Cela paraît logique, mais comme presque tout ce qui concerne la toxicomanie, la réalité est diamétralement opposée aux idées les plus communément répandues. Quand vous fumez comme un sapeur, vous ne vous faites plus aucune illusion sur les satisfactions que vous procure la cigarette. Quand vous atteignez le stade où vous ne pouvez plus produire le moindre effort physique ou mental sans en allumer une, vous pourriez éventuellement la considérer comme un soutien. Mais n'est-ce pas plutôt l'inverse ? Drôle de soutien que cette maudite cigarette sans laquelle vous n'êtes même plus capable de manier la commande de votre téléviseur !

Depuis ma première clope jusqu'à ma dernière, je n'ai ressenti que du dégoût. Les fumeurs n'acceptent pas les risques encourus : ils se voilent les yeux. Le tabac avait déjà tué mon père et ma sœur, et compte tenu de l'état de mes poumons, il était incompréhensible que je ne les ai pas encore rejoints. Alors, pourquoi est-ce que je continuais ? Parce que j'endurais le martyre chaque fois que j'essayais d'arrêter ! J'étais pris entre deux feux. Je détestais ma condition de fumeur, mais sans la nicotine je me sentais incapable de profiter de la vie et de lutter contre le stress.

J'étais donc différent de la grande majorité des fumeurs ordinaires. Un autre phénomène me troublait beaucoup : du fait du lavage de cerveau, je pensais qu'il suffisait d'un peu de volonté pour arrêter. Or, je savais que je possédais un caractère très volontaire. Je désirais arrêter de toutes mes forces, personne ne m'obligeait à continuer, et je disposais de la volonté nécessaire. Puisque j'étais condamné à l'échec, il fallait donc accuser un défaut de constitution ou une personnalité sujette à la dépendance. Il n'y avait pas d'autre explication possible. Cependant, si une tare d'ordre physique était à l'origine du tabagisme et de l'alcoolisme, les médecins n'auraient qu'à examiner leurs victimes, à les passer aux rayons X, à procéder à des analyses de sang et d'urine... Les miracles de la science contemporaine, en particulier dans le domaine de la génétique, devraient permettre de détecter cette tare et de prévenir les personnes vulnérables avant qu'elles n'allument leur première cigarette et ne boivent leur premier verre...

En outre, si l'alcoolisme résultait d'un défaut de constitution, le piège ne mettrait pas entre deux et soixante ans avant de se refermer : il se déclencherait aussitôt. En fait, nous serions des alcooliques avant même d'avoir bu notre premier verre ! Connaissez-vous un seul toxicomane qui n'ait jamais consommé un gramme de la drogue dont il est dépendant ? Bien sûr que non, et c'est ce qui réduit à néant la thèse de la tare physique.

Nous qualifions d'« accro » une personne qui souhaite de tout son cœur se libérer d'une drogue, mais qui n'y parvient pas. Néanmoins, ce mot n'explique en rien pourquoi cette personne continue à prendre cette drogue, alors que personne ne l'y oblige. L'expression « sujette à la dépendance » est tout aussi dénuée de signification. Il s'agit d'une idée reçue, chère aux gens qui ne comprennent rien à la dépendance, et dont le seul effet est de brouiller encore un peu plus une question déjà très complexe.

Si nous naissions avec une tare physique ou psychologique, nous nous en apercevrions dès notre permier verre, car celui-ci nous précipiterait sur-le-champ dans la dépendance alcoolique. Or, cette évolution peut prendre soixante ans chez certains individus. Par ailleurs, une personne vraiment sujette à la dépendance tomberait dans tous les pièges possibles et imaginables : cannabis, héroïne, cocaïne, et ainsi de suite. Curieusement, tous les gens qui sont convaincus d'être sujets à la dépendance sont ou ont été des toxicomanes. Drôle de coïncidence, non ? Avez-vous déjà rencontré quelqu'un qui se réclame d'une prétendue sujétion à la dépendance et qui ne soit pas accro à quelque chose ?

Il est évident que la Nature n'a reculé devant aucun effort pour assurer notre survie. Alors, pourquoi diable nous aurait-elle refilé une tare physique ou psychologique qui nous donnerait envie de nous détruire méthodiquement ? Même si elle possédait une telle perversité, cela n'expliquerait pas notre comportement. Je lui suis très reconnaissant de m'avoir muni d'un instinct sexuel, qui s'exerce aussi bien sur le plan physique que mental. Mais il me serait facile de lui résister, si par exemple ma partenaire était atteinte d'une maladie sexuellement transmissible. Par conséquent, les alcooliques souffrant d'une sujétion à la dépendance ou d'une tare congénitale devraient être en mesure de résister à la tentation une fois qu'ils ont compris que l'alcool leur minait la santé.

Arrêtons-nous un instant sur les distinctions établies par les prétendus « experts » entre le consommateur occasionnel et l'accro ; entre la personne qui contrôle sa consommation et celle qui en est incapable ; entre le buveur ordinaire et l'alcoolique ; entre la personne sujette à la dépendance et celle qui ne l'est pas. Si ces catégories existaient vraiment, cela signifierait que la nature du produit importe peu, et qu'on ne peut donc pas parler de drogues créatrices de dépendance !

Pourquoi ai-je cru à toutes ces balivernes ? Parce que je ne saisissais pas la véritable raison qui pousse les fumeurs, les buveurs et les autres toxicomanes à se détruire, sans rien recevoir de la drogue en contrepartie. Lorsque j'ai découvert *La méthode simple*, la réponse m'est apparue clairement : une réponse qui ne présente aucune faille ni aucune contradiction, et qui se fonde sur le bon sens.

Malheureusement, la véracité de cette explication est indémontrable, car je ne peux pas prouver qu'il n'existe pas de personnalité sujette à la dépendance. L'exemple du monstre du Loch Ness vous aidera à y voir plus clair. Je n'ai nullement l'intention de prouver qu'il s'agit d'une pure légende, car il attire les touristes et met un peu de piment dans notre vie quotidienne. Mais même si je le souhaitais, j'en serais bien incapable. Pour prouver l'existence de quelque chose, il vous suffit de le montrer. En revanche, comment voulez-vous prouver que quelque chose n'existe pas ? La seule solution consiste donc à évaluer les probabilités et à utiliser votre bon sens. Le Loch Ness est très profond et contient une très grande quantité d'eau. Mais « Nessie » a la réputation d'être gigantesque, et toute espèce animale doit avoir un nombre minimum de représentants pour éviter une consanguinité excessive et l'extinction qui en résulterait. Par ailleurs, si Nessie existait vraiment, la technologie moderne n'en aurait-elle pas déjà apporté la preuve indiscutable ?

Imaginons une plage à partir de laquelle on peut admirer un paysage somptueux. La plupart des visiteurs le contemplent pendant des heures, puis s'en vont sans la moindre difficulté. Mais certains d'entre eux sentent le sol se dérober sous leurs pieds au bout de quelques minutes, et sont incapables de se dégager malgré tous leurs efforts, même quand la marée remonte.

On peut expliquer le phénomène de diverses manières. Soit ces victimes sont happées par des sables mouvants, soit elles présentent une tare d'ordre physique, soit elles souffrent d'un problème psychologique. Je suppose que l'hypothèse des sables mouvants vous semble de loin la plus probable. Cependant, si votre choix s'est porté sur l'une des deux autres explications, c'est sans doute parce que vous n'avez pas encore l'esprit assez ouvert. Si vous ne me croyez pas, soumettez ces trois options à d'autres personnes, sans mentionner le moindre rapport avec l'alcoolisme.

Vous vous demandez peut-être pourquoi certains visiteurs ne s'enfoncent pas dans les sables mouvants. Attention : eux aussi s'enfoncent, mais si lentement qu'ils ne s'en rendent pas compte, et personne autour d'eux ne s'en aperçoit. Pensez aux « buveurs ordinaires » de votre connaissance. Je parie que leur consommation a augmenté depuis dix ans — et qu'ils boiront encore davantage dans dix ans.

La seule raison qui conduit certaines personnes à s'enfoncer plus vite que les autres tient à leur poids supérieur. Souvenez-vous de l'insecte gorgé de nectar à l'intérieur du népenthès. Ce que j'appelle le « poids » de l'individu aspiré par les sables mouvants, c'est son degré de prise de conscience : il sait qu'il est pris au piège, il panique, il cherche un refuge dans le poison qui est justement à l'origine de sa panique, et le voici attiré dans une spirale infernale.

Si vous acceptez cette analogie, vous comprendrez qu'il n'y a qu'une seule explication possible : tout le problème vient de la nature même des sables mouvants. Certains croient avoir besoin d'un whisky par jour, d'autres de trente whiskies par jour. Ils souffrent tous de la même illusion et de la même maladie. Cette dernière peut être définie ainsi : la croyance que l'alcool vous apporte quelque chose et que vous êtes dépendant de cet avantage imaginaire. La guérison se produit donc dès que la vérité vous apparaît : l'alcool est un poison qui n'a jamais apporté aucun avantage à qui que ce soit. Après tout, si les « buveurs ordinaires » en tiraient un bénéfice, les gros buveurs en profiteraient encore davantage. S'il procurait un plaisir et un soutien aux consommateurs occasionnels, les alcooliques seraient les personnes les plus heureuses, les plus équilibrées et les plus épanouies de la terre ! La réalité est toute autre. En poursuivant notre raisonnement, nous pouvons même affirmer la chose suivante : puisque ce poison condamne les alcooliques à vivre dans la souffrance et dans la peur, il doit exercer des effets similaires, mais un peu atténués, sur les buveurs ordinaires.

Les AA prétendent que la seule personne qui puisse vous dire si vous êtes oui ou non un alcoolique, c'est vous-même. Une affirmation qui ne me paraît guère scientifique. N'oubliez pas que la théorie des tares congénitales et des personnes sujettes à la dépendance ne repose sur aucune preuve tangible, et que ses partisans sont incapables de comprendre la véritable cause de la dépendance. À l'inverse, des éléments concrets permettent de démonter cette théorie.

Si l'alcoolisme et les autres formes de toxicomanie étaient dus à une tare physique ou psychologique, ils seraient incurables. Dans ce cas, comment expliquer que j'ai été guéri du jour au lendemain grâce à *La méthode simple*, tout comme des milliers d'autres personnes après moi. Vous conviendrez qu'il n'existe qu'une seule explication rationnelle : le problème ne vient pas d'un prétendu défaut de constitution, mais du fait que vous avez consommé

UNE DROGUE CRÉATRICE DE DÉPENDANCE.

L'une des ruses de l'alcool consiste à nous faire croire qu'il n'est pour rien dans nos malheurs, et que la responsabilité nous en incombe. Un stratagème très ingénieux que l'on retrouve dans toutes les drogues. De fait, nous savons très bien que l'alcool est nuisible pour notre santé et pour nos finances, et le plaisir qu'il nous procure en échange apparaît bien faible quand nous l'examinons à tête reposée. Notre raison nous conseille d'y renoncer ou du moins de réduire notre consommation, d'autant que personne ne nous oblige à continuer. Par ailleurs, nous nous imaginons que la majorité des buveurs se contrôlent parfaitement. En toute logique, nous déduisons de ces différents éléments que nous appartenons à une minorité d'individus affligés d'une tare physique ou psychologique.

Avant d'aller plus loin, intéressons-nous aux prétextes ridicules derrière lesquels se réfugient les buveurs et les fumeurs, y compris ceux qui croient contrôler leur consommation :

La pollution automobile est aussi nocive que la fumée de cigarette.

Peut-être bien, mais il ne vous viendrait pas à l'idée de placer votre bouche à l'extrémité d'un pot d'échappement et d'inhaler les gaz dans vos poumons. Et vous ne seriez certainement pas prêt à payer pour un tel régal !

Je ne fume pas, donc je peux bien m'offrir un verre à l'occasion.

C'est comme si vous disiez : « Je ne me suis pas amputé d'une jambe, donc je peux bien me couper un bras. »

La vie est si courte, et je peux très bien être écrasé par un bus demain matin.

D'accord, mais d'ici à se jeter volontairement sous le bus…

Terminons par un grand classique :

Boire un verre de temps en temps est le seul plaisir qu'il me reste.

Cette dernière phrase contient un nombre incroyable de contre-vérités. D'abord, elle est toujours prononcée par des personnes totalement dépendantes, et non par des buveurs occasionnels. Ensuite, elle est tellement exagérée qu'elle en devient grotesque. La vie est-elle vraiment aussi sinistre ? Pour les alcooliques, oui, sans aucun doute, car ils n'ont effectivement plus aucun autre plaisir. Mais c'est leur dépendance à l'alcool qui les a plongés dans une telle détresse : quand vous vous sentez mal sur le plan physique et mental, vous avez tendance à voir les choses en noir. En outre, il est faux de prétendre que l'alcool puisse procurer un plaisir authentique : c'est une pure illusion !

Voilà donc une parfaite illustration des ruses auxquelles recourent toutes les formes de toxicomanie : plus la drogue vous entraîne au fond du piège, plus vous avez l'impression fallacieuse d'en retirer un plaisir ou un soutien. Les plaisirs authentiques sont-ils donc si rares ? Quand vous aurez recouvré une bonne forme physique et mentale, vous vous apercevrez que le simple fait d'exister redevient une source de bonheur. Des expressions telles que « la joie de vivre », « respirer à pleins poumons » ou « dévorer la vie à belles dents » retrouveront leur place dans votre vocabulaire.

N'est-ce pas évident ? Si nos instincts naturels ont pour but d'assurer notre survie, c'est bien parce que l'existence est un bien précieux et une source de jouissance. L'alcool, à l'inverse, est un produit chimique déprimant et un poison redoutable qui s'attaque à votre corps et à votre cerveau. En vous enivrant, il anesthésie vos instincts et détruit votre joie de vivre. Bref, il vous rend suicidaire. C'est d'ailleurs ce à quoi il vous condamne :

À UN SUICIDE LENT ET TERRIBLEMENT DOULOUREUX !

Comme tous les poisons, plus vous en ingérez, plus les dégâts sont sérieux. Mais n'allez surtout pas croire qu'il produise des effets de nature différente chez les buveurs ordinaires et chez les alcooliques !

Avez-vous toujours du mal à admettre que votre vieil ami l'alcool soit une drogue capable de vous réduire en esclavage ? Dans ce cas, ouvrez vos yeux et votre esprit : pourquoi 90 % des adultes consomment-ils une boisson qu'on pourrait baptiser « DÉVASTATION » ? Et pourquoi diable êtes-vous en train de lire ce livre ? Le problème de ces prétextes ridicules, c'est que les buveurs les ressassent depuis des générations, si bien que nous avons fini par les prendre pour argent comptant.

Le danger que représentent les sables mouvants ne fait aucun doute à nos yeux. Nous n'avons donc pas besoin de discutailler à perte de vue pour comprendre pourquoi certaines personnes en sont victimes. Alors, pourquoi prétendre que les alcooliques, contrairement aux buveurs ordinaires, souffrent d'une faiblesse d'ordre physique ou psychologique ? Ne vaut-il pas mieux s'en tenir à l'évidence, à savoir que les alcooliques se trouvent simplement à un stade plus avancé d'une seule et unique maladie ? Après tout, les uns comme les autres avalent exactement le même poison. Il est établi que l'alcool enivre et déshydrate, et que la combinaison de ces deux facteurs vous pousse à boire de plus en plus. Une théorie confirmée par l'observation des faits. Les alcooliques ne sont pas les seuls à augmenter leur consommation : les buveurs occasionnels commencent par quelques verres « expérimentaux » et ne tardent pas à adopter un rythme régulier. Tous les alcooliques ont d'abord été des buveurs ordinaires, et il leur a fallu un certain nombre d'années pour franchir la frontière qui sépare ces deux catégories — une frontière qui est d'ailleurs l'objet d'un débat assez brumeux entre les prétendus « experts ».

Les AA éludent la difficulté en déclarant que vous seul êtes en mesure de trancher. En général, plusieurs années s'écoulent entre le moment où vos soupçons s'éveillent et celui où vous devez vous résoudre à accepter la triste vérité. Vous vous souvenez peut-être des deux personnages décrits au chapitre 3 : la grand-mère qui ne buvait pratiquement jamais d'alcool, et l'oncle Ted, dont c'était presque l'unique activité. Des millions de personnes de par le monde se situent quelque part entre ces deux extrêmes. N'est-il pas évident que la différence entre les alcooliques et les buveurs ordinaires ne tient pas à un défaut de constitution, mais au degré où ils sont parvenus dans leur descente aux enfers ?

Les AA écrivent dans une de leurs brochures :

« Tous les buveurs ne sont pas des alcooliques. Beaucoup de gens peuvent boire modérément, sans subir d'effets néfastes du point de vue physique, mental ou social. Pour eux, l'alcool n'est pas un problème, et nous ne pouvons que leur souhaiter : Pourvu que ça dure ! »

Si les AA étaient dans le vrai, il n'y aurait aucune raison pour que cela ne dure pas. En effet, une personne née du bon côté de la frontière ne courrait strictement aucun risque de se retrouver du mauvais côté.

Je vous rappelle que, selon leur théorie, un buveur ordinaire peut contrôler sa consommation, alors qu'un alcoolique en est incapable.

Nous arrivons naturellement à la question fondamentale : qu'est-ce qu'une consommation « sous contrôle » ? Si j'ai bien compris, c'est l'aptitude à s'arrêter avant de ressentir des effets néfastes du point de vue physique, psychologique ou social. Mais vous connaissez beaucoup de buveurs ordinaires qui n'ont jamais vomi, qui n'ont jamais eu la gueule de bois, qui ne sont jamais devenus agressifs, qui n'ont jamais fait de bêtises en état d'ébriété ? Que faut-il en déduire ? Qu'ils acquièrent à titre temporaire la fameuse tare héréditaire, et que celle-ci disparaît comme par magie lorsque les vapeurs de l'alcool se dissipent ? Par ailleurs, les AA ont-ils la conviction que les alcooliques sont incapables de boire avec modération et de contrôler leur consommation ? Pourtant, ils ont bien été des buveurs occasionnels avant de connaître leur déchéance. En outre, on ne peut nier que les alcooliques en voie de guérison maîtrisent leur consommation (au moins partiellement). Puisqu'il arrive aux buveurs ordinaires de perdre le contrôle et aux alcooliques de le reprendre, ce qui les distingue ne peut être qu'une question de degré, et non de nature. Une nouvelle confirmation de ce que je ne cesse de répéter : l'alcoolique se trouve à un stade avancé d'une maladie très répandue.

Pourquoi cette évidence échappe-t-elle à la plupart des gens ? Parce que cela exige d'ouvrir son esprit, de faire appel à son bon sens, de balayer les idées reçues, les mythes et le lavage de cerveau. Et par-dessus tout, de ne pas commettre l'erreur de sous-estimer la puissance du bourrage de crâne auquel nous sommes soumis depuis l'enfance.

Un ancien alcoolique devrait se réjouir de ne plus avoir besoin de s'empoisonner à longueur de journée ; il devrait considérer sa délivrance comme un don du ciel au lieu de se morfondre sous prétexte qu'il est privé à tout jamais des plaisirs accordés aux buveurs ordinaires. Mais je sais bien qu'il ne me croira pas sur parole, et que je vais devoir lui fournir des preuves tangibles. Dès l'instant où un buveur voit l'alcool sous son vrai jour, il n'a plus aucun mal à résoudre son problème. Mais ce n'est pas toujours facile de l'amener à prendre conscience de cette vérité aveuglante.

Personne ne conteste que l'alcoolisme est une maladie. Mais pour comprendre que rien ne distingue fondamentalement un alcoolique d'un buveur ordinaire, et que le premier se trouve simplement à un stade plus avancé, vous devez d'abord admettre que le second souffre du même mal. Hélas ! le lavage de cerveau nous a convaincus que l'alcool, loin d'alimenter une pathologie, nous procure un plaisir et un soutien qui nous incitent à en consommer. 90 % des adultes boivent, et la majorité d'entre eux sont persuadés de contrôler la situation. De leur côté, les alcooliques se croient différents par nature des buveurs ordinaires. Il est donc très difficile de démontrer à ces derniers qu'ils ne boivent pas un verre de vin pendant le repas pour le plaisir qu'ils en retirent, mais parce qu'ils subissent l'emprise d'une drogue.

Vous avez beau leur présenter des preuves tangibles, indiscutables, l'essence même de cette drogue les conduit à nier l'évidence, et ce même s'ils montrent beaucoup d'intelligence et une grande ouverture d'esprit dans les autres domaines. Il est donc inutile de perdre son temps avec des tentatives vouées à l'échec et qui ne vous valent que des frustrations. La phrase qui revient le plus souvent dans les milliers de lettres que je reçois est sans doute la suivante : « Pourquoi est-ce que je n'arrive pas à expliquer à X ou à Y à quel point la délivrance est facile et merveilleuse ? »

Vous avez peut-être encore un peu de mal à accepter le fait qu'un buveur ordinaire est déjà accro. Pourtant, est-ce si difficile à admettre ? Il n'y a pas si longtemps, nous pensions que les fumeurs ordinaires contrôlaient parfaitement leur consommation. Un point de vue qui s'est modifié du tout au tout en quelques années. Aujourd'hui, même les fumeurs savent qu'il n'ont jamais vraiment eu le choix et que le tabagisme ne leur procure pas de plaisir authentique. Sinon, pourquoi se donneraient-ils autant de mal pour empêcher leurs enfants de tomber à leur tour dans le piège ? Quand nous voyons un adolescent en train d'inhaler ses premières bouffées, l'envions-nous, ou bien secouons-nous la tête tristement en nous disant : « Espèce d'andouille, si tu savais ce qui t'attend ! »

J'ai appris très vite qu'il était totalement inutile de discuter avec un buveur tant que celui-ci n'avait pas pris conscience d'avoir un problème avec l'alcool. Je ne m'intéresse qu'aux gens comme vous, autrement dit à ceux qui savent à quoi s'en tenir et qui cherchent une solution. Les seuls conseils que je puisse vous donner sont les suivants : gardez l'esprit ouvert, examinez les faits et utilisez votre bon sens. Cependant, vous pensez peut-être que j'ai volontairement oublié un aspect essentiel de la question. Je veux parler de la fameuse force de volonté, sur laquelle serait fondée la frontière établie par les « experts » : les buveurs ordinaires en auraient assez pour contrôler leur consommation, alors que les alcooliques en seraient totalement dénués. Je m'étais engagé à étudier cette question en détail, et je vais tenir ma promesse dans le chapitre suivant :

LE MYTHE DE LA VOLONTÉ

19

Le mythe de la volonté

Nous devons d'abord faire un sort à l'image hollywoodienne de l'ivrogne qui carbure à l'alcool à brûler, avant de cuver sur les trottoirs des mauvais quartier. C'est peut-être le stade ultime de la maladie, mais en réalité l'alcoolisme ne fait aucune différence entre les classes sociales, les races, les sexes, les religions, les niveaux d'éducation et les degrés d'intelligence. On peut même affirmer que si certains buveurs ordinaires sombrent dans l'alcoolisme, c'est justement parce qu'ils sont intelligents, volontaires et abonnés au succès.

Vous ne me croyez pas ? C'est pourtant très facile à démontrer. Il suffit d'assister à une réunion des AA pour constater que la majorité des participants sont des gens éduqués, intelligents, qui s'expriment clairement et exercent (ou ont exercé) des responsabilités professionnelles. On retrouve la même situation pour toutes les formes de toxicomanie, y compris la dépendance à l'héroïne. La presse populaire nous montre toujours des voyous qui rendent des jeunes filles accros afin de les obliger à se prostituer. Je ne prétends pas que ce genre d'histoires ne se produise pas. Mais en tant que praticien engagé dans la lutte contre toutes les formes de toxicomanie, je peux affirmer que l'immense majorité des héroïnomanes que j'ai rencontrés possédaient des capacités intellectuelles, un niveau d'études et une force de caractère remarquables. Ces jeunes gens formaient une élite dévoyée, mais authentique, et la plupart d'entre eux étaient tombés dans le piège durant leur séjour à l'université.

Il faut regarder les choses en face. Les victimes des différentes drogues — alcool, nicotine, héroïne ou cocaïne — sont souvent des individus très volontaires qui ont travaillé dur pendant de longues années pour parvenir au sommet de leur profession. On pourrait citer Richard Burton, Elizabeth Taylor et d'innombrables autres célébrités. Vous m'objecterez peut-être que les membres du show business et les sportifs donnent un reflet trompeur de la société dans son ensemble. Mais si vous grattez un peu la surface, vous vous apercevrez que le même phénomène se retrouve dans toutes les activités. La toxicomanie affecte même des professions qui connaissent parfaitement ses effets dévastateurs et qui devraient donc lui résister : médecins, infirmières, avocats, policiers.

Autrefois, les hommes se faisaient traiter de mauviettes s'ils s'abstenaient de tabac et d'alcool. Certains avaient échappé à la dépendance pour la simple raison qu'ils n'avaient pas la force physique nécessaire pour résister à ces poisons, ou bien qu'ils n'avaient pas assez de volonté pour s'habituer au goût infect de ces deux drogues. John Wayne et Humphrey Bogart, à l'inverse, buvaient sec et fumaient comme des sapeurs — de même que Marlène Dietrich, Bette Davis et autres séductrices de Hollywood.

Je ne voudrais surtout pas vous amener à penser que l'alcool et le tabac conféraient de la virilité aux premiers et du charme aux secondes. Car c'est tout le contraire : Humphrey Bogart aurait eu l'air d'un dur sans son verre de whisky et sa cigarette ; et Marlène Dietrich aurait fait chavirer les cœurs avec un navet dans la bouche ! Non seulement ces poisons ne leur apportaient strictement rien, mais ils ont entraîné la chute de nombreuses stars. Admettons néanmoins qu'il faut une volonté de fer pour durer dans des professions aussi exigeantes que le cinéma et le sport de haut niveau. De même, les personnes dénuées de caractère ne deviennent pas médecin, infirmière, avocat ou policier. En effet, il faut une énergie incroyable pour exercer ce genre de métiers avec succès.

Dans mon cas précis, je savais d'expérience que je possédais beaucoup de volonté. Mais n'allez surtout pas en déduire que *La méthode simple* est réservée aux gens de caractère. En réalité, c'est votre volonté qui vous pousse à boire. Une affirmation qui peut vous sembler paradoxale, mais qui est corroborée par les faits. Je suis sûr qu'il vous est déjà arrivé d'entendre une petite voix intérieure vous dire : « Arrête-toi là, tu as assez bu », tandis qu'une autre voix répliquait : « Je sais que j'ai assez bu et que je vais le regretter demain matin, mais je vais tout de même reprendre un verre. » À quoi est dû ce conflit entre deux parties de votre cerveau ? À une véritable schizophrénie. On m'a récemment reproché d'employer un mot aussi intimidant dans ce contexte. Je suis parfaitement conscient que la schizophrénie est une grave maladie mentale. Mais l'alcoolisme en est une autre tout aussi grave, si bien que je persiste et signe : le terme schizophrénie est tout à fait approprié.

Le nœud du problème, c'est votre indécision. La moitié de votre cerveau vous ordonne de ne pas boire, l'autre moitié vous dit de passer outre. Car personne ne vous a jamais obligé à boire de l'alcool… si ce n'est vous-même. La force de volonté implique que vous soyez capable de surmonter des difficultés afin d'atteindre l'objectif que vous vous êtes fixé. Ainsi, pour devenir expert-comptable, j'ai ignoré mes préventions contre ce métier et passé des soirées entières à étudier des matières qui me hérissaient, pendant que mes amis faisaient la fête. Vous m'objecterez qu'une partie de mon cerveau m'encourageait à préparer le diplôme, tandis que l'autre partie me chuchotait de tout laisser en plan pour aller m'amuser. C'est exact, mais il n'y avait pas d'indécision, pas de conflit intérieur, et donc pas de schizophrénie. J'avais choisi en toute liberté et accepté par avance de consentir des sacrifices. Et jamais je n'ai remis en cause cette décision.

Cela dit, vous avez peut-être déjà fait le vœu d'arrêter de boire, ou du moins de réduire votre consommation, sans parvenir à tenir parole. Il est même probable que cela vous soit arrivé plusieurs fois. Vous en avez donc tiré la conclusion logique que vous manquiez de volonté. Erreur ! Toute indécision est une source de désagrément. Il n'y a rien de plus énervant que d'hésiter entre plusieurs modèles de voiture, au point de changer plusieurs fois d'avis. Mais une fois que vous l'avez achetée, l'affaire est réglée pour un bon bout de temps. En revanche, votre décision d'arrêter de boire ou de limiter votre consommation peut être remise en cause à tout moment. Comme je l'ai expliqué dans le chapitre 10, les méthodes de sevrage fondées sur la volonté présentent un inconvénient majeur : à l'instant même où vous vous jurez de rester sobre, une petite voix résonne dans votre tête :

J'AI ENVIE D'UN VERRE !

La partie rationnelle de votre esprit réplique aussitôt : « Ne cède surtout pas à la tentation ! » Vous n'arrivez pas à comprendre pourquoi vous êtes partagé entre deux désirs contradictoires. C'est une expérience très troublante, et extrêmement désagréable. Personne n'aime recevoir des ordres… surtout lorsqu'ils viennent de votre propre cerveau ! Deux options s'offrent alors à vous. La première consiste à résister à la tentation et à passer le restant de vos jours à essayer de tenir le coup. Certains « experts » vous serinent en guise d'encouragement : « Ce n'est pas si terrible. Vous n'avez qu'un seul verre à refuser : le prochain. » Ils oublient de préciser que vous allez devoir répéter le même refus pendant plusieurs dizaines d'années… La seconde option se résume à céder pour mettre fin au supplice — ce qui vous ramène à votre point de départ.

J'ai suivi une méthode fondée sur la volonté pendant six mois. Six mois d'enfer, jusqu'à ce que ma résistance finisse par s'émousser. Le jour de ma rechute, j'ai fondu en larmes, car j'ai cru que jamais je ne parviendrais à me libérer. Six mois d'abstinence : voilà tout ce dont j'étais capable. Je me suis maudit d'être aussi faible : pour réussir, il m'aurait peut-être suffi de m'accrocher un mois, une semaine, voire un seul jour de plus. Mais en même temps j'éprouvais un extraordinaire soulagement, parce que je n'avais plus besoin de lutter.

Je me rends compte aujourd'hui que cet échec n'avait rien à voir avec le manque de volonté. Le problème venait de mon conflit intérieur, de ma schizophrénie. Quand on s'efforce de renoncer à l'alcool ou de réduire sa consommation sans avoir les bonnes cartes en main, on se comporte comme un gamin qui pique une colère parce que ses parents refusent de lui donner des bonbons. Si l'enfant n'a pas une volonté très affirmée, il se calme rapidement. S'il a beaucoup de caractère, il continue jusqu'à ce que ses parents cèdent à son caprice. Quand on a établi pour la première fois une relation directe entre le tabagisme et le cancer du poumon, de nombreux fumeurs ont arrêté. Grâce à leur volonté ? Certainement pas ! Leur peur de contracter un cancer l'a simplement emporté sur leur peur d'être privés de cigarettes. Il faut beaucoup de caractère pour décider d'ignorer les risques liés au tabac. Il en faut également pour affronter les pressions sociales auxquelles les fumeurs sont exposés aujourd'hui.

L'idée de départ de la Journée Sans Tabac consiste à obliger les fumeurs au moins une fois par an à regarder leur problème en face et à les inciter à réagir. Mais le résultat est diamétralement opposé : ce jour-là, les fumeurs grillent deux fois plus de cigarettes, et de manière deux fois plus ostentatoire, parce qu'ils n'aiment guère recevoir des ordres — surtout de la part de personnes qui ne savent même pas de quoi elles parlent. Ni les fumeurs ni les buveurs ne pêchent par faiblesse. Un accro à la cigarette est prêt à traverser la Manche à la nage pour acheter un paquet ! Et chacun sait de quoi est capable un alcoolique torturé par la soif !

Je n'arrivais pas à comprendre comment certains de mes amis réussissaient à s'en tenir à cinq ou dix cigarettes par jour. J'avais beau posséder une volonté comparable à la leur, je ne pouvais m'empêcher de fumer comme un sapeur. Car la nicotine m'avait réduit en esclavage. Il ne m'était jamais venu à l'idée que nous ne souffrons pas seulement de schizophrénie durant nos tentatives de sevrage, mais qu'elle nous affecte durant toute notre vie de fumeur ou de buveur. Certaines personnes n'ont pas les moyens financiers de s'offrir autant d'alcool ou de tabac qu'ils le souhaiteraient. D'autres doivent se restreindre à cause de leur mode de vie, de leur travail, de leur famille, de leurs loisirs ou de leurs relations amicales. D'autres encore réduisent volontairement leur consommation par crainte des effets néfastes, ou parce qu'ils ont le sentiment d'être dominés par une influence maléfique.

Bien entendu, nous essayons tous de chasser de notre esprit les menaces qui pèsent sur nous. Si nous pensions aux maladies qui nous guettent chaque fois que nous allumons une cigarette ou que nous remplissons un verre, même l'illusion du plaisir disparaîtrait. Vous n'aurez aucune peine à me croire si vous avez suivi mon conseil et goûté avec objectivité votre boisson favorite. Il existe aussi des gens qui limitent leur consommation de tabac ou d'alcool parce que leur organisme est trop faible pour supporter des doses importantes de poison. Il faut des poumons solides pour fumer cigarette sur cigarette, et un foie robuste pour descendre une bouteille de whisky par jour.

Le fait d'abandonner au bout de six mois s'est finalement avéré très positif. Sur le moment, je n'avais vraiment pas une haute idée de ma force de caractère : le lavage de cerveau, en effet, m'amenait à attribuer cet échec à un manque de volonté. Maintenant que le piège n'a plus de secret pour moi, je comprends que cette autocritique était sans fondement. Au contraire, il m'avait fallu une grande force de caractère pour supporter ce supplice pendant six mois. Vous allez m'objecter que je suis en train de me contredire : s'il faut beaucoup de volonté pour tenir bon pendant six mois, il suffit d'en avoir un peu plus pour franchir ce cap ! C'est vrai, mais cela n'aurait pas pour autant résolu le problème. Voilà pourquoi je m'estime chanceux : quelles que soient mes réserves de volonté, elles auraient fini par s'épuiser un jour ou l'autre, sans rien m'apporter d'autre qu'une prolongation de mes souffrances.

Pourquoi suis-je absolument certain que de toute façon ma tentative était vouée à l'échec ? À l'époque, les choses étaient loin d'être aussi claires dans mon esprit. Mais aujourd'hui je connais les mécanismes de la toxicomanie, et je sais que je n'aurais pas pu me libérer, même en résistant beaucoup plus longtemps.

Car j'étais prisonnier de ma schizophrénie : le temps avait beau s'écouler, je persistais à croire que je sacrifiais un plaisir authentique et que je ne pourrais plus jamais profiter des bons moments sans ma drogue. J'y croyais même de plus en plus dur. J'en arrivais au point de préférer la vie plus courte mais beaucoup plus agréable du toxicomane à l'existence morose du buveur repenti. Si l'alternative se résumait à cela, je serais encore dépendant de l'alcool. Heureusement, j'ai la joie de vous annoncer que la vie est beaucoup plus belle une fois qu'on a résolu ses problèmes d'alcool.

Ce point précis revêt une importance capitale. Quand ils tentent d'arrêter ou de limiter leur consommation, les buveurs commettent l'erreur de s'en tenir à cet unique objectif : s'abstenir complètement ou du moins lever le pied. Leur approche est erronée, car leur seule chance de succès consiste à s'imposer une autodiscipline terrible pour le restant de leurs jours. Cela signifie-t-il qu'un toxicomane ne peut pas s'en sortir à force de volonté ? Nous touchons ici le nœud du problème : comment pourrait-il être sûr d'être tiré d'affaire une bonne fois pour toutes s'il est encore obligé de faire appel à sa volonté pour résister à la tentation ? Voilà pourquoi les alcooliques en voie de guérison tiennent le compte du nombre de jours où ils ont réussi à rester sobres. Voilà pourquoi ils emploient des expressions telles que « Encore un jour de gagné ! » ou « Il faut prendre chaque jour comme il vient ! ». Voilà pourquoi ils pensent qu'il n'y a pas de remède à leur mal et se considèrent toujours comme des alcooliques, même au bout de vingt ans d'abstinence. Jusqu'à leur dernier souffle, ils ne sauront jamais si oui ou non ils sont guéris. Et ensuite, il sera trop tard !

Attention ! Il ne doit pas y avoir de malentendu entre nous : leur courage m'inspire beaucoup d'admiration, mais je me demande s'ils souhaitent sincèrement s'infliger de telles tortures. Vous croyez peut-être que c'est la seule solution. Dans ce cas, une conversation que j'ai eue avec un fonctionnaire chargé de contrôler les publicités dans l'audiovisuel vous aidera à comprendre qu'il est possible de renoncer à l'alcool sur-le-champ et pour toujours sans recourir à votre volonté.

La mission de cette autorité de tutelle consiste à protéger le public contre les publicités mensongères. Malheureusement, elle est financée par les annonceurs, ce qui entraîne de regrettables conflits d'intérêts. Toute publicité pour les substituts nicotiniques censés favoriser le sevrage doit préciser que leur efficacité dépend de la ferme volonté d'arrêter du fumeur. Ce point me posait un problème, puisque l'un des fondements de *La méthode simple* est justement de ne pas recourir à la volonté.

Le responsable en question ne voyait pas ce qui m'empêchait de me plier à cette exigence. Je lui ai fait remarquer qu'il m'encourageait à proférer une contre-vérité, alors que son travail consistait justement à s'assurer que mon message n'était pas mensonger. Mais il est resté inflexible : soit je mentais, soit il refusait mon annonce.

Je lui ai alors demandé pourquoi le règlement m'interdisait de proposer aux fumeurs une méthode de sevrage qui ne faisait pas appel à la volonté. L'autorité de tutelle de l'audiovisuel avait-elle pour but de soutenir ses principaux annonceurs de l'époque, à savoir les cigarettiers ? Non, elle suivait simplement l'avis de son « expert » médical, selon lequel il était impossible d'arrêter de fumer sans recours à la volonté. Comme ma méthode avait déjà remporté de nombreux succès au fil des années, était-il possible de rencontrer ce fameux « expert » ?

Non, m'a-t-il répondu, car tout le monde savait qu'on ne pouvait pas arrêter de fumer sans volonté. Je lui ai alors demandé s'il fallait de la volonté pour ne pas monter dans l'autobus quand on n'a aucune envie de monter dedans. Voyant qu'il avait un peu de mal à suivre, je lui ai expliqué que la seule et unique raison qui pousse quelqu'un à allumer une cigarette, c'est qu'il en a envie. Or, *La méthode simple* supprime définitivement cette envie avant que le fumeur n'éteigne sa dernière cigarette. S'il n'éprouve plus jamais le désir de fumer, pourquoi diable aurait-il besoin de faire appel à sa volonté pour ne plus fumer ?

Inutile d'ajouter que je ne suis arrivé à rien avec mon interlocuteur. Vous, en revanche, j'espère que vous avez suivi mon raisonnement. Tout le problème vient de la schizophrénie. Puisque personne ne vous oblige à boire, il faut bien qu'une partie de votre cerveau en ait envie. Sinon vous ne consommeriez jamais d'alcool. Il est tout aussi indiscutable qu'une autre partie de votre cerveau voudrait modérer cette envie. Sinon, tout irait parfaitement, et vous ne seriez pas en train de lire ce livre. Troisième évidence : bien que l'alcool soit un produit chimique, le problème — et la solution — sont d'ordre psychologique. Bref, il faut s'attaquer à votre schizophrénie, qui n'existait pas avant que vous ne commenciez à boire. Je sais que nous n'avons pas encore totalement balayé le lavage de cerveau, mais êtes-vous incapable de vous souvenir de l'état bienheureux dans lequel vous vous trouviez avant de tomber dans le piège ?

Laissez-moi vous rappeler un dernier fait indiscutable : des milliers de personnes s'en sont déjà sorties avec l'aide de *La méthode simple*, et rien ne vous empêche d'en faire autant.

À présent, nous allons dissiper un autre mythe très répandu :

JE BOIS PAR CONVIVIALITÉ.

20

Je bois par convivialité

Peut-on contester le fait que l'alcool crée une atmosphère chaleureuse et conviviale ? J'en suis persuadé : il suffit de voir un individu d'ordinaire inoffensif rassembler tout son courage sous l'effet de l'ivresse et dire ses quatre vérités à un ami, avant que les bouteilles ne commencent à voler à travers la pièce ! Songez aussi à cet invité qui a un certain nombre de verres d'avance sur vous, et qui se met à vous couvrir de compliments embarrassants, tout en vous soufflant son haleine chargée en plein dans le nez ! Vous trouvez ce genre d'attitude très conviviale ? Surtout quand vous avez l'impression que c'est l'alcool qui s'exprime, et que ses louanges manquent singulièrement de sincérité. Vos autres hôtes savent à quoi s'en tenir : pendant que vous alliez acheter une nouvelle bouteille de whisky au magasin le plus proche de votre domicile, il en a profité pour se plaindre que vous ne prévoyiez jamais des quantités suffisantes… D'ailleurs, il n'a même pas conscience d'être le seul invité à boire du whisky. Et quand il se met à vomir sur la moquette de votre salon, votre opinion sur la prétendue convivialité de l'alcool se modifie radicalement ! Mais cet exemple peut vous sembler un peu outrancier. Il vaut donc mieux s'intéresser aux soirées ordinaires.

Je ne nie pas le caractère chaleureux des réunions entre amis, mais le fait que les gens boivent pour trouver de la chaleur humaine. Il existe indéniablement une authentique convivialité dans les chorales, dans les troupes de théâtre amateur, sur les terrains de golf, sur les courts de tennis, dans les clubs de bridge et d'échecs. Nul doute que ceux qui pratiquent ces diverses activités apprécient les rencontres amicales qu'elles favorisent. Mais ce n'est qu'un aspect secondaire : s'ils fréquentent ces lieux, c'est avant tout pour y pratiquer ces diverses activités.

Je passe actuellement beaucoup de temps à jouer aux boules — un sport de vieux, peut-être, mais très agréable et excellent pour la santé. Lorsque j'apprends qu'une de mes relations souffre de la solitude, je lui conseille de s'inscrire dans un club de boules. Dans ce cas, sa première motivation sera la recherche d'un peu de compagnie, mais il est évident qu'il ne continuera pas dans cette voie si cela ne lui plaît pas, d'autant que des dizaines d'options différentes lui sont ouvertes.

Néanmoins, je dois admettre que j'ai continué à jouer au golf plusieurs mois après en avoir été complètement dégoûté. Si j'ai persévéré aussi longtemps, c'est parce que le club-house était le centre de ma vie sociale et que j'y avais fait la connaissance de plusieurs personnes qui comptent aujourd'hui parmi mes meilleurs amis. J'avais peur de ressentir un grand vide en abandonnant le golf, et de perdre d'excellents camarades. Vous pouvez donc m'objecter que durant cette période je jouais au golf dans un but purement social. Ce n'est pas tout à fait exact. J'aurais très bien pu continuer à fréquenter le club-house sans aller sur les greens. D'ailleurs, j'ai conservé ma carte de membre, même si aujourd'hui mes visites se sont beaucoup espacées. Quant à la peur du vide, elle n'était pas fondée : si j'ai perdu des relations en abandonnant le golf, j'en ai retrouvé d'autres en me mettant au jeu de boules. Mes vrais amis, évidemment, me sont restés fidèles. Et si je ne vois plus mes compagnons de golf aussi souvent que je le souhaiterais, mon plaisir en est accru chaque fois que j'ai l'occasion de leur rendre visite.

Si les alcooliques redoutent autant la perspective d'arrêter de boire ou de réduire leur consommation, c'est à cause de leur peur du vide. Et d'abord d'un vide dans leur vie sociale. En ce qui me concerne, mon seul regret est de m'être forcé à jouer au golf pendant plusieurs mois, alors que j'aurais pu pratiquer un sport qui me plaît davantage.

Je sais que vous avez beaucoup souffert chaque fois que vous avez essayé de vous libérer de l'alcool. Mais ces tortures étaient dues au fait que vous appliquiez une méthode fondée sur la volonté. Avec *La méthode simple*, vous allez rapidement tirer un trait sur le passé et vous tourner vers un avenir nouveau, souriant, passionnant.

Personne ne se met à picoler pour se faire des amis ! Dans ce cas, pourquoi considérons-nous l'alcool comme un facteur de convivialité ? Parce que nous subissons depuis l'enfance un lavage de cerveau : on nous ressasse que l'alcool est indispensable aux grandes occasions, telles que les fêtes, les mariages et même les enterrements. À l'évidence, c'est totalement faux.

Quand je repense aux premières fêtes de mon adolescence, je peux vous assurer que je n'y allais pas pour boire ni pour me faire des amis, mais dans l'espoir de rencontrer des jeunes filles. Si d'ordinaire nous nous initions à l'alcool dans des soirées, dans des bals ou dans des boîtes de nuit, cela ne signifie pas que nous cherchions ainsi à entretenir des rapports humains chaleureux. Imaginons que vous soyez en vacances avec trois amis et que ceux-ci vous demandent de faire le quatrième au bridge. Si vous leur répondez que vous préférez lire, ils vous accuseront à juste titre d'égoïsme. Mais le cas d'un adolescent qui refuse de boire avec ses copains est très différent. Le bridge est un jeu formidable qui exige quatre participants. Les buveurs, en revanche, peuvent très bien « profiter » de leur boisson favorite malgré l'abstention d'un de leurs camarades. Ce sont eux, au fond, qui montrent une attitude asociale en voulant lui forcer la main — voire en voulant l'entraîner sur la voie qui mène à l'alcoolisme.

Pourquoi les buveurs incitent-ils toujours les autres à les imiter ? On retrouve le même type de comportement dans toutes les formes de toxicomanie. Si la drogue est illégale, on parle de pressions exercées par un dealer ; si elle est légale, on parle d'encouragements amicaux. Je suis très fier pour ma part de ne jamais avoir forcé personne à boire. Quand j'ai commencé à sortir avec Joyce, elle pouvait passer toute la soirée dans un pub en se contentant d'un ou deux verres de bière. Un peu gêné devant une telle sobriété, je lui proposais souvent d'accepter une nouvelle tournée, mais je restais toujours très courtois. L'un de mes amis, à l'inverse, lui reprochait son attitude asociale, et Joyce m'a avoué depuis que ce garçon et d'autres gros buveurs lui donnaient le sentiment d'être un véritable rabat-joie. Il est évident qu'il faut retourner l'accusation : c'était l'attitude de mon ami, et non pas celle de Joyce, qui méritait le qualificatif d'asociale. Sa sobriété ne l'empêchait nullement de participer à la conversation, d'être ouverte sur les autres, de leur donner un peu d'elle-même.

Les buveurs comme les fumeurs n'ont plus la moindre illusion de plaisir s'ils se retrouvent seuls à boire ou à fumer. C'est particulièrement évident dans les soirées où vous constatez que tous les autres invités prennent du bon temps sans avoir besoin d'inhaler des fumées cancérigènes ou d'avaler du poison. Il vous est beaucoup plus facile de dissimuler votre comportement absurde au milieu d'une foule de gens qui sont aussi accros que vous. C'est la raison pour laquelle tous les toxicomanes ont tendance à se regrouper. Mais cette « convivialité » est illusoire : ils ont beau s'efforcer de se convaincre et de convaincre les autres que tout est sous contrôle, ils savent au fond d'eux-mêmes qu'une force maléfique les domine. Comme toutes les minorités persécutées ou souffrant d'un problème commun, les toxicomanes se sentent plus en sécurité quand ils sont entre eux. Mais je ne crois pas pour autant que des héroïnomanes qui partagent la même seringue apprécient beaucoup ce moment de « convivialité ».

Les gens civilisés trouvent tout à fait naturel d'adopter une attitude sociable, voire chaleureuse, dans les occasions joyeuses telles que mariages et anniversaires, ou de témoigner leur compassion à la famille du défunt lors d'un enterrement. Ils forment des associations pour mieux profiter de leur sport favori ou d'une activité culturelle, mais aussi pour se soutenir mutuellement en cas d'accident ou de décès. On retrouve ce besoin de solidarité dans le soutien aux toxicomanes et en particulier à ceux qui tentent de s'en sortir. Les Alcooliques anonymes et les associations comparables dans le domaine du tabagisme et des drogues n'ont pas pour but de développer la consommation de tabac, d'alcool ou d'héroïne ! Leur raison d'être est au contraire de lutter dans le monde entier contre les effets dévastateurs de ces poisons, non seulement pour leurs victimes directes, mais aussi pour leurs proches. Comme les autres toxicomanes, les alcooliques ont tendance à se regrouper parce qu'ils ont conscience d'être dans la même galère, et parce qu'un problème partagé est déjà à moitié résolu.

Bien sûr, il existe des pubs et des bistrots. Mais on peut très bien y passer un bon moment sans boire une goutte d'alcool. Quant à celui qui prend une carte de membre dans un bowling pour bénéficier de réductions sur les boissons, il ne tardera pas à adhérer aux Alcooliques anonymes… N'oubliez que dans la Chine d'antan les gens se retrouvaient dans les fumeries d'opium. Peut-on imaginer activité plus conviviale que de partager son coma avec d'autres drogués ? Mais si vous allez au bistrot dans le seul but de vous enivrer, votre cas n'est guère différent de celui du fumeur d'opium. Je dirais même que le pub anglais classique est un endroit encore plus hostile et violent. Bien sûr, nous avons tous à l'esprit les plaisanteries qui fusent et les éclats de rire, mais cette ambiance chaleureuse est due à l'amitié, et non pas à la consommation d'alcool. On retrouve la même ambiance dans un vestiaire de footballeurs ou de rugbymans, alors que tout le monde est parfaitement à jeun ! La prochaine fois que vous irez au pub, regardez combien de clients boivent tout seuls dans leur coin, les yeux perdus dans le vide. À l'origine, ces établissements étaient destinés à accueillir le voyageur fatigué, à lui permettre de se restaurer et de se reposer, à lui fournir les dernières nouvelles locales. Leur mission ne se limitait pas à leur servir des pintes de bières jusqu'à ce qu'ils soient ivres morts.

Pourquoi mon ami traitait-il Joyce de rabat-joie ? Parce que les toxicomanes se sentent mal à l'aise en présence de personnes qui ne sont pas accros : ils ont conscience de leur stupidité et n'aiment pas qu'on la leur rappelle. C'est une des raisons pour lesquelles l'alcool n'a rien de convivial : il dresse des barrières entre les gens. Si on vous demande pourquoi vous jouez au football, la réponse vous paraîtra évidente :

« Parce que ça me plaît ! » Dire que vous y jouez pour entretenir des relations sociales reviendrait à avouer que vous n'aimez pas vraiment le football. Par conséquent, quelqu'un qui déclare boire par goût de la convivialité avoue malgré lui qu'il n'aime pas l'alcool. En fait, il ne s'agit pas d'une affirmation sincère, mais d'une simple excuse. Et pourquoi cherche-t-il une excuse ? Parce qu'il sent bien qu'il n'a aucune raison valable de boire de l'alcool. Les gens sont prêts à faire des choses qui ne leur plaisent guère, à condition que ce soit bénéfique pour leur santé ou qu'ils en tirent un avantage quelconque. Mais aucun être sensé ne fait des choses qui lui déplaisent, qui ne lui apportent strictement rien, et qui en outre s'avèrent ruineuses et nocives pour sa santé.

À MOINS, BIEN SÛR, D'ÊTRE UN TOXICOMANE !

L'adolescent incapable de résister à la pression de ses camarades prétendra peut-être boire pour des raisons d'ordre social. Mais là encore, il s'agira d'un prétexte — exactement comme quand il s'exclame : « Je suis un rebelle ! » ou « Je ne veux pas être comme tout le monde ! » Plutôt que de lui expliquer les dangers de l'alcool, demandez-lui s'il a le courage d'être un authentique rebelle, autrement dit de ne pas imiter ses copains. Bien entendu, il ne boit ni pour se faire des amis ni pour exprimer sa révolte ou sa différence, mais simplement parce qu'il n'est pas assez sûr de lui pour résister aux pressions de ses pairs. Il n'est pas question de le condamner : il faut seulement essayer de lui venir en aide.

De toute manière, les modes sont éphémères. Il n'y a pas si longtemps, le tabac était considéré comme un facteur de convivialité. À ce propos, je dois reconnaître que la présence de non-fumeurs me gênait un peu, surtout dans les soirées. Je n'avais rien contre eux, bien au contraire : je craignais plutôt de les agresser avec mon haleine fétide et mes vêtements imprégnés de fumée. Et j'avais parfois le sentiment déplaisant qu'ils jugeaient mon attitude aussi stupide que je la jugeais moi-même. Bien sûr, il me suffisait d'avoir quelques verres dans le nez pour me ficher éperdument de leur opinion sur ma dépendance ou sur mon odeur. Bel exemple de sociabilité, n'est-ce pas ? Aujourd'hui, les fumeurs sont devenus des parias, et les gens apprécient autant une atmosphère enfumée qu'un pet dans un ascenseur !

Si vous ne consommez d'alcool qu'en société, vous pouvez vous considérer à juste titre comme un « buveur occasionnel ». Mais si vous allez tous les jours retrouver des amis pour boire un verre, vous changez de catégorie, car votre objectif principal consiste désormais à consommer de l'alcool. C'est le moment de nous attaquer à un autre mythe :

L'ALCOOL M'APPORTE UN PEU DE BONHEUR.

21

L'alcool m'apporte un peu de bonheur

Bien que le tabac tue davantage de monde, l'alcool est la première source de malheur dans notre société. Pourtant, il est presque impossible de convaincre un buveur ordinaire que l'alcool ne lui procure pas de joie. Il suffit de faire appel à votre bon sens : comment un agent dépresseur pourrait-il rendre les gens heureux ? Quand un individu à l'air louche vous accoste dans la rue, vous sursautez instinctivement. Mais votre peur s'évanouit dès que vous comprenez à qui vous avez affaire : son élocution pâteuse vous indique qu'il ne s'est pas échappé d'un hôpital psychiatrique, mais qu'il s'agit d'un ivrogne tout ce qu'il y a de plus banal. Mon père m'a appris autrefois qu'il ne faut jamais frapper une femme, un aveugle ou un poivrot. Les deux premières interdictions me paraissaient aller de soi, mais il n'a pas jugé utile de m'expliquer les raisons de la troisième. Comme je n'avais que six ans à l'époque, je n'y ai guère prêté attention. Peut-être voulait-il se protéger, puisqu'il sombrait lui-même souvent dans cet état. À moins qu'il n'estime qu'un pochard était encore moins capable de se défendre qu'un aveugle. On prétend parfois qu'un ivrogne a la force de dix hommes. En réalité, toutes ses facultés sont terriblement amoindries, voire réduites à néant.

Vous est-il déjà arrivé de croiser le chemin d'un molosse dans un jardin public ? La bête se précipite sur vous en aboyant, les babines retroussées sur des crocs acérés, l'œil luisant de méchanceté, tandis que son propriétaire vous dit en riant de ne pas vous inquiéter car il n'a jamais mordu personne. Figé sur place, mi-effrayé, mi-honteux, vous pensez : « Il y a toujours une première fois. » C'est la même chose avec les poivrots, qui ont souvent tendance à devenir violents sans raison apparente. Peut-être veulent-ils seulement vous parler, ou vous taper de quoi s'acheter une bière. Mais il n'est pas impossible qu'ils songent à vous agresser. Oubliez un instant votre inquiétude et votre gêne tout à fait naturelles, et demandez-vous s'ils ont vraiment l'air de types rayonnants de bonheur. S'il subsiste un doute dans votre esprit, vous saurez vite à quoi vous en tenir quand ils vous lâcheront une bordée d'obscénités… Est-on réellement épanoui quand on sent ses genoux se dérober sous son poids et que le décor commence à tournoyer autour de soi ? Est-on heureux de se retrouver sans logis, sans travail, sans famille, sans amis ?

D'accord, d'accord, mais l'alcool peut très bien vous apporter un peu de bonheur s'il est consommé avec modération.

Vraiment ? Je crois qu'une telle affirmation mérite d'être examinée en détail. L'alcool étant un produit chimique au goût détestable et qui n'étanche pas la soif, la seule raison qui nous pousse à en consommer réside dans les effets qu'il procure. Si ces effets nous rendent heureux, on peut en déduire que plus nous buvons, plus nous sommes radieux. Or, l'expérience nous a appris que les éclats de rire avinés peuvent très vite céder la place à la violence. Nous mettons d'habitude ce genre d'incident sur le compte de la brutalité naturelle de tel ou tel individu. Mais que s'est-il passé en réalité ? Admettons que cet individu ait un tempérament agressif. Dans ce cas, l'alcool a endormi ses inhibitions et est donc directement responsable de l'explosion de violence. Si vous avez déjà vu un mariage ou une fête dégénérer de cette manière, vous savez qu'une bagarre générale n'a strictement aucun rapport avec l'image bon enfant qu'on en donne dans les westerns hollywoodiens. Cela n'a rien d'amusant de se faire défigurer par un tesson de bouteille. Imaginez que vous soyez à l'origine d'un tel désastre. Serez-vous vraiment radieux en émergeant des vapeurs de l'alcool ? Vous réjouirez-vous d'avoir transformé un moment formidable en cauchemar ? Si l'alcool apportait du bonheur, vous ne verriez jamais aucun buveur fondre en larmes ou se battre.

Vous avez peut-être remarqué que ce genre d'incident se limite rarement aux deux protagonistes initiaux : les autres « buveurs épanouis » s'empressent en général de foncer dans le tas. Il arrive même que des femmes soient de la partie ! Il n'y a pas si longtemps, les stades de football accueillaient des familles entières dans une atmosphère joyeuse. Aujourd'hui, ils sont devenus de véritables champs de bataille.

Alors, pourquoi les gens rient-ils si facilement après avoir bu deux ou trois verres ? Cela n'a rien à voir avec l'alcool. C'est tout simplement parce que les fêtes et les mariages sont des occasions qui les mettent de bonne humeur, et que même à jeun ils auraient envie de plaisanter. Si l'alcool avait vraiment un tel effet, nous nous garderions bien d'en consommer les jours d'enterrement, de peur de ne pouvoir retenir des gloussements intempestifs. Les obsèques sont des événements très solennels, et nous tenons à ce que notre humeur, ou du moins notre comportement, reflète une certaine gravité. Et pourtant nous buvons après les funérailles. Il est donc absurde de prétendre que l'alcool a le pouvoir de nous rendre joyeux aux mariages et tristes aux enterrements.

Hélas ! nous n'avons jamais l'occasion de comparer l'ambiance qui règne dans une soirée arrosée avec celle d'une fête où toute boisson alcoolisée serait proscrite. Mais si vous invitiez des buveurs à ce genre de réunion, le résultat serait lamentable, non pas parce que l'alcool rend heureux, mais parce que les accros deviennent sinistres quand ils en sont privés.

Je crois que l'expression « noyer son chagrin dans l'alcool » reflète l'exacte vérité. Toute personne qui est tombée dans le piège peut en témoigner. Il est indéniable que l'alcool soûle et vous aide ainsi à chasser provisoirement vos ennuis de votre esprit. On peut y voir un aspect positif. Mais nous avons déjà établi que cela revient à adopter la politique de l'autruche.

Le fait de noyer votre chagrin vous apporte-t-il un peu de bonheur ? Si c'était le cas, vous n'auriez qu'à augmenter votre consommation pour parvenir au sommet de la félicité. Vous êtes-vous déjà soûlé pour tenter d'oublier la fin d'une liaison amoureuse ou toute autre déception très douloureuse ? Êtes-vous ainsi parvenu à l'extase ? Ou bien avez-vous simplement perdu connaissance ? Et lorsque vous êtes sorti du coma éthylique, votre problème s'était-il volatilisé comme par miracle ? Ou bien le tableau vous est-il apparu deux fois plus lugubre à cause de votre gueule de bois ?

Je ne vous demande pas de me croire sur parole. Faites vous-même l'expérience de bien séparer l'alcool du contexte dans lequel il est consommé afin de ne pas vous laisser influencer par des influences extérieures. Choisissez un moment où vous n'êtes ni particulièrement joyeux ni morose. Prévoyez un stock de votre boisson favorite et éliminez dans la mesure du possible tous les facteurs qui pourraient déformer le résultat. Enfermez-vous seul dans une pièce sans télévision, ni téléphone, ni radio, et sirotez une première gorgée en vous concentrant sur le goût et sur les effets ressentis. Plus vous boirez, plus vous aurez de mal à vous concentrer. Vous en arriverez même peut-être à éclater de rire. Ce sera le moment idéal pour vous poser la question suivante : « Suis-je vraiment heureux dans mon état actuel ? Ai-je envie de passer toute ma vie dans ce brouillard effrayant ? » Vous vous apercevrez que chaque verre supplémentaire contribue à vous aveugler sur les effets de l'alcool. De fait, celui-ci anesthésie vos sens et votre esprit critique. C'est d'ailleurs pour cette raison qu'il vous empêche de profiter des plaisirs authentiques de l'existence.

Au fond, vous n'avez même pas besoin de tenter cette expérience. Si l'alcool vous apportait un peu de bonheur et résolvait vos problèmes, vous ne seriez pas en train de lire ce livre. N'oubliez jamais qu'il s'agit d'un poison redoutable, pour vous comme pour tous ceux qui sont tombés dans le piège !

Si l'alcool met les convives de bonne humeur, c'est tout simplement parce que les gens qui prétendent « apprécier le vin avec un bon repas » n'apprécieraient pas du tout ce bon repas sans une bouteille de vin. Tel est le mécanisme fondamental à l'origine de toutes les formes de toxicomanie : comme nous étions capables de profiter des bons moments et de lutter contre le stress avant de devenir accros, nous sentons bien que l'alcool ne nous apporte rien. Mais comme nous sommes incapables de nous amuser sans lui en certaines occasions, nous avons tendance à nous aveugler.

Il existe deux autres moyens de parvenir à la vérité. Le premier consiste à examiner les faits. Comment une drogue telle que DÉVASTATION pourrait-elle vous apporter autre chose qu'un avenir misérable ? Le second fait appel à votre sens de l'observation. Passez en revue tous vos amis, et demandez-vous lesquels sont le plus heureux : les buveurs ou les non-buveurs ? Vous pouvez aussi aller jeter un coup d'œil dans un anniversaire d'enfants, et vous verrez si l'on a besoin d'alcool pour profiter de la vie.

Si vous participez à une fête organisée par une association comme les AA, vous constaterez qu'on y rit autant que dans une soirée alcoolisée, sinon davantage. Et l'on ne craint pas en permanence qu'un des invités s'enivre au-delà du raisonnable et fasse un esclandre. Mon collaborateur Crispin Hay m'a raconté qu'il avait été invité au restaurant par un membre des AA qui célébrait le énième anniversaire du jour où il avait cessé de boire. L'atmosphère était si chaleureuse que le patron de l'établissement a rajouté plusieurs bouteilles de vin sur l'addition, en estimant que dans leur état les convives ne s'en apercevraient pas. La manœuvre a été aussitôt déjouée, car personne n'avait bu une seule goutte d'alcool !

La prochaine fois que vous voyez une tablée pleine d'entrain dans un restaurant, dites-vous que selon toute probabilité certains de ces joyeux convives ne boivent pas. Sans aller jusqu'à scruter le contenu de leur verre, essayez de distinguer les buveurs des non-buveurs en vous fondant sur leur mine plus ou moins épanouie. Les résultats vous étonneront. Entrez dans le vestiaire de l'équipe qui vient de remporter le match : vous croyez qu'elle a besoin d'une bouteille de champagne pour rayonner de bonheur ? Le coup de sifflet final suffit à leur joie. D'ailleurs, plutôt que de le boire, ils préfèrent utiliser le champagne pour s'asperger les uns les autres. Et dans l'autre vestiaire, il faudrait bien davantage qu'une tournée générale pour remonter le moral des vaincus. Je crois même que l'alcool, agent dépresseur par excellence, contribuerait à les enfoncer dans la morosité.

Si vous buvez pour affermir votre confiance en vous, pour chasser vos inhibitions ou pour oublier vos soucis, vous vous êtes embarqué sur une sacrée galère. Vous vous imaginez peut-être que votre problème ne se résume pas à un complexe d'infériorité, mais que vous êtes vraiment inférieur aux autres. Alors laissez-moi vous dire que vous me faites penser à un milliardaire qui se prendrait pour un pauvre. Ce manque d'assurance a une cause évidente : en buvant pour tenter de résoudre vos difficultés, vous pouvez être certain que vous n'attaquerez jamais le mal à la racine.

Si vous êtes obligé de boire dans une soirée, ou bien si vous ne pouvez pas profiter d'un bon repas sans une bouteille de vin, cela signifie que vous êtes déjà accro. Je ne dis pas que vous ayez atteint le stade de la dépendance chronique. Mais même si les effets physiques et financiers ne sont pas encore trop graves, même si vous êtes encore capable d'assister à une soirée ou d'aller au restaurant sans boire d'alcool, vous êtes déjà accro. Posez-vous la question suivante : « Est-ce que j'éprouve parfois un réel besoin d'ingurgiter une drogue telle que DÉVASTATION ? » En cas de réponse positive, aucune excuse ne tiendra face à la cruelle vérité : vous êtes, hélas ! persuadé que votre bonheur dépend d'un agent dépresseur doublé d'un poison redoutable. Bien que ce ne soit qu'une illusion, vous êtes effectivement incapable de profiter des bons moments sans avoir un verre à la main.

MAIS CELA NE VEUT PAS DIRE QUE L'ALCOOL VOUS RENDE HEUREUX !

Comment une personne dépendant d'un poison mortel pourrait-elle être heureuse ? Vous n'avez pas besoin de moi pour le savoir : si vous n'en aviez pas déjà conscience, pourquoi seriez-vous en train de lire ce livre ?

Vous pensez peut-être encore que la vie serait trop triste sans alcool. Dans ce cas, vous comprendrez bientôt à quel point vous avez tort. Mais vous allez d'abord devoir faire un choix. Voulez-vous :

NE PLUS BOIRE OU MOINS BOIRE ?

22

Ne plus boire ou moins boire ?

Vous avez sans doute remarqué que je n'ai pas encore précisé si, oui ou non, vous devrez entièrement renoncer à l'alcool après avoir terminé ce livre. À présent, le moment est venu de décider si vous voulez arrêter complètement ou réduire votre consommation. Mais je dois d'abord vous fournir certaines informations. L'idée de ne plus jamais boire une goutte d'alcool vous angoisse-t-elle ? Moi, j'étais carrément paniqué. Voici le genre de conversation très instructive que j'ai d'habitude de tenir avec les personnes qui viennent me voir pour un problème d'alcool.

Patient :
— *Éprouvez-vous parfois une furieuse envie de boire un verre ?*

Moi :
— *Jamais !*

Patient :
— Pourriez-vous boire un verre de temps en temps sans redevenir accro ?

Moi :
— Oui, je pourrais, mais comme je n'ai aucune envie de boire de l'alcool, je ne vois pas pourquoi je le ferais.

Patient :
— Pouvez-vous m'apprendre à boire un peu de temps à autre sans retomber dans la dépendance ?

Moi :
— Bien sûr que oui. Je peux même vous expliquer comment prendre de temps à autre une dose d'arsenic.

Patient :
— Pourquoi diable voudrais-je avaler de l'arsenic ?

Moi :
— C'est exactement ce que je désirais vous entendre dire !

En général, mon interlocuteur n'a pas besoin que je lui fasse un dessin. Dès que vous serez libéré du lavage de cerveau qui présente l'alcool comme un plaisir, un soutien ou un ami, dès que vous le considérerez comme une drogue nommée DÉVASTATION, vous n'éprouverez plus la moindre appréhension à la perspective de ne plus jamais en avaler une seule goutte. Je me rappelle que ma peur de ne plus *avoir le droit* de boire s'est transformée en joie de ne plus être *obligé* de boire. J'ai éprouvé le même genre de sensation que celle que l'on ressent quand le soleil finit par percer les nuages, répandant par là même chaleur et lumière. Mais comme j'étais prisonnier de l'alcool depuis des lustres et que j'avais oublié que le monde peut être aussi lumineux, cette sensation en était décuplée.

Pourquoi consommer un poison qui vous réduit en esclavage, a mauvais goût, raccourcit votre espérance de vie, sape votre système immunitaire, entrave votre concentration, détruit votre système nerveux, votre confiance en vous, votre courage et votre pouvoir de relaxation ? Pourquoi dépenser entre 150 000 et 200 000 euros au cours de votre existence pour un produit qui ne vous donne rien en échange ?

Avez-vous vu *Les enchaînés*, d'Alfred Hitchcock ? Ingrid Bergman, l'héroïne de ce célèbre suspense, est malade, et son mari fait semblant de la soigner. Elle finit par s'apercevoir que c'est lui qui l'assassine à petit feu en empoisonnant sa nourriture. Chaque fois que les effets d'une dose se dissipent, elle essaie de réunir suffisamment de forces pour s'enfuir, mais ses jambes se dérobent sous son poids, et son cerveau est de plus en plus brumeux. Cela ne vous rappelle pas quelque chose ? Grâce à son extraordinaire maîtrise, Hitchcock vous donne l'impression de vivre vous-même ce cauchemar. C'est une expérience si terrifiante que vous éprouvez un incroyable soulagement lorsque enfin Cary Grant vient la sauver.

Je suppose que vous avez déjà tenté plusieurs fois de ne plus boire ou du moins de vous restreindre. Vous en êtes arrivé à la conclusion que cela ne marchait pas. Je vais vous aider à analyser les causes de ces échecs, mais il faut d'abord que vous compreniez pourquoi nous pensons qu'il est possible de contrôler sa consommation. La plupart des buveurs, en effet, réussissent à se contrôler. C'est ce qu'ils nous répondent quand nous leur posons la question, et nous n'avons aucune raison de mettre leur parole en doute. Vous aussi, vous avez presque toujours réussi à vous contrôler, n'est-ce pas ? Mais il faut peut-être y regarder d'un peu plus près.

Nous avons déjà examiné les points communs et les différences entre l'alcool et la nourriture. Quand décidons-nous de manger ? Quand notre cerveau nous dit : « J'ai faim », tout simplement parce que nous avons l'estomac vide. Même un processus aussi naturel que l'alimentation montre que, bien loin de contrôler quoi que ce soit, nous obéissons aux instincts dont la Nature nous a dotés. Dans ce cas précis, nous en tirons beaucoup de plaisir.

Vous pouvez m'objecter que vous avez décidé de boire vos premiers verres en toute connaissance de cause. Je ne vous contredirai pas. Mais supposons qu'un escroc vous ait persuadé d'acheter des actions d'une société fantôme. Vous avez pris la décision de faire cet investissement, en vous fondant sur les connaissances dont vous disposiez. De même, vous avez commencé à boire de l'alcool en pensant qu'il vous procurerait un certain nombre d'avantages. Mais ces avantages sont et ont toujours été une pure illusion. Par conséquent, peu importe que vous ayez subi un lavage de cerveau ou que vous ayez cédé à des pressions amicales. L'essentiel, c'est que

VOUS VOUS ÊTES FAIT ESCROQUER.

En fait, vos premiers verres ont créé un « petit monstre » à l'intérieur de votre organisme, et depuis lors vous subissez sa domination. Au début, c'est vrai, ce petit monstre ne vous amenait à penser « Je boirais bien un verre » que dans les réunions amicales. Mais vous en êtes vite arrivé à ne plus fréquenter les endroits où l'on ne servait pas à boire — ou qui ne se trouvaient pas à proximité immédiate d'un bistrot. Et vous avez sans cesse augmenté votre consommation, sans que ce soit jamais le fruit d'une libre décision. Car vous avez été pris au piège, exactement comme l'insecte qui glisse sur les parois de l'urne du népenthès.

Heureusement, la plupart des buveurs ne prennent l'« habitude » de soulager leur manque qu'en société. Mais si vous avez pris l'« habitude » d'utiliser l'alcool contre le stress, ou si vous avez la « chance » d'avoir un bar à la maison, la pente peut devenir très glissante. C'est incroyable comme un verre en appelle un second, puis un troisième, puis un quatrième… tout cela dans la louable intention de vous détendre un peu après une dure journée de travail. En ingurgitant ces doses quotidiennes de poison, vous devenez vraiment malade, vous entretenez votre stress, vous vous condamnez à toujours recourir à la même solution : prendre encore plus de poison !

Les Alcooliques anonymes sont catégoriques :

« La Communauté des AA estime que toute guérison est impossible et qu'il est exclu d'en revenir à une consommation ordinaire… »

Essayons de nous rappeler à quoi ressemblait cette époque paradisiaque où n'étions encore que des buveurs ordinaires. Vous souvenez-vous du goût des premiers verres et des efforts que vous avez dû consentir pour vous accoutumer à l'âcreté de ce poison ? Vous souvenez-vous de vos premières cuites, de vos pitreries lamentables, de vos vomissements ? De vos vertiges et de vos gueules de bois carabinées ? De ces fêtes de Noël, de ces réveillons, de ces mariages, de ces sorties en boîte qui ont dégénéré à cause de l'alcool ? De ces mariages gâchés avant même d'être célébrés par cette grotesque coutume de l'enterrement de la vie de garçon ?

Maintenant, pouvez-vous citer une seule soirée dont vous ayez conservé un souvenir merveilleux, non pas parce que vous y avez rencontré des gens intéressants ou parce que l'ambiance était amicale, le décor superbe et la musique divine, mais simplement parce qu'on y a servi un alcool exceptionnel ?

Laissez-moi vous expliquer pourquoi la réduction de votre consommation ne peut pas être une solution définitive, ni même une étape sur le chemin de la sobriété. Cela tient à la nature même de la toxicomanie : en essayant de diminuer ou de contrôler votre consommation, vous déclenchez une série de processus redoutables. D'abord, le premier verre vous déshydrate, ce qui entretient l'activité du petit monstre à l'intérieur de votre organisme. À son tour, celui-ci maintient en vie le Grand Monstre dans votre cerveau, de sorte que vous êtes condamné à avoir envie d'alcool pour le restant de vos jours. Plus vous vous immunisez contre le poison, plus le désir de boire devient fréquent, et plus vous augmentez les quantités à chaque occasion.

Vous avez pris l'habitude de prendre un verre chaque fois que l'envie s'en fait ressentir : c'est ce que nous appellerons votre « niveau normal ». Si vous décidez de vous restreindre, vous ne pourrez plus satisfaire vos besoins, et vous passerez une bonne partie de votre existence à lutter contre l'envie de boire, autrement dit à éprouver un sentiment de privation et de détresse. Sans parler de l'aggravation de votre stress et de votre schizophrénie : votre vie n'a plus aucun sens sans alcool… En certaines occasions, la moitié de votre cerveau est harcelée par le désir de boire, tandis que l'autre moitié éprouve l'impression grisante de maîtriser parfaitement la situation. Mais il n'en est rien. Au fond, vous passez votre temps à attendre le moment où vous vous autoriserez enfin à boire un ou plusieurs verres. Le contrôle de soi n'a rien à voir avec la lutte perpétuelle contre une obsession.

Nous ne décidons de réduire notre consommation que lorsque nous nous rendons compte que notre « niveau normal » devient préoccupant. Avant cette prise de conscience, l'alcool était le cadet de nos soucis. Nous le considérions comme quelque chose de naturel. Il ne nous plaisait pas par lui-même, mais en tant qu'ingrédient indispensable à un certain mode de vie. Mais dans ces moments de crise où l'existence devient invivable sans un verre d'alcool, nous comprenons que notre détresse résulte du conflit intérieur à notre cerveau entre le besoin de boire et le refus de céder. Et c'est en réfléchissant de plus en plus sérieusement à nos rapports avec l'alcool que nous comprenons à quel point il est devenu important pour nous. Vous m'objecterez qu'il en est de même pour la santé ou pour nos trois repas quotidiens : nous n'y prêtons guère attention tant que nous en bénéficions, et il faut que nous en soyons privés pour enfin les apprécier à leur juste valeur. Cependant, nous avons vu dans le chapitre 17 qu'une alimentation saine constitue un plaisir authentique et un élément essentiel à notre survie — sans commune mesure avec l'absorption d'un poison infect ! Bien que le lavage de cerveau présente l'alcool comme un plaisir et un soutien, il ne revêt pas une grande importance à nos yeux aussi longtemps que nous pouvons en boire à volonté. À l'inverse, toute tentative de restreindre notre consommation enracine dans notre esprit la croyance selon laquelle il serait impossible de profiter des bons moments sans alcool.

Les buveurs s'imaginent à tort qu'ils ont simplement pris l'« habitude » de trop boire, et qu'avec un peu d'autodiscipline ils en reviendront vite à une consommation raisonnable. Il faut que les choses soient claires dans votre esprit : ce n'est pas une question d'habitude, mais de toxicomanie. Vous ne vous habituerez donc jamais à réduire votre consommation. Toute drogue a pour effet de vous faire désirer des doses de plus en importantes, et ce sans aucune limite. Mais vous êtes déjà au courant. Ce que je veux simplement vous expliquer, c'est que pour réduire votre consommation, vous allez devoir vous imposer une discipline sévère toute votre vie durant. Le jour où vous aurez épuisé vos réserves de volonté, la situation vous échappera, et vous vous mettrez à boire encore davantage qu'avant cette tentative de contrôle avortée. Vous serez désormais convaincu de souffrir d'une tare héréditaire et d'être totalement incapable de fuir ce cauchemar permanent. Songez à l'insecte dans l'urne du népenthès : plus vous vous débattrez, plus le piège se refermera sur vous.

Mais il y a pire : de même qu'un régime alimentaire rend la nourriture encore plus désirable, les efforts consentis en matière de consommation d'alcool renforcent l'illusion de plaisir. Plus vous avez attendu avant de vous offrir un verre, plus celui-ci vous paraît délicieux.

Toute tentative de contrôle a donc pour effet d'aggraver votre envie de boire. Parallèlement, vous absorbez moins de poison et vous dépensez moins d'argent, de sorte que la nécessité de protéger votre santé et vos finances ne vous semble plus aussi urgente. Et vous finissez par oublier les raisons qui vous ont poussé à prendre des mesures énergiques. Rien d'étonnant, par conséquent, à ce que la plupart de ces tentatives débouchent à long terme sur une consommation accrue.

L'ironie du sort veut que nous ayons l'impression de maîtriser la situation lorsque nous essayons de moins boire. Pourtant, le simple fait que nous soyons obligés de fournir ces efforts démontre à l'évidence que nous ne maîtrisons rien du tout. Alors, avez-vous vraiment envie de vous condamner à une vie entière de restrictions imposées ? Avant que vous ne vous engagiez dans cette voie, observons d'un peu plus près ces personnes que vous enviez tant :

LES BUVEURS ORDINAIRES.

23

Les buveurs ordinaires

C'est à cause de ces veinards que vous êtes devenu accro — et que vous avez l'impression de consentir un sacrifice en essayant d'arrêter. Mais si vous les regardez sous leur jour véritable, ils vous aideront à apprécier votre chance à sa juste valeur lorsque nous réussirez à échapper au piège. En attendant, il faut que certaines vérités soient bien claires dans votre esprit. La première, c'est qu'ils consomment la même chose que vous, à savoir une drogue nommée :

DÉVASTATION.

Ils ne s'en rendent pas compte, bien entendu. Sinon, ils arrêteraient de boire. Peu importe qui la consomme et à quel degré de dépendance il est parvenu,

CETTE DROGUE EST TOUJOURS UN PIÈGE FATAL.

Comme 90 % de la population boit de l'alcool, je ne peux pas nier que cette activité soit « normale », mais en aucun cas elle ne représente une chance. Si 90 % de vos concitoyens étaient aspirés dans les sables mouvants, vous ne les qualifieriez pas de veinards pour la simple raison qu'ils sont enfoncés jusqu'aux genoux alors que, vous, vous en avez jusqu'au cou ! Pourquoi envier des gens qui n'ont pas encore pris conscience du danger ? Boire de l'alcool est peut-être une activité ordinaire, mais vous savez très bien qu'elle n'a rien de naturel. Cela donne d'ailleurs une idée de la puissance extraordinaire du lavage de cerveau, qui a réussi à nous persuader qu'il est naturel d'absorber des doses régulières de poison. Pourtant, nous n'hésiterions pas une seconde à faire interner une personne qui s'administrerait tous les jours une dose de strychnine.

La différence, c'est que cette personne se condamnerait à une mort rapide.

Pas du tout, si elle n'absorbe que des quantités limitées. Et puis la question n'est pas là : peu importent la force du poison et la durée de l'agonie. Ce qui compte, c'est de comprendre les motivations d'un tel comportement. Laissez-moi vous rappeler la déclaration des AA :

« Personne au monde n'est plus malheureux que l'alcoolique chronique qui rêve de retrouver les bonheurs quotidiens de son existence antérieure, mais qui ne peut même pas imaginer de vivre sans alcool. Il a le cœur brisé à force de nourrir l'espoir obsessionnel qu'un miracle lui permettra de retrouver le contrôle de soi. »

Autrement dit, qu'il continue à boire ou qu'il arrête, le malheur sera toujours son lot. Une alternative pas très réjouissante… Mais vous connaissez des gens qui souffrent le martyre parce qu'ils ne peuvent pas prendre leur dose quotidienne d'arsenic ? Les Alcooliques anonymes disent aussi :

« La Communauté des AA estime que toute guérison est impossible et qu'il est exclu d'en revenir à une consommation ordinaire… »

Voilà le nœud du problème : le même poison peut être considéré de deux manières diamétralement opposées. Bien que ce soit une façon de signer son arrêt de mort, l'alcoolique « ne peut même pas imaginer de vivre sans alcool ». À l'inverse, le buveur ordinaire boit avec modération, contrôle parfaitement la situation et tire de l'alcool de nombreux avantages.

Je vois deux explications possibles à ce paradoxe. Soit les alcooliques ont vraiment une différence de constitution chimique, soit ils se trouvent à un stade plus avancé d'une seule et même maladie. Pourquoi avons-nous autant de mal à accepter cette seconde hypothèse ? Après tout, il est généralement admis que les héroïnomanes, les cocaïnomanes et les autres toxicomanes sont devenus accros à cause de l'aptitude de ces différentes drogues à créer une dépendance, et non pas du fait d'une prétendue tare héréditaire de leurs victimes. Nous savons également que des millions de fumeurs (dont beaucoup souffrent aussi d'alcoolisme) voudraient arrêter pour des raisons de santé, et qu'ils en sont incapables. Alors, pourquoi attribuer l'échec d'un fumeur à un manque de volonté et celui d'un alcoolique à un problème de constitution physique ?

Avec l'alcool comme avec les autres drogues, il s'écoule souvent plusieurs années avant que nous puissions déterminer si nous sommes des buveurs « ordinaires », aptes à contrôler notre consommation afin d'en tirer des « bénéfices » optimaux, ou bien si nous sommes déjà accros. Comme dans les autres formes de toxicomanie, nous sommes les seuls à pouvoir choisir entre ces deux diagnostics, même si notre dépendance est une évidence aux yeux de nos proches, et ce depuis un bon bout de temps. N'oubliez pas que selon les prétendus « experts », un buveur ordinaire peut tenir entre deux et soixante ans avant de sombrer dans l'alcoolisme. N'est-il pas plus logique de conclure que ces veinards se trouvent tout simplement au stade initial de la maladie ? C'est d'ailleurs le cas de toutes les pathologies : au début, les symptômes sont si ténus qu'on n'a pas conscience d'être atteint. Mais pouvez-vous citer une seule maladie qui, au stade initial, procure de nombreux avantages à ses victimes, avant de se transformer en fléau pour une minorité d'entre eux — et ce sans qu'il soit possible de déterminer à quel moment s'opère le changement ?

Puisque tout indique que le problème ne vient pas du buveur, mais de l'alcool, pourquoi les consommateurs ordinaires, tout comme les alcooliques, refusent-ils de l'admettre ? Tout simplement parce qu'il s'agit d'une caractéristique propre à toutes les formes de toxicomanie. Nous n'accusons jamais la drogue, car celle-ci nous semble trop précieuse : elle nous fait croire qu'elle nous procure un plaisir et un soutien authentiques, et que sans elle la vie n'aurait pas la même saveur. Dans les premiers temps, lorsque les dégâts occasionnés par l'alcool ne sont pas encore visibles, vous n'avez aucune raison d'arrêter : pourquoi diable vous priveriez-vous du « plaisir » de boire un verre de vin à table ? Mais cette illusion serait-elle aussi forte si vous aviez conscience d'en être au stade initial de l'alcoolisme ? Bien sûr, vous préférez vous dire que cela n'arrive qu'aux autres. Et votre attitude se comprend, puisque de nombreux « experts », ainsi que beaucoup d'alcooliques, vous serinent que le mal provient d'une tare physique. Les premiers fondent cette opinion sur leurs études théoriques, les seconds sur leur expérience pratique. Et le lavage de cerveau vous incite à croire qu'il suffit d'un verre pour qu'un alcoolique soit condamné à boire jusqu'à sombrer dans le coma éthylique. Comme de toute évidence les buveurs occasionnels ne souffrent pas de cette tare, vous en déduisez qu'ils ne risquent nullement d'en arriver à ce stade. Mais vous oubliez que tous les alcooliques chroniques ont d'abord été des « buveurs ordinaires ».

On comprend aisément pourquoi ces derniers préfèrent se convaincre qu'il s'agit d'une pathologie affectant une minorité d'individus, et non pas d'une maladie évolutive concernant toutes les personnes qui consomment régulièrement du poison, et ce quel que soit le stade auquel elles sont parvenues. En revanche, on peut se demander pourquoi les alcooliques chroniques sont persuadés d'être nés avec une tare incurable. Mais cette vision des choses n'est pas le résultat d'un libre choix : elle résulte directement du lavage de cerveau auquel ils sont soumis. Il ne faut pas non plus oublier que les alcooliques ne s'adressent pas à des associations comme les AA avant d'être parvenus au bout du rouleau et d'avoir épuisé leurs réserves de volonté à essayer de s'en sortir par eux-mêmes. Il est indiscutable que la plupart d'entre eux démontrent une grande force de caractère dans les autres domaines de leur existence. Pourtant, ils s'avèrent incapables de limiter leur consommation, contrairement aux buveurs ordinaires. Puisqu'ils ne manquent pas de volonté, il peut sembler logique de mettre leurs échecs sur le compte d'une tare physique ou mentale — et d'en déduire que leur mal est incurable.

Cette théorie présente l'avantage de satisfaire tout le monde, du moins en apparence. Le buveur ordinaire se ressert un verre sans la moindre arrière-pensée, tandis que l'alcoolique y trouve un prétexte pour ménager son amour-propre : « Ce n'est pas ma faute. Je suis né comme ça. » Et cette explication devient une bonne excuse pour continuer à picoler : « Je suis un alcoolique, donc je bois ! »

Telle est la doctrine enseignée par les AA à leurs membres. Si vous croyez sincèrement qu'il n'existe aucun traitement, il est logique d'en conclure que vous êtes victime d'une malchance héréditaire et que vous n'avez rien à vous reprocher. C'est sans doute préférable que de subir la réprobation générale et de vous fustiger vous-même pour un manque de volonté ou de responsabilité. Si le problème réside dans un défaut de constitution, les alcooliques en voie de guérison méritent tout notre respect. En effet, malgré la terrible maladie qui les afflige, ils parviennent à résister à une insatiable envie de s'empoisonner. Voilà pourquoi, depuis quelques années, tant de héros de romans et de films sont dans ce cas.

J'ai expliqué plus haut que toutes les méthodes sont « fondées sur la volonté », à la seule exception de *La méthode simple*. Cette définition visait simplement à éviter toute confusion. Cela ne signifie pas que les autres types de traitement prônent obligatoirement le recours à la volonté. En effet, l'un des points essentiels de la théorie des AA est justement l'impuissance de la volonté face à la dépendance. Mais les AA estiment qu'une « puissance supérieure » peut aider un individu à accomplir ce dont il serait incapable avec ses propres ressources. Je pense donc que ma définition garde toute sa valeur. En théorie, les membres des AA doivent faire appel à « cette puissance supérieure » pour combattre l'alcool. Mais en pratique beaucoup n'ont pas la moindre idée de ce dont il s'agit, et sont donc obligés de se rabattre sur leur propore force de volonté. C'est évidemment le cas des athées.

En réalité, les prétendues tares héréditaires ne jouent aucun rôle dans cette affaire. L'alcoolisme est une maladie mentale qui ne recèle aucun mystère. Une fois débarrassée des complications inutiles et des exagérations, elle se révèle d'une extrême simplicité. J'ai dit que les alcooliques chroniques se croyaient fondamentalement différents des buveurs ordinateurs. Mais s'ils en sont arrivés à cette conclusion « logique », c'est parce qu'il leur manque des éléments essentiels quant à la nature de leur maladie. Il était logique de croire que le Soleil tournait autour de la Terre avant que Galilée ne démontre le contraire. Et il est vraiment dommage que cette ignorance ait amené des milliers d'alcooliques à s'imaginer qu'aucun traitement n'était possible — alors qu'il existe une méthode facile, immédiate et définitive.

L'alcoolisme consiste à éprouver le désir d'ingérer ce poison à la fois redoutable et répugnant qu'on appelle l'alcool. Celui-ci n'est pas plus dangereux que l'arsenic ou que n'importe quelle substance nocive. Cependant, il provoque des effets physiques indésirables et proportionnels aux quantités consommées. Le véritable ennemi n'est pas l'alcool, mais l'ignorance qui l'entoure, et en particulier la croyance selon laquelle il procurerait certains avantages à ceux qui en boivent.

Il faut distinguer la maladie que nous désignons sous le nom d'alcoolisme, autrement dit « le désir d'ingérer de l'alcool », des désagréments ressentis lorsque nous cédons à la tentation. Si vous avez un peu de mal à me suivre, une simple comparaison devrait vous éclaircir les idées. Depuis quelque temps, il manque une tuile sur votre toit, et les infiltrations d'eau de pluie ont causé des dégâts à l'intérieur de votre maison. La maladie nommée alcoolisme, c'est la tuile manquante. Il vous suffit de la remplacer pour que ce problème d'infiltration soit réglé de manière immédiate. De même, il vous suffit d'anéantir ce désir pour régler votre problème d'alcool. La guérison est instantanée et totale. Mais de même que l'intérieur de votre maison a besoin d'un certain délai pour sécher, les conséquences néfastes de votre consommation passée mettront un peu de temps à se dissiper. Heureusement, le corps et l'esprit humains possèdent des ressources inouïes, surtout lorsqu'ils ne sont plus minés par des doses régulières de poison. C'est pourquoi la guérison est souvent une expérience très agréable. Mais je sais que vous aurez un peu de mal à me croire, en particulier si vous avez déjà vécu de longues périodes d'abstinence en recourant à une méthode fondée sur la volonté. Je vous propose donc une autre comparaison.

Imaginez que vous ayez une petite tache sur le visage et que je vous dise : « Essayez cette pommade, ses effets sont miraculeux. » Vous suivez mon conseil, la tache disparaît comme par magie, pour réapparaître une semaine plus tard, un peu plus grande qu'auparavant. Vous appliquez une nouvelle couche de pommade. Nouvelle disparition, et nouvelle réapparition au bout de cinq jours. Le processus se répète plusieurs fois. La tache ne cesse de grossir, elle vous démange de plus en plus, et la période durant laquelle elle s'évanouit devient de plus en plus courte. Vous vous retrouvez bientôt avec une gigantesque éruption sur toute la figure. Un vrai cauchemar : si vous ne trouvez pas de solution, votre corps entier va être recouvert de plaques d'urticaire. Et bientôt vous n'aurez plus un seul instant de répit entre l'application du remède et le retour de l'éruption. Par-dessus le marché, je vous facture 200 euros chaque tube de pommade, et vous êtes bien obligé de payer. L'idée même d'épuiser vos réserves de pommade vous plonge dans un état de panique. Vous n'osez même plus sortir de chez vous sans un tube en poche.

Un jour, en lisant un article de journal, vous apprenez que vous n'êtes pas un cas unique. Des milliers de personnes souffrent du même mal. Des scientifiques viennent d'établir que la pommade, bien loin de régler le problème, empêche toute guérison. C'est d'ailleurs elle qui a transformé la tache originelle en éruption géante. Si vous n'en aviez pas appliqué, la tache aurait disparu de manière naturelle. Elle a eu pour effet de faire disparaître la tache sous la peau et de l'alimenter. Puis l'urticaire est remonté de la surface afin d'obtenir un nouvel apport de nourriture.

L'article contient aussi des nouvelles encourageantes. Il vous suffit de renoncer à cette pommade pour que l'éruption disparaisse progressivement. Alors, allez-vous l'abandonner une bonne fois pour toutes ? Aurez-vous besoin de faire appel à votre force de volonté pour vous en passer ? Éprouverez-vous le moindre regret ? Bien sûr que non ! Vous serez même fou de joie, à condition d'être certain du résultat. Mais si jamais vous éprouvez des doutes, vous risquez d'avoir envie de réutiliser cette pommade, et vous devrez recourir à votre volonté pour résister à la tentation. Dans ce cas, vous ne serez épargné ni par l'angoisse ni par les souffrances. Cependant, dès que vous aurez constaté une amélioration, vous saurez que vous tenez la solution. Et même si l'éruption met un an à disparaître complètement, ce sera pour vous une année de bonheur.

Il en est de même avec toutes les épreuves que la vie vous réserve : dès que vous trouvez un remède efficace, vous n'éprouvez plus ni crainte ni détresse. Vous n'avez même pas besoin d'employer ce remède : il vous suffit de savoir qu'il est à votre disposition.

La comparaison vous semble un peu tirée par les cheveux ? Moi, je ne trouve pas. L'éruption correspond aux effets néfastes de l'alcool, et la pommade à l'alcool proprement dit.

Quand vous avez compris que la pommade produit l'urticaire au lieu de le guérir, vous connaissez à la fois la cause de votre problème et sa solution. Et vous n'avez plus la moindre envie d'utiliser cette pommade. Il n'y a aucun mystère.

Avant d'ouvrir ce livre, vous aviez conscience que le problème, c'était votre incapacité à contrôler votre consommation d'alcool. Vous n'aviez pas besoin de moi pour savoir que l'alcool en était la cause. Il ne vous restait qu'une seule énigme à résoudre : pourquoi éprouviez-vous encore le désir de boire ?

Je vous le répète une fois de plus : vous ne souffrez nullement d'une prétendue tare héréditaire qui épargnerait les « buveurs ordinaires ». Vous devez absolument vous persuader que vos échecs antérieurs ne sont pas dus à un défaut d'ordre physique. Ils n'ont pas non plus pour origine une faiblesse psychologique qui affecterait uniquement les personnes sujettes à la dépendance. Si vous persistez à croire que l'alcoolisme est un mal incurable, alors c'est *vous* qui êtes incurable ! Voilà pourquoi je veux détruire une bonne fois pour toutes cette légende absurde de la tare héréditaire.

Supposons un instant que vous souffriez réellement d'un problème d'ordre physique ou mental. Vous en étiez-vous aperçu avant de commencer à boire ? Étiez-vous incapable de profiter des bons moments ou de contrôler votre stress avant de prendre l'« habitude » de picoler ? Ressentiez-vous le besoin ou l'envie de consommer de l'alcool ? Durant votre enfance, aviez-vous du mal à vous amuser avec vos camarades ? La coïncidence est tout de même bizarre : votre « tare héréditaire » est apparue juste après que vous vous êtes mis à boire, et les personnes qui ont recours à *La méthode simple* se rendent compte qu'elle s'évanouit comme par magie lorsqu'elles arrêtent de boire.

Il suffit d'ouvrir les yeux pour que la vérité se dessine : l'alcool est un poison répugnant, pour les alcooliques comme pour ces « veinards » de buveurs ordinaires. La seule raison qui nous pousse à en avaler, c'est que le lavage de cerveau nous a conduit à prendre une drogue nommée DÉVASTATION pour une amie fidèle qui nous procure plaisir et soutien.

Pourquoi la majorité des buveurs parviennent-ils à maîtriser leur consommation ? Mais ils ne maîtrisent absolument rien ! Ils sont victimes d'un bourrage de crâne, ni plus ni moins que chacun d'entre nous. Ils se figurent eux aussi que DÉVASTATION leur apporte un plaisir et un soutien. Mais ils n'ont pas encore atteint le stade où la vérité apparaît dans toute sa lumière. Il nous reste à expliquer pourquoi ceux qui ont atteint ce stade ne comprennent pas que leur situation est identique à l'histoire de la pommade et de l'éruption. Après tout, nous sommes tous conscients que l'alcool est à l'origine de notre détresse, et que nous devrions donc y renoncer. Malheureusement, il ne suffit pas d'établir un diagnostic pour guérir. Si nous continuons à boire malgré tout, c'est parce que nous sommes persuadés que sans lui il nous est impossible de profiter des bons moments ou de combattre le stress de la vie quotidienne.

La seule solution consiste donc à balayer le lavage de cerveau et à retrouver le merveilleux équilibre que nous connaissions avant de tomber dans le piège. Vous pensez peut-être que c'est impossible, et que personne ne peut oublier quelque chose une fois qu'il l'a appris. Mais en ce qui concerne l'alcool nous n'avons strictement rien appris : nous avons simplement été trompés par des mensonges et des faux-semblants. Heureusement, il est relativement facile d'apprécier la situation sous son jour véritable. Vous devriez y arriver sans problème, et même y prendre un certain plaisir, à condition de garder l'esprit ouvert et de suivre toutes mes instructions.

Avez-vous déjà éprouvé l'envie de prendre de la strychnine ? Bien sûr que non ! L'idée ne vous en viendrait même pas à l'esprit. Comme vous n'êtes soumis à aucune tentation, vous ne ressentez aucune privation, et vous n'avez nul besoin de faire appel à votre volonté pour résister. C'est sous ce jour glacial mais véridique que vous devez considérer l'alcool. Vous serez ainsi débarrassé pour toujours de la tentation. Mais bien sûr il faut éviter l'erreur habituelle qui consiste à se raccrocher à certaines bribes du lavage de cerveau. C'est le moment de revenir sur la question qui m'est le plus souvent posée :

Est-ce que je pourrai boire un verre de temps en temps sans risquer de retromber accro ?

En réalité, cette question masque une appréhension :

Je ne peux pas me faire à l'idée de ne plus jamais boire une seule goutte d'alcool.

C'est bien la preuve que le bourrage de crâne n'a pas été entièrement évacué. Pourquoi cette perspective est-elle si effrayante ? Parce que nous continuons à croire que nous allons renoncer à un plaisir et à un soutien. En nous raccrochant à « un verre de temps en temps », nous espérons pouvoir jouer sur les deux tableaux. Mais au fond, n'est-ce pas ce que nous essayons de faire depuis que le piège s'est refermé sur nous ? Nous profitons des « avantages » tout en nous efforçant de limiter les dégâts sur notre organisme. Hélas ! les drogues ont pour effet de nous obliger à augmenter sans cesse les doses, et donc à subir des dommages de plus en plus graves.

Si vous considérez un seul verre comme une source de plaisir et comme un soutien, alors il en sera de même pour un million de verres. Vous vous retrouverez dans la même situation qu'un funambule qui tente de traverser les chutes du Niagara sur une corde raide.

Tôt ou tard, vous serez condamné à plonger dans l'abîme. Même si vous tenez bon, votre existence sera un calvaire, car jusqu'à votre dernier jour vous devrez résister à la tentation. Et ce pour une raison toute simple : parce que l'alcool n'est pas à vos yeux l'équivalent de la strychnine !

Si vous éprouvez une appréhension à l'idée d'un arrêt définitif, je vous comprends parfaitement. Moi aussi je suis passé par là, et je ne nie pas qu'il faille du courage. Mais je vous garantis que vous échapperez ainsi à un épouvantable cauchemar, et que vous vous demanderez ensuite pourquoi vous avez attendu si longtemps avant de sauter le pas. Avec l'alcool, vous ne pouvez pas jouer sur deux tableaux, mais sur un seul : celui de la souffrance et du malheur. Mettez-vous ceci une bonne fois dans la tête : une personne qui désire absorber ne serait-ce qu'une goutte de DÉVASTATION n'exerce aucun contrôle véritable sur elle-même. Les buveurs ordinaires ne maîtrisent pas non plus la situation, puisqu'ils ignorent la réalité de l'alcool. Il y a d'ailleurs une formule éculée qui a le don de me hérisser le poil : « C'est excellent, à condition d'être consommé avec modération. »

Imaginez que le pilote de votre avion vous déclare : « Nous allons entrer dans une couche de brouillard. Personne ne s'oppose à ce que je modifie le réglage de mes instruments de vol avec modération ? » Vous ne diriez sans doute pas que ce type maîtrise la situation. Eh bien, il en est exactement de même pour ces « veinards » de buveurs ordinaires.

Une femme n'est pas enceinte « avec modération ». On ne risque pas sa vie au-dessus des chutes du Niagara « avec modération ». Le propre des drogues est de vous faire croire que vous contrôlez la situation, de vous aveugler sur leurs effets nocifs, et de vous entraîner dans une spirale fatale. La seule différence entre les chutes du Niagara et l'alcool, c'est que les premières n'ont besoin que de quelques secondes pour happer leurs victimes. Le péril est si évident que très peu de gens s'y laissent prendre. Alors que l'alcool réussit à nous persuader qu'il est délicieux de tomber sous son emprise.

Le danger est loin d'être aussi visible, d'abord parce que 80 % des gens demeurent des buveurs ordinaires, ensuite parce que les 20 % restants subissent une déchéance très progressive. Mais n'oubliez jamais que personne n'a décidé de devenir toxicomane, et que le processus commence toujours par une seule petite dose.

Observez les buveurs autour de vous, et essayez de découvrir la vérité derrière la façade. Ils ne boivent pas par convivialité, mais parce qu'ils ont été pris au piège par une drogue nommée DÉVASTATION. Tout comme vous, ils ne maîtrisent absolument pas la situation. Souvenez-vous du « point critique » dont nous avons parlé au chapitre 9. Les alcooliques s'estiment différents des buveurs ordinaires sous prétexte que ces derniers seraient capables de contrôler leur consommation. En fait, ils sont simplement à un stade de la maladie où il est encore possible de se contrôler. Ils apprécient les boissons alcoolisées, celles-ci ne leur posent aucun problème particulier, et ils n'ont donc aucune raison de se restreindre. Tous les alcooliques sont passés par ce stade. Mais vous devez les voir sous leur jour véritable, c'est-à-dire comme des mouches qui glissent tout doucement dans l'urne du népenthès, sans se douter du péril mortel qui les guette. Alors vous vous réjouirez de vous être libéré pour toujours de ce piège insidieux.

Mais dans certains cas il vaut mieux ne pas savoir. S'ils ont l'impression que l'alcool leur procure du plaisir, cela doit être vrai.

En réalité, l'alcool ne leur procure aucun plaisir, mais ils ont du mal à s'en rendre compte. Pour illustrer ce fait, je vais recourir à un nouvel exemple concret. J'ai l'habitude de louer une villa en Espagne avec l'un de mes plus proches amis. Le meilleur moment des vacances, c'est l'arrivée. Pendant des années, nous avons respecté une sorte de rituel : avant même de défaire les valises, nous nous installions sur le balcon qui domine une plage magnifique, et nous vidions une bouteille de champagne. Lorsque je lui ai dit que j'avais définitivement arrêté de boire, il m'a aussitôt répondu : « Alors notre petit rituel ne sera plus jamais comme avant. » Sa réaction m'a d'autant plus étonné que nous étions en plein dans les préparatifs de Noël et que nous n'avions abordé ni l'un ni l'autre la question de nos vacances en Espagne.

L'été suivant, la coutume a été respectée, mais notre plaisir en a été un peu gâché. Non pas parce que je n'ai pas bu de champagne, mais parce que j'ai insisté pour que mon ami fasse comme si de rien n'était. Il était visiblement gêné, et chaque fois que je remplissais sa coupe, il répétait : « Tu es sûr que ça ne t'ennuie pas de me voir boire du champagne ? »

Si j'avais eu recours à une méthode fondée sur la volonté, cela m'aurait ennuyé.

Mais les vacances sont un moment fantastique. Nous étions arrivés à bon port, nous avions laissé nos soucis derrière nous, et nous contemplions un paysage superbe, une boisson fraîche dans la main, en songeant à la semaine de détente qui nous attendait. Le fait que mon verre ne contienne pas une seule goutte de poison changeait-il quoi que ce soit à l'affaire ? La joie de mon ami était-elle plus vive parce que le sien en contenait ? Bien sûr que non. Avec ou sans poison, nous nous préparions tous deux à vivre une semaine formidable, et j'espère que ce sera encore le cas pendant de nombreuses années.

Ce qui me semble essentiel, c'est que l'alcool donne une impression de bonheur, mais ne crée nullement les occasions qui nous rendent heureux. Imaginez l'état d'esprit d'un non-buveur qui admire le paysage par une belle soirée d'été et jouit par avance d'une semaine de farniente. Il nage dans l'euphorie, il est au paradis ! Et c'était exactement mon cas. En revanche, si pour une raison ou pour une autre il n'avait pas pu boire de champagne, mon ami aurait éprouvé une sensation de privation. Et si soudain il avait enfin pu assouvir sa soif, il aurait lui aussi nagé dans l'euphorie ! Il m'aurait rejoint au paradis ! N'est-ce pas la preuve que le seul effet de l'alcool est d'apporter souffrance et détresse ? Et que les « buveurs ordinaires » ont tort de croire qu'il leur apporte du plaisir ? En réalité, ils ne boivent pas pour obtenir une satisfaction, mais parce que dans certaines circonstances ils ont du mal à s'en passer. Autrement dit : ils sont déjà dépendants !

Non seulement l'ignorance n'est jamais souhaitable, mais elle n'est pas non plus complète. Bien qu'ils n'aient pas clairement conscience de leur situation, les buveurs ordinaires se doutent qu'ils sont tombés dans un piège. Ils ont tendance à s'illusionner : « Cela ne me fait aucun mal, et en cas de besoin je m'arrêterai sans problème. » Voilà encore une autre ruse de ce piège ingénieux : il nous incite à repousser sans cesse le jour fatidique. L'ami dont je viens de parler était l'un de ceux qui m'avaient subtilement mis en garde contre ma consommation d'alcool excessive. Pourtant, le jour où je lui ai annoncé ma décision, il ne s'est pas exclamé : « Quelle bonne nouvelle ! », mais : « Alors notre petit rituel ne sera plus jamais comme avant. » Pourquoi était-il aussi gêné de continuer à boire alors que j'avais arrêté ? Se sentait-il coupable de m'exposer à la tentation ? Ou bien n'aimait-ils pas boire tout seul ? Mais ce n'était pas le cas, puisque je m'étais servi un jus de fruit. Peut-être se sentait-il un peu idiot d'être le seul à ingurgiter une dose de poison.

Ce n'est jamais agréable de proposer un verre à quelqu'un et de s'entendre répondre : « Normalement, je ne bois pas d'alcool avant 7 heures du soir. » Vous devinez à demi-mot que votre interlocuteur vous prend pour un poivrot sous prétexte que vous ne respectez pas la limite qu'il s'est fixée. Mais l'adverbe « normalement » implique qu'il est prêt à transiger, pourvu que vous vous montriez un peu plus persuasif. En fait, il veut vous rendre responsable de son écart de conduite. Peut-être ira-t-il jusqu'à vous accuser, sur le ton de la plaisanterie, de l'avoir obligé à sortir du droit chemin. Mais en son for intérieur il est ravi que vous lui permettiez de commettre une faute sans perdre la face. Autrefois, j'enviais beaucoup ce genre de personnes. Je me disais qu'elles avaient bien de la chance de pouvoir s'imposer une telle discipline. J'étais tellement obsédé par mes propres soucis que je ne me rendais pas compte qu'elles violaient leurs interdits plus souvent qu'elles ne les respectaient. Je ne comprenais pas non plus que leur comportement était une forme d'aveu : pourquoi se seraient-elles imposé de telles contraintes si elles n'avaient pas eu elles aussi un problème avec l'alcool ?

Une autre formule rituelle est tout aussi révélatrice :

« Non, merci. Ce soir je conduis. »

Avez-vous remarqué le ton satisfait qui accompagne ce genre de déclaration. Comment ne pas envier quelqu'un d'aussi raisonnable ? Si vous le plaignez du désagrément enduré, il vous répond avec la même mine de sainte-nitouche :

« Pas de problème, je peux facilement me passer d'alcool. »

Cependant, s'il était aussi détaché, pourquoi s'offrirait-il en général le luxe d'un taxi pour le raccompagner chez lui ? Il essaye seulement de se prouver et de prouver aux autres qu'il n'est pas accro. Mais ses efforts n'aboutissent qu'à souligner sa dépendance. Les soirs où il prend un taxi, il ne s'en va qu'à 2 heures du matin — et en titubant ! Les soirs de sobriété, il ne s'amuse pas vraiment et prend congé à 10 heures.

N'est-ce pas la preuve que l'alcool procure un plaisir authentique ?

Absolument pas ! Cela prouve simplement qu'il est dépendant et ne peut pas profiter des bons moments sans alcool. En même temps, cette attitude soulève une question essentielle que nous devons à présent aborder. À l'époque où je buvais, l'un de mes meilleurs amis se mettait régulièrement au régime sec. Bien que ce soit l'une des personnes les plus fascinantes qu'il m'ait été donné de rencontrer, il se métamorphosait alors en affreux raseur. C'est d'ailleurs pour cette raison que je ne voulais pas renoncer totalement à l'alcool : j'avais trop peur de subir la même transformation. Mais j'ai échappé à ce sort funeste (c'est du moins ce que m'affirment mes amis), tout comme y échappent les personnes qui ont recours à *La méthode simple*.

On peut en conclure que l'alcool l'aidait à surmonter ses inhibitions et à devenir un personnage étonnant. Si l'alcool avait le pouvoir de transformer les raseurs en hommes d'esprit, tous les alcooliques seraient bourrés de charme, et plus ils boiraient, plus ils nous captiveraient. Ai-je besoin d'ajouter qu'il n'y a rien de plus mortel au monde qu'un poivrot en train de bredouiller des inepties sous votre nez ? En ce qui concerne mon ami, le poison exerçait l'effet inverse : comme beaucoup d'alcooliques en voie de guérison, cet homme passionnant et débordant de vitalité devenait un misérable radoteur chaque fois qu'il se mettait au régime sec. De fait, il s'estimait incapable de profiter de la vie sans alcool et sombrait dans la morosité. Ce n'est pas parce que certaines personnes ont du mal à s'amuser en restant à jeun que l'alcool leur procure vraiment du plaisir : il est évident qu'elles ne rencontraient jamais ce type de problème avant de tomber dans le piège.

Depuis que je ne bois plus, j'ai tendance à m'échapper plus tôt des soirées mondaines, comme notre ami qui déclarait : « Non, merci. Ce soir je conduis. » Il m'arrive même d'en bouder certaines. Au début, j'étais un peu soucieux, car cela semblait indiquer que je ne m'amusais plus autant sans alcool. Et puis j'ai compris que c'était exactement le contraire : ces soirées étaient tout simplement rasantes. Autrefois, je m'enivrais pour tromper l'ennui. Cet exemple montre bien que l'alcool ne rend pas les gens heureux, mais parvient tout juste à noyer leurs chagrins. Et, bien loin de guérir ces chagrins, il leur donne une importance disproportionnée. Aujourd'hui, j'évite ce genre de corvées. Quand je suis obligé d'y aller, je m'éclipse dès que les règles du savoir-vivre m'y autorisent. Ainsi, j'ai davantage de temps à consacrer aux activités qui m'apportent vraiment du plaisir — plutôt que de regarder des invités se soûler méthodiquement autour du buffet.

L'alcool ne transforme pas les raseurs en convives pleins d'humour : il transforme les raseurs comme les gens amusants en affreux goujats. Il ne dissipe pas non plus l'ennui. Celui-ci apparaît lorsque rien d'intéressant ne nous occupe l'esprit. Or, le fait de picoler n'exige pas un effort intellectuel très soutenu ! Il est donc triste de voir des gens sombrer dans le coma éthylique pour tromper leur ennui, surtout s'ils recourent tous les jours à ce lamentable subterfuge. Peut-on imaginer une activité plus mortellement ennuyeuse que de boire du matin au soir tous les jours de la semaine ?

Nous avons vu que la majorité des buveurs ordinaires se doutent qu'ils sont déjà dépendants. Sinon, pourquoi laisseraient-ils parfois échapper des aveux à mots couverts ? Ils se placent toujours sur la défensive, même quand personne ne les agresse.

En toute franchise, je peux arrêter quand je veux. Il m'arrive de rester un mois sans boire une goutte d'alcool.

Ils vous disent toujours ce genre de choses sur un ton de sainte-nitouche. Vous pensez : « Quel veinard ! Si seulement je pouvais en faire autant ! » Pourtant, le fait de se mettre régulièrement au régime sec révèle à coup sûr un sérieux problème d'alcool. S'ils aiment vraiment boire, pourquoi s'en privent-ils pendant un mois ? Et s'ils peuvent arrêter selon leur bon plaisir, pourquoi recommencent-ils à boire et à souffrir de leur problème ? La réponse est évidente : parce qu'ils sont incapables de profiter de la vie sans alcool. Nous nous imaginons que les buveurs ordinaires gagnent sur les deux tableaux, alors qu'en réalité ils perdent sur les deux tableaux. Quand ils boivent, ils voudraient se libérer, ce qui les conduit à se mettre au régime sec. Mais ils deviennent aussitôt malheureux comme des pierres, ce qui les incite à recommencer. D'ailleurs, il en est de même pour nous tous. Quand nous buvons, soit nous trouvons cela parfaitement naturel, soit nous rêvons de pouvoir arrêter. Et dès que nous nous interdisons d'y toucher, l'alcool prend une valeur fabuleuse à nos yeux.

Les buveurs qui se mettent au régime sec vous en parlent toujours sur le ton de la vantardise, car il leur faut beaucoup de volonté pour tenir le coup. La plupart de ces tentatives ont d'ailleurs pour objectif un sevrage définitif. En effet, quand vous atteignez un stade critique, il est absurde d'épuiser ses réserves de volonté en un mois, pour retomber aussitôt au fond du gouffre. Alors, pourquoi ne pas avoir l'honnêteté de le reconnaître ? Parce que tous les toxicomanes doivent se mentir à eux-même et mentir aux autres. En déclarant d'emblée : « J'arrête définitivement », nous nous couperions tout moyen de battre en retraite. Nos amis savent parfaitement que nous ne buvons pas à la suite d'un libre choix, mais parce que nous sommes accros. Il vaut donc mieux se ménager une issue, de manière à pouvoir transformer une défaite éventuelle en victoire. D'où cette fanfaronnade :

En toute franchise, je peux arrêter quand je veux. Il m'arrive de rester un mois sans boire une goutte d'alcool.

Par un curieux paradoxe, ce type de déclaration vise à afficher une parfaite maîtrise de soi, alors qu'elle démontre clairement l'exact opposé. On peut d'ailleurs se demander ce qui peut pousser quelqu'un à émettre une pareille absurdité. Imaginez que je vous annonce d'une voix triomphale :

En toute franchise, je peux renoncer aux carottes quand je veux. Il m'arrive de rester un mois sans manger une seule carotte.

Quelle sera votre réaction : « Quel veinard ! Si seulement je pouvais en faire autant ! » Ou bien : « Pourquoi Allen nous sort-il une bêtise pareille ? Il doit avoir un petit problème avec les carottes ! »

Souvenez-vous : quand nous étions adolescents et que nous nous accoutumions au goût âcre de l'alcool, nous nous vantions des grandes quantités que nous étions capables de « descendre ». Mais dès que nous commençons à nourrir des doutes sur notre dépendance, nous nous targuons au contraire de notre aptitude à restreindre notre consommation, ou à tenir un mois au régime sec. Pourtant, nous n'agirions pas ainsi pour les activités qui nous apportent un véritable plaisir. Il ne m'est jamais venu à l'idée de dire à des amis : « Quand je vais au golf, je n'ai pas besoin de faire dix-huit trous. Je peux très bien me limiter à un seul. » En revanche, les gens qui boivent une bouteille de vin à chaque repas vous confieront volontiers : « J'apprécie beaucoup un verre de vin à table. »

Je serais riche si j'avais reçu une livre sterling chaque fois que j'ai entendu la phrase suivante : « Les médecins affirment qu'un verre de vin rouge est excellent pour le cœur. » Le type qui vous assène cette vérité est en général un fumeur invétéré, avec 20 kilos de trop, et qui vient d'avaler une bouteille à lui tout seul. Et il voudrait vous faire croire qu'il ne boit pas à cause de sa dépendance, ni même pour le plaisir, mais pour des raisons strictement médicales !

J'ai accueilli récemment un homme qui m'a dépeint les malheurs que l'alcool avait provoqués dans sa famille. Son père était mort d'alcoolisme chronique. Son frère aîné était lui aussi un buveur invétéré. J'ai donc été stupéfait d'apprendre qu'il appartenait à la catégorie des gens qui « apprécient un verre de vin avec un bon repas ». Il prétendait être en mesure de contrôler la situation et de s'arrêter s'il en avait envie. Je n'ai pas pu m'empêcher de lui dire : « Après toutes les épreuves que vous avez endurées, et compte tenu du fait que deux de vos parents les plus proches ont souffert de l'alcoolisme, j'ai peine à croire que vous preniez le risque de connaître le même sort si vous avez vraiment la possibilité d'y renoncer. » Sa mère et lui s'étaient mis au régime sec pendant quelques mois après la mort du père. Mais ils avaient recommencé à boire tous les deux, ce qui indiquait qu'ils étaient incapables de renoncer définitivement à l'alcool. Et malgré cet échec, il était convaincu de maîtriser la situation.

Ensemble, nous avons balayé les différents mythes : le goût agréable, le plaisir d'étancher sa soif, et ainsi de suite. Il n'a bientôt plus eu qu'une seule objection à m'opposer : « Rien de tel qu'un verre de vin pour accompagner un bon repas. » Encore un prétexte que vous avez dû entendre bien des fois, et qui mérite un examen approfondi. J'apprécie beaucoup la sauce qui accompagne ma viande, car sinon celle-ci me semblerait trop sèche et un peu fade. Par conséquent, elle améliore ou agrémente le goût du plat. Il est exact que certaines sauces sont à base de vin, mais personne n'a jamais versé le contenu de son verre sur sa viande. Il ne s'agit donc une fois de plus que d'une mauvaise excuse.

Une phrase telle que « L'alcool est excellent, à condition d'être consommé avec modération » ne justifie absolument pas sa consommation. C'est même une manière de reconnaître sa nocivité. Pourquoi diable faudrait-il se modérer s'il n'était pas dangereux ? D'autres personnes vous expliquent : « L'alcool ne me fait aucun mal. » Mais même s'il était inoffensif, ce ne serait pas une raison suffisante pour en consommer. Je suppose que je pourrais très bien souffler des bulles de savon pendant le restant de mes jours sans que cela me nuise en rien, mais si je vous fournissais une excuse de ce genre, vous en déduiriez qu'il faut m'interner d'urgence dans un asile de fous ! Et c'est encore plus grave de sortir de pareilles inepties à propos de l'alcool, puisqu'il est de notoriété publique qu'il exerce des effets dévastateurs.

Il y a quelque chose de puéril dans ces comportements. Lorsque j'avais dix ans, je jouais souvent à cache-cache avec Joey, mon meilleur copain, et avec son petit frère Ronny, qui en avait cinq à l'époque. Dès qu'un quatrième gamin était en vue, Joey et moi nous nous dissimulions dans un placard, et nous disions à Ronny de ne pas vendre la mèche. Mais le nouveau venu était à peine entré dans la pièce que Ronny s'exclamait : « Joey et Allen ne sont pas dans le placard ! » Voilà un exemple parfait de dénégation destinée à tromper un interlocuteur, mais qui en fin de compte lui révèle toute la vérité. J'ai déjà noté plusieurs formules tout aussi ridicules auxquelles les buveurs ont souvent recours, et je pourrais vous en citer des dizaines d'autres. Vous pouvez vous aussi vous entraîner à les relever. En écoutant les misérables prétextes avancés par les alcooliques chroniques comme par les buveurs ordinaires, vous aurez encore plus envie de ne plus appartenir à leur vaste confrérie. Si seulement tous les buveurs acceptaient de vider leur sac honnêtement, l'alcoolisme ne serait plus qu'un fléau du passé.

Les grands crus sont eux aussi un sujet de conversation classique. Un thème qui me fait penser au célèbre conte d'Andersen :

LES HABITS NEUFS DE L'EMPEREUR.

24

Les habits neufs de l'empereur

Rappelons en deux mots l'histoire contée par Hans Christian Andersen. Un tailleur rusé apporte au roi un costume flambant neuf en présence de ses courtisans. Pour des personnages au goût raffiné et à l'esprit délié, il s'agit des vêtements les plus magnifiques qu'un homme ait jamais taillés. Mais aux yeux d'un enfant naïf, ces fameux habits sont parfaitement invisibles. Autrefois, je trouvais qu'Andersen poussait le bouchon un peu loin en essayant ne nous faire croire que le roi se promenait tout nu devant ses sujets. Aujourd'hui, je dois lui présenter mes humbles excuses, car son conte s'applique à merveille à l'industrie des vins et spiritueux !

Lorsque je parle de bière, de vin ou d'alcools forts, je fais référence à un poison au goût âcre qui crée une dépendance chez ses consommateurs, que l'on fabrique à partir d'une matière végétale en voie de décomposition, et qui ne procure strictement aucun effet bénéfique. Malgré cela, certaines personnes sont prêtes à débourser plusieurs centaines d'euros pour s'offrir une bouteille de vin ! C'est du moins ce qu'on m'a rapporté, car je n'en ai jamais rencontré personnellement. Vous croyez vraiment qu'une simple bouteille puisse mériter un tel investissement ? Si vous me répondez par l'affirmative, je ne vois que trois explications : soit vous êtes naïf, soit vous travaillez dans l'industrie du vin, soit vous gagnez votre vie en grugeant des gogos !

J'ai déjà vu des gens déguster avec tout un cérémonial des bouteilles qui valaient entre 30 et 40 euros. Curieusement, ils appartenaient à deux catégories très distinctes : soit ils tiraient le diable par la queue, soit ils avaient tellement d'argent qu'ils le jetaient par les fenêtres. J'avoue qu'il m'est arrivé de participer à ce rituel un peu ridicule. Pour ne pas me montrer discourtois, je les félicitais de la qualité de leur choix, tout en songeant en mon for intérieur : « Je peux trouver mieux au supermarché du coin pour moins de 10 euros. »

Autrefois, je me laissais impressionner par les salamalecs qui entourent la dégustation des grands crus, et en particulier par la discussion sans fin avec le sommelier à propos du mariage harmonieux des mets et des vins. Il s'agit bien sûr d'une vaste plaisanterie, car les convives ont des goût différents et commandent généralement des plats différents. Mais l'usage veut que l'on participe à cette farce. Il faut ensuite admirer l'étiquette et goûter le breuvage. Certains experts reniflent d'abord le bouchon et le contenu de leur verre, puis font tourner le liquide avant d'y tremper les lèvres. Ils laissent ensuite passer un délai de rigueur avant de hocher la tête d'un air approbateur. Est-il déjà arrivé qu'un client renvoie la bouteille parce qu'il ne tournait pas assez vite dans son verre à pied ?

Lorsque je choisissais un vin, je n'en cherchais pas un qui soit vraiment à mon goût : je me contentais d'en sélectionner un qui ne soit ni trop sucré ni trop sec, afin de pouvoir l'avaler facilement. J'en étais arrivé à la conclusion que c'était davantage une question de chance que de compétence, et qu'à moins de m'en tenir toujours au même cru, je trouvais rarement quelque chose qui me convienne. De toute manière, ce cérémonial est ridicule, car au bout d'un ou deux verres vous ne sentez même plus le goût du vin.

Quand j'étais dans la RAF, mon caporal avait l'habitude d'entrer dans notre chambrée à 5 heures du matin en aboyant : « Secouez-vous ! Et secouez votre flacon d'eau de cuivre ! » J'ai compris par la suite que si l'on agitait régulièrement les petites bouteilles de produit d'entretien pour métaux, l'alcool remontait à la surface, et certains gourmets le considéraient comme un véritable nectar. Je ne prétends pas que ces derniers ou les clochards qui s'enivrent au gros rouge soient comparables aux amateurs de grands crus, mais cela explique néanmoins pourquoi les chevaliers du taste-vin recrachent le poison qu'ils viennent de goûter. Aujourd'hui, quand je vois des dîneurs échanger des propos solennels avec le sommelier, j'ai du mal à retenir un sourire ironique. Et je me demande ce qu'ils penseraient de moi si je faisais autant de chichis avant de commander un jus de fruit.

Nous sommes persuadés que le vin se bonifie avec l'âge. Mais ce n'est qu'une astuce de marketing. Quand les commerçants n'ont pas écoulé leur stock, ils n'ont plus besoin de brader leur marchandise à la fin de l'année : il leur suffit de laisser la poussière s'accumuler sur les bouteilles et d'augmenter leurs prix. Ce qui m'a ouvert les yeux, c'est le battage qui accompagne le lancement annuel du beaujolais nouveau. Selon ses adeptes, il faut absolument le boire dans les 24 heures qui suivent sa mise en bouteilles, même si cela oblige à affréter un avion spécial. Si ce délai n'est pas respecté, vous n'avez plus qu'à le vider dans l'évier. Quand on m'explique qu'un produit se bonifie avec l'âge, je suis assez bête pour le croire. Mais quand on m'annonce ensuite que le même produit se périme en 24 heures, j'ai tendance à en conclure qu'on me prend vraiment pour un imbécile !

Franchement, j'ai beaucoup d'admiration pour les œnologues. Bien que les goûts s'acquièrent à la longue et que chaque individu ait ses préférences, ils réussissent à nous expliquer ce qui va nous plaire. Il a fallu des trésors d'imagination et un culot de tous les diables pour bâtir une profession dont les maîtres mots sont : précoce, audacieux, long en bouche, robuste ou gouleyant. Un sacré vocabulaire pour décrire un poison âcre qui provoque déshydratation et dépendance ! Et le plus drôle, c'est que nous avalons de pareils bobards !

Un jour, j'ai proposé une boisson à l'une des patientes de mon centre. Elle m'a répondu : « Je voudrais une tasse de thé sans lait, sans sucre et sans thé. » J'ai mis un moment à comprendre qu'elle désirait en fait un peu d'eau chaude. « Exactement, m'a-t-elle dit. Je ne veux plus aucun de ces ingrédients mauvais pour la santé, mais j'aime encore avoir l'illusion de savourer une délicieuse tasse de thé. » Sur le coup, sa réplique m'a paru un peu bizarre, mais est-ce plus stupide que de se forcer à supporter le goût âcre de la bière, pour décider quelques années plus tard que nous ne voulons plus être dépendants de l'alcool ?

Les industriels investissent donc des fortunes dans leurs laboratoires pour mettre au point des boissons sans alcool, mais qui conserve cette saveur infecte. Ils nous prennent vraiment pour des pigeons ! J'ai vu récemment une publicité vantant les mérites d'une bière bio : comme si l'on pouvait s'empoisonner sainement !

Vous sentez que nous arrivons à la fin du livre. Je vous ai exposé les dessous de l'abus de confiance dont vous êtes victimes. J'ai démontré que l'alcool ne procure aucun avantage, et que les aspects positifs ressassés à longueur de temps par le lavage de cerveau sont de pures illusions. Vous savez désormais que derrière chaque effet prétendument bénéfique se cache un effet réellement néfaste. À présent, vous désirez peut-être que je vous explique :

COMMENT EN FINIR FACILEMENT AVEC L'ALCOOL.

25

Comment en finir facilement avec l'alcool

Vous avez sans doute du mal à croire qu'un alcoolique puisse arrêter de boire avec une grande facilité, surtout si vous avez vous-même enduré les affres des méthodes fondées sur la volonté. Quand je rencontre un patient au bout du rouleau, qui a perdu sa maison, sa famille, sa voiture et son travail, je ne peux pas lui promettre qu'il va tout retrouver sur-le-champ. Mais je peux au moins lui apporter mon aide pour qu'il se débarrasse du poison qui l'a conduit à cette situation. Quand je me suis libéré de ma toxicomanie, je pensais que cela profiterait surtout à ma santé et à mes finances, et sur ces deux plans-là je n'ai pas été déçu. Mais j'en ai aussi retiré des bénéfices inattendus et encore plus formidables.

D'abord, j'ai retrouvé l'estime de soi. Et puis la liberté : enfin, mon existence n'était plus dominée par une puissance méprisable. L'alcool est une chose épouvantable : quand vous cédez à ses attraits, vous êtes honteux et malheureux ; quand vous résistez, vous êtes en manque et malheureux. Vous passez toute la journée à attendre 7 heures du soir : le moment fatidique du premier verre. Et ensuite vous vous enivrez pour tout oublier. J'ai reconquis des biens encore plus précieux que le respect et la liberté : le courage, la confiance en soi, le sentiment de redevenir un être humain sain, robuste, tel que la Nature m'avait conçu. C'est merveilleux de se sentir dans la peau d'un adulte en pleine maturité, tout en retrouvant la fraîcheur du petit garçon qu'on a été jadis. Quand vous n'êtes pas en forme d'un point de vue physique et psychologique, le moindre obstacle se transforme en barrière infranchissable. Quand vous êtes en pleine possession de vos facultés, les petites contrariétés quotidiennes reprennent leurs justes proportions. Et puis j'ai reconquis le plus fabuleux des trésors, la seule drogue à laquelle nous devons être accros : LE BONHEUR !

Pourquoi serait-il difficile d'arrêter ? Après tout, personne ne nous force à boire. Si nous décidons de ne plus être esclaves de l'alcool, cela devient un jeu d'enfant. Vous allez m'objecter les souffrances affreuses liées à l'état de manque. Certains, en effet, s'imaginent que le delirium tremens (les tremblements et les éléphants roses) est une conséquence de la privation. En réalité, il découle directement de la consommation d'alcool. Vous ne verrez jamais un non-buveur faire une crise de delirium tremens ! Les effets physiques du manque sont presque imperceptibles, au point que la plupart des buveurs ne se rendent même pas compte de leur dépendance. La seule douleur qu'ils ressentent lors des tentatives de sevrage est parfaitement décrite par les AA :

« Un envie violente de consommer le seul produit susceptible d'aggraver la souffrance physique, le comportement irrationnel et le sentiment d'isolement. »

Le seul obstacle éventuel au sevrage, c'est cette impression de détresse et de privation provoquée par le désir d'une chose interdite. Cette impression sera d'autant plus accablante que vous serez dominé par des illusions : si vous persistez à croire que vous présentez une tare physique, vous serez condamné à désirer le poison qui vous détruit à petit feu.

C'est d'ailleurs ce mythe de la souffrance liée à l'état de manque qui m'a permis de comprendre que *La méthode simple*, conçue initialement pour lutter contre le tabagisme, s'appliquait également à l'alcool et aux autres drogues. J'étais en train de diriger une séance thérapeutique avec un groupe de fumeurs. Soudain, l'un des participants a déclaré qu'il était un ancien alcoolique, un ancien héroïnomane, et qu'il avait aussi été accro à d'autres produits. Il n'avait pas bu une goutte d'alcool depuis des années et avait réussi à force de volonté à s'affranchir de ses autres dépendances. Sa confession a incité plusieurs participants à raconter à leur tour leurs expériences. Deux d'entre eux s'étaient libérés tout seuls de l'emprise de l'héroïne. Pour moi, ce moment a été une véritable révélation.

Le lavage de cerveau m'avait amené à croire que la dépendance à l'héroïne était la plus difficile à combattre, du fait essentiellement des terribles souffrances liées à l'état de manque. J'ai donc manifesté mon étonnement : bien qu'ils aient réussi à se sevrer sans aide extérieure, ils étaient toujours incapables d'arrêter de fumer. En outre, malgré leur intelligence évidente et leur aptitude à s'expliquer de manière claire et précise, ils tombaient dans une espèce de verbiage dès qu'il s'agissait de décrire les fameux symptômes du manque. J'avais déjà entendu cent fois ces excuses lamentables dans la bouche de fumeurs :

C'était terrible. Je ne fermais pas l'œil de la nuit, et je n'arrivais plus à me concentrer.

Moi : Ce ne sont pas des symptômes physiques. Je ne vois pas ce que cela a de si terrible. Tout le monde connaît des périodes d'insomnie et des problèmes de concentration.

J'avais tout le temps des sueurs froides.

Moi : Là, d'accord, il s'agit bien d'un symptôme physique. Mais ce n'est pas une douleur. Les athlètes transpirent à chaque entraînement. C'est une fonction parfaitement naturelle qui vise à abaisser la température de l'organisme.

Que ce manque soit lié à l'héroïne, à la nicotine ou au tabac, le commentaire de loin le plus fréquent était le suivant : « C'était un peu comme une grippe. » Je pourrais écrire un livre entier sur ce sujet. Il est prouvé que les héroïnomanes incarcérés — et donc incapables de se procurer de la drogue en prison — ne ressentent les symptômes du manque qu'une fois libérés, c'est-à-dire quand ils recommencent à traîner dans leurs coins habituels. L'environnement déclenche des associations d'idées, et les souvenirs des trips à l'héroïne déclenchent les prétendus symptômes de manque.

J'ai aussi entendu raconter que l'état de manque peut provoquer la mort du toxicomane au cours du sevrage. Un médecin considéré comme le meilleur expert britannique en matière de dépendance à la nicotine a fait une déclaration fracassante à la télévision : selon lui, certains anciens fumeurs devront prendre des substituts nicotiniques pendant le restant de leurs jours s'ils souhaitent prévenir une rechute. En revanche, il n'explique pas pourquoi des milliers de personnes ont arrêté du jour au lendemain sans éprouver le moindre symptôme de manque, qu'il soit d'ordre physique ou psychologique. Je veux bien sûr parler des gens qui ont eu recours à *La méthode simple*, y compris moi-même et des bataillons de fumeurs invétérés.

Je suis absolument certain que toutes ces histoires d'état de manque et de souffrances physique ne sont qu'une vaste illusion. Supposons un instant que vous éprouviez des symptômes similaires à ceux de la grippe. Presque personne n'est à l'abri d'attraper une bonne vieille grippe de temps en temps. C'est très désagréable pendant quelques jours, mais il n'y a tout de même pas de quoi en faire une tragédie. Les douleurs physiques liées à la consommation d'alcool sont incomparablement plus cruelles. Maintenant, supposons que vous disiez à un toxicomane : « Vous allez avoir la grippe pendant une semaine, après quoi vous serez délivré de votre dépendance. » Pour ma part, je ne connais pas un seul patient qui ne sauterait pas à pieds joints sur l'occasion !

À votre avis, pourquoi souffrons-nous autant quand nous essayons de nous libérer ? D'abord, à cause du lavage de cerveau. Ensuite, parce que nous attribuons tous nos ennuis quotidiens à cette tentative de sevrage, même lorsqu'il s'agit à l'évidence d'une pure coïncidence. Mais la raison principale tient à la torture *mentale* que nous infligent les différentes méthodes fondées sur la volonté. Bien entendu, ces souffrances psychologiques ne se transforment pas aussitôt en douleurs physiques. Mais il ne faut surtout pas sous-estimer leurs conséquences : autrefois, je tremblais comme une feuille à l'idée de tomber en panne de cigarettes. Un autre exemple vous aidera à voir ce que je veux dire. Si un tigre me poursuit, je n'éprouverai aucune souffrance physique avant qu'il ne me rattrape, mais ma peur panique se traduira néanmoins par des symptômes d'ordre physique.

Ne vous y trompez pas : une malheureuse démangeaison peut vous rendre fou si l'on vous empêche de vous gratter. Et vous risquez de perdre la boule à force de lutter pied à pied contre l'envie d'aller boire un verre d'alcool. Personne ne nie qu'un stress aigu et prolongé puisse affaiblir l'organisme et favoriser sa vulnérabilité aux maladies. Je n'en veux pour preuve que les traumatismes qui affectent souvent les survivants des bombardements.

À l'époque où j'essayais d'arrêter de fumer, je passais mon temps à me taper la tête contre les murs et à hurler contre ma femme et mes enfants. Souvent, l'un d'entre eux perdait patience : « J'en ai assez de te voir souffrir comme ça. Si tu souffres autant sans tabac, je préfère encore que tu te remettes à fumer ! » Un moyen idéal de sauver les apparences : je ne subissais pas une défaite, je rallumais une cigarette pour faire plaisir à ma famille. Il m'arrivait même de les rendre responsables de ma toxicomanie. Vous aussi, vous avez dû entendre des fumeurs vous expliquer après une tentative de sevrage avortée : « J'étais tout le temps sur les nerfs. Ce n'était pas juste d'imposer ça à mes proches et à mes collègues. Alors j'ai recommencé à fumer. »

Les toxicomanes ont recours à toutes sortes de ruses : ils feignent souvent d'éprouver des douleurs physiques. J'ignore si j'étais conscient de ne rien ressentir de tel, et de m'efforcer seulement de tromper ma famille et de me tromper moi-même. En tout cas, je suis incapable aujourd'hui de préciser où j'avais mal et comment se manifestaient ces symptômes. À l'inverse, quand vous vous donnez un coup de marteau sur le pouce, vous n'êtes pas prêt d'oublier… Je me souviens que j'avais honte de moi, ce qui tend à prouver que je ne souffrais pas physiquement : en mon for intérieur, je savais que je jouais la comédie. Mais à l'époque je ne cherchais pas à analyser les raisons d'un tel comportement. Je me méprisais déjà suffisamment à la suite de tous mes échecs pour ne pas en rajouter. Mon seul objectif était d'en finir avec le supplice que je m'imposais sans trop perdre la face.

Ai-je toujours honte de moi a posteriori ? Pendant des années, j'ai refusé de me pardonner. Comment un type fondamentalement honnête et attentionné avait-il pu infliger une situation pareille à sa famille ? Ils voyaient le tabac me tuer à petit feu et ravager mon existence. Pour eux, cela crevait les yeux que le tabac ne me procurait strictement aucun avantage. Ils se réjouissaient donc pour moi durant chacune de mes périodes d'abstinence. J'imagine ce qu'ils ont dû ressentir lorsque je retombais dans le gouffre et que je les en rendais responsables.

Aujourd'hui, je sais que je n'étais pas plus coupable qu'une personne commotionnée par l'explosion d'un obus ou qu'une épave humaine dont le seul crime a été de se laisser prendre au piège de l'alcool. Comme je l'ai écrit au début de cet ouvrage, le seul coupable, c'est l'ignorance. Mais mon exemple personnel montre jusqu'où peut descendre un brave type lorsqu'il devient l'esclave d'une drogue. Ma vie était un cauchemar abominable, et je suis profondément heureux de m'en être échappé.

Puisque nous en sommes au chapitre des cauchemars, sachez que les anciens toxicomanes rêvent parfois qu'ils sont en train de consommer leur poison. Ainsi, il m'est arrivé de rêver que je fumais, même après avoir découvert *La méthode simple*. Malgré ma certitude absolue que plus jamais je n'allumerais une seule cigarette, cette vision était assez troublante. Cela signifiait-il qu'inconsciemment j'avais encore envie de fumer ? Pour y voir plus clair, j'ai tenté l'expérience d'une rechute dans la dépendance durant la rédaction de *La méthode simple pour en finir avec la cigarette*. Avant que vous n'en tiriez des conclusions hâtives, laissez-moi vous expliquer les raisons d'une telle décision.

Durant les séances de thérapie de groupe, je prévenais mes patients qu'ils risquaient de se sentir désorientés pendant quelques jours, mais qu'ils ne ressentiraient aucune douleur physique aiguë. La plupart confirmaient mes dires par la suite, et certains n'éprouvaient même aucun symptôme de manque de quelque ordre que ce soit. Mais il arrivait qu'un de mes patients se plaigne de souffrances insupportables. Soumis à mes questions précises, il ne fournissait que des réponses très vagues, du genre : « Je ne ferme pas l'œil de la nuit. » Pourtant, cela a suffi pour que je remette en cause ma propre perception du processus de sevrage. Ma joie de recouvrer la liberté avait peut-être été si intense qu'elle en avait occulté tout le reste — de même qu'un rugbyman ne prête aucune attention aux plaies et aux bosses dans le feu de l'action.

Avant de terminer mon livre, je voulais donc redevenir accro à la nicotine pour entamer un nouveau sevrage — et étudier ainsi avec objectivité la présence d'éventuels symptômes de manque. Cette expérience a bouleversé ma vision des choses. Non, ne craignez rien : je n'ai pas été pris à mon propre piège, bien au contraire. Je me targuais alors d'être le plus grand expert international en matière de sevrage tabagique, et j'affirmais à qui voulait l'entendre qu'une seule bouffée est suffisante pour recréer la dépendance. Pourtant, impossible de redevenir accro ! Au bout d'un mois, j'en étais revenu à un paquet par jour, mais j'étais obligé de me forcer — un peu comme un adolescent qui s'initie à ses premières cigarettes ou à ses premiers verres de bière. Je ne ressentais toujours aucune envie ni aucun besoin de fumer. Soudain, la vérité s'est imposée à moi : même si j'y consacrais ma vie entière, cette entreprise était vouée à l'échec, car ce qui vous rend accro, ce n'est pas la drogue en elle-même, mais l'illusion qu'elle vous apporte un plaisir ou un soutien. Vous vous faites escroquer une fois, mais dès qu'on vous révèle le mécanisme de l'abus de confiance, vous êtes vacciné à jamais.

Cette expérience m'a permis de préciser certains points. Dès que j'ai compris que je n'arriverais à rien, j'ai cessé de me torturer, et je n'ai ressenti aucun symptôme de quelque ordre que ce soit. Si un toxicomane éprouve des souffrances physiques durant le sevrage, c'est la conséquence directe de son angoisse. Heureusement, avec *La méthode simple*, votre angoisse et les douleurs qui pourraient éventuellement en découler sont éliminées avant même que vous ayez bu votre dernier verre.

Il m'arrive encore de fumer ou de boire dans mes rêves. Mais cette expérience m'a apporté la preuve que ces visions nocturnes ne dissimulent aucun désir inconscient. D'ailleurs, je me réveille en général complètement déprimé, avant de m'apercevoir que finalement ce n'était qu'un rêve. Jamais je ne regrette un seul instant d'avoir arrêté de boire et de fumer. Au contraire, ces réveils agités me procurent toujours un formidable soulagement : je m'échappe de ces rêves comme j'ai échappé jadis au cauchemar bien réel de la toxicomanie.

Autre leçon de cette expérience : la solution est exclusivement d'ordre psychologique. C'est le désir d'un plaisir ou d'un soutien illusoire qui nous maintient dans la dépendance. Mais je dois ici vous mettre en garde, car certaines personnes prêtent à *La méthode simple* des vertus miraculeuses, et pourraient en déduire qu'elle les autorise à boire un verre de temps en temps. Si je ne suis pas parvenu à redevenir accro à la cigarette, c'est parce que je n'avais aucune envie de fumer. De même, si vous n'avez plus envie d'alcool, vous n'aurez pas non plus envie de boire un verre à l'occasion. Sinon, cela signifie que vous êtes toujours accro.

Quelle est l'origine de ce désir ? Est-ce l'incroyable aptitude de certains produits à créer une dépendance ? Non, pas du tout. C'est l'ignorance, c'est l'illusion selon laquelle nous consentirions un immense sacrifice, c'est la crainte de ne plus profiter des bons moments, de ne plus pouvoir combattre le stress, c'est l'idée que nous ne connaîtrons plus jamais une totale liberté.

« Buveur un jour, buveur toujours. » Encore un cliché éculé qui nous amène à croire que la liberté est hors de portée. Au cours de la dernière réunion des AA à laquelle j'ai assisté, un homme qui était au régime sec depuis plus de vingt ans nous a répété à plusieurs reprises : « Il suffirait d'un seul verre pour que je redevienne un poivrot. » Comment ne pas admirer une pareille détermination ? Et en même temps comment ne pas avoir pitié d'un homme qui se sent aussi vulnérable depuis si longtemps ? Avec *La méthode simple*, vous serez encore plus sûr de vous que quelqu'un qui n'a jamais bu une seule goutte d'alcool. Une fois qu'on a compris le mécanisme d'un abus de confiance, on est immunisé contre toute rechute. À l'inverse, une personne qui ignore le dessous des cartes reste très fragile.

Aux yeux des buveurs, l'alcool ressemble à une partie de bras de fer. D'un côté, les effets néfastes pour la santé et pour les finances ; de l'autre côté, le plaisir et le soutien. En réalité, ces deux aspects sont aussi négatifs l'un que l'autre. Le prétendu plaisir n'existe pas, et le soutien est illusoire. La question se résume à une peur insidieuse : « *Sans* alcool, je suis incapable de profiter de la vie, et je n'ai même pas le courage de l'affronter. » Les non-buveurs, eux, ne craignent ni pour leur santé ni pour leurs finances, et ils n'ont pas besoin de béquille pour s'amuser ou combattre le stress. Ces angoisses n'apparaissent qu'une fois le premier verre avalé.

Beaucoup de gens estiment que le sevrage alcoolique est un exploit aussi remarquable que l'ascension de l'Everest. Si vous n'êtes pas bien préparé, cette comparaison n'est pas fausse. J'ai bien sûr un peu de mal à imaginer la joie ressentie par le sherpa Tensing Norgay et par Edmund Hillary lorsqu'ils atteignirent le sommet, mais je ne crois pas qu'elle ait été plus intense que la mienne lorsque je me suis enfin libéré de mon esclavage. Si vous redoutez l'épreuve des préparatifs, j'ai une bonne nouvelle à vous annoncer : non seulement vous avez dépassé ce stade, mais vous avez déjà gravi presque toute la montagne. Vous n'êtes plus qu'à une centaine de mètres du sommet.

Avant que je vous donne mes ultimes instructions… Ah, c'est vrai ! Je vous avais dit au début du livre qu'il n'y avait que sept instructions à suivre. Ce n'était pas une ruse de ma part : elles étaient destinées à vous permettre de mieux comprendre *La méthode simple* et de tirer le maximum de votre lecture. Cette ultime série d'instructions va vous expliquer à quel point il est facile d'arrêter de boire. Croyez-moi, j'ai horreur de me montrer directif. Je suis le genre de type qui a toujours envie de défier les panneaux du style « PEINTURE FRAÎCHE ! NE PAS TOUCHER ! » ou encore « INTERDIT DE MARCHER SUR LE GAZON ». Et je redoute que vous réagissiez de la même façon.

Pour faire passer la pilule, quelqu'un m'a suggéré de les présenter sous la forme de simples conseils. Ce serait une erreur fatale. Reprenons l'image du labyrinthe. Imaginons qu'il contienne seize fourches et que vous deviez chaque fois choisir la bonne direction faute de quoi vous n'avez aucune chance de trouver la sortie. Vous auriez à peu près une chance sur trente mille de réussir. Mais si vous disposez d'un plan du labyrinthe indiquant la voie à suivre à chaque embranchement, votre succès sera assuré avec un peu d'énergie et d'attention.

Que les choses soient bien claires entre nous : je ne vais pas vous faciliter la tâche, car

LA GUÉRISON EST FACILE.

Maintenant, supposons que la carte soit fausse et vous indique la mauvaise direction à chaque fourche. Si vous vous y fiez, vous resterez prisonnier. Songez à ce que vous ressentiriez en découvrant un panneau indiquant :

CE LABYRINTHE EST SANS ISSUE,
MAIS ON PEUT TRÈS BIEN VIVRE DEDANS.

De fait, ce sont les conseils des prétendus « experts » qui rendent les choses si difficiles, voire impossibles. Certaines personnes ont décrit *La méthode simple* comme un ensemble d'astuces qui aident les gens à sortir du piège. Je ne crois pas que ce soit vrai. Je la comparerais plutôt à un plan précis et exact du labyrinthe. Si vous le suivez, votre succès est garanti. Mais si vous vous trompez une seule fois de direction, vous demeurerez coincé à l'intérieur.

Vous estimerez peut-être certaines instructions si évidentes qu'elles méritaient à peine d'être mentionnées. Prenons par exemple celle-ci, qui est selon moi l'une des plus importantes :

« Une fois que vous serez convaincu d'avoir pris la bonne décision, NE LA REMETTEZ EN CAUSE SOUS AUCUN PRÉTEXTE. »

Cela semble aller de soi. Pourtant, je ne me rappelle plus combien de patients m'ont fait des déclarations du genre : « Je serais prêt à tuer pour une bière bien frappée ! » À quoi bon jurer que vous ne toucherez plus jamais à une seule goutte d'alcool, si cela vous conduit à regretter cette décision pour le restant de vos jours ? C'est déjà absurde si vous persistez à croire que l'alcool vous procurait un plaisir authentique. Cela devient de la démence s'il a complètement ruiné votre existence. Alors pourquoi une telle réaction ? Parce que le lavage de cerveau nous a persuadés que le sevrage entraînait certaines conséquences. Ainsi, la plupart des gens s'imaginent qu'à certains moments tous les anciens alcooliques seraient prêts à se couper un bras pour une bière glacée. Alors ne tombez pas dans le panneau à votre tour ! Et sachez que si vous négligez certaines de mes instructions, ce sera à vos risques et périls. Avant d'en dresser la liste, je vous prie de vérifier les points suivants :

1. Avez-vous bien compris que l'alcool ne procure aucun avantage ? Cela ne signifie pas que les désavantages l'emportent sur les avantages, mais que ceux-ci sont totalement inexistants.

2. Avez-vous bien compris qu'il est inutile de diminuer sa consommation, et qu'avec l'alcool c'est tout ou rien ?

3. Avez-vous bien compris qu'un alcoolique ne présente aucune tare héréditaire d'ordre physique ou mental ? Que tous les buveurs sont comme des mouches prises au piège dans l'urne du népenthès ? Et que l'unique différence entre un alcoolique et un buveur ordinaire réside dans le fait que le premier est parvenu au stade chronique de la maladie ?

Si vous avez répondu non à une seule de ces trois questions, vous devez relire le chapitre correspondant. Si vous nourrissez encore des doutes sérieux sur mes affirmations, je vous recommande de relire tout le livre depuis le début. Si vous êtes simplement un peu dubitatif et pressé d'en finir, les deux derniers chapitres devraient balayer vos hésitations, mais n'essayez surtout pas d'arrêter de boire avant d'avoir terminé le livre.

Chaque page de chaque chapitre n'a qu'un seul et unique objectif : vous aider à vous mettre dans

UN BON ÉTAT D'ESPRIT.

Les méthodes fondées sur la volonté vous poussent à renoncer solennellement à l'alcool, puis à endurer un interminable calvaire avec l'espoir de vous réveiller un beau matin en vous écriant :

ENFIN LIBRE !

À l'inverse, *La méthode simple* s'emploie à vous débarrasser de votre schizophrénie et des effets du lavage de cerveau avant que vous buviez votre dernier verre. Ainsi, vous savez d'emblée que vous ne renoncez à aucun avantage, et que vous allez remporter une victoire fabuleuse. Si vous vous engagez dans l'aventure avec un état d'esprit morose et déprimé, il est inutile que je vous montre le chemin de la sortie : au lieu de déboucher au soleil de la liberté, vous ne feriez que rentrer aussitôt dans le labyrinthe. Si vous redoutez un échec, ou bien si vous avez peine à croire que le succès soit aussi facile, rassurez-vous. Quand des footballeurs entrent sur le terrain pour disputer la finale de la Coupe du Monde, ils ont l'estomac noué. Mais cela ne les empêchera pas de connaître l'expérience la plus exaltante de leur vie. Pour vous aussi, ce sera une expérience exaltante, d'autant que vous possédez un grand avantage sur les footballeurs : pourvu que vous suiviez les instructions,

VOUS NE POUVEZ PAS PERDRE.

Si vous avez répondu non à l'une des questions, vous n'êtes pas dans le bon état d'esprit. Dans ce cas, commencez par surmonter vos doutes, et n'oubliez pas que vous pouvez toujours vous rendre dans un des centres Allen Carr. Surtout, ne vous laissez pas avoir par la plus insidieuse de toutes les ruses :

LA GESTION DU TEMPS.

Le piège est si subtil qu'il s'écoule des années avant que vous preniez conscience d'être tombé dedans. La plupart des buveurs meurent sans s'être rendu compte qu'ils ont été victimes de l'abus de confiance le plus sournois de toute l'histoire de l'humanité. L'urne du népenthès est un piège démoniaque : même en atteignant le fond, vous continuez à vous aveugler sur la gravité de votre situation. À cause de ces subterfuges, vous avez l'impression de garder le contrôle, c'est-à-dire de ne boire que quand vous en avez envie. Et le rideau de fumée fonctionne à merveille jusqu'à ce que l'alcool vous ait complètement détruit — comme des millions d'autres personnes avant vous.

J'ai décrit le bras de fer qui oppose deux peurs antagonistes. L'angoisse de la déchéance totale ne concerne que l'avenir, et après tout vous avez une chance d'y échapper. Alors que l'angoisse de vivre sans alcool vous étreint dès l'instant où vous décidez d'arrêter. Vous avez donc tendance à sans cesse repousser le moment fatidique.

Et vous trouverez toujours de bonnes excuses. Il y aura toujours un mariage en vue, ou le repas de Noël, ou une soirée entre amis. En outre, vous serez souvent tenté de lutter d'abord contre le stress. Je vous en conjure, ne donnez pas dans le panneau ! Ne refaites pas l'erreur que vous avez commise systématiquement depuis le jour où vous vous êtes rendu compte que vous aviez un problème. Que les choses soient claires : tant que vous serez dépendant de l'alcool, vous ne pourrez pas vous libérer du stress. Mais vous n'avez aucune raison d'avoir peur, puisque aucune période de transition éprouvante ne vous attend. Vous serez capable immédiatement de profiter des bons moments et de combattre le stress. Supposons que vous ayez une maladie grave, disons un cancer du poumon, et que vous entendiez parler d'un remède instantané, bon marché et indolore. Hésiteriez-vous une seule seconde ? Vous n'avez rien à craindre. Au contraire, une occasion extraordinaire se présente devant vous : soit vous décidez de passer le restant de vos jours sous l'emprise d'une drogue maléfique, soit vous choisissez la LIBERTÉ !

Avant d'aborder les ultimes préparatifs, je dois soulager ma conscience. Toute forme de toxicomanie est un abus de confiance très subtil et fondé sur les principes suivants :

1. Un lavage de cerveau intensif portant sur les avantages illusoires procurés par la drogue. La victime participe malgré elle à ce bourrage de crâne en tentant de justifier sa stupidité, tandis que des intérêts commerciaux investissent des sommes colossales dans la publicité.

2. Une politique visant à distribuer gratuitement les premières doses, jusqu'à ce que la victime soit accro.

Le seul moyen dont je dispose pour contrer ce lavage de cerveau, c'est de vous apporter la preuve qu'il repose sur des mensonges. Il est bien sûr hors de question que je recoure moi aussi à des subterfuges pour vous aider à recouvrer votre liberté. Alors pourquoi ai-je besoin de soulager ma conscience ? Mon livre sur le tabagisme était intitulé *La méthode simple pour en finir avec la cigarette*. Dans ce cas, pourquoi celui-ci n'a-t-il pas pour titre *La méthode simple pour en finir avec l'alcool* ? Parce qu'il existe des différences significatives entre le tabac et l'alcool. Tous les fumeurs savent que cela n'a rien de naturel d'aspirer des fumées cancérigènes dans leur poumons. Bien qu'enviés par les fumeurs invétérés, les fumeurs occasionnels rêvent eux aussi de se libérer. Tous les parents sans exception frémissent à l'idée que leurs enfants pourraient se mettre à fumer, ce qui montre bien qu'ils voudraient n'être jamais tombés dans le piège de la nicotine.

Le fait de boire, à l'inverse, est parfaitement naturel, et même vital. La consommation d'alcool n'a rien de naturel et présente des dangers, mais on nous a soumis à un lavage de cerveau qui prétend le contraire. C'est pourquoi les buveurs occasionnels ne désirent pas autant arrêter que les fumeurs occasionnels. Comme ils pensent maîtriser la situation, pourquoi se priveraient-ils de ce qu'ils considèrent comme un plaisir authentique ? De leur côté, les alcooliques voudraient pouvoir contrôler leur consommation, mais la dure expérience leur a appris que pour eux c'est tout ou rien. Entre ces deux catégories, on trouve des millions de personnes qui ont conscience d'avoir un problème avec l'alcool, mais qui ne peuvent accepter la perspective d'une vie sans alcool : eux aussi souhaiteraient contrôler leur consommation.

Si vous êtes l'une de ces personnes, sachez que j'ai délibérément choisi un titre destiné à vous faire croire qu'il est facile de devenir un « buveur ordinaire », pour reprendre la formule des AA. Je ne vous présente pas d'excuses, car mon unique objectif était de vous éviter des souffrances inutiles, puisque tôt ou tard vous auriez découvert que, pour vous également, c'est tout ou rien. Le titre de ce livre reflète d'ailleurs la stricte vérité. Il existe une méthode facile pour régler vos problèmes d'alcool, et elle seule peut vous permettre de contrôler votre consommation. Elle consiste à atteindre :

LA LIBERTÉ TOTALE.

Si vous ne comprenez pas encore parfaitement pourquoi c'est tout ou rien, cela signifie qu'un ou plusieurs points essentiels vous ont échappé. Pourtant, vous ne monteriez pas dans un avion dont le pilote serait persuadé qu'en cas d'urgence il suffit de modifier le réglage des instruments de vol. Si vous croyez qu'« un petit verre de temps en temps » peut vous procurer un plaisir ou un soutien, vous vous condamnez à une bien triste alternative : soit une vie gâchée par l'alcool, soit une vie gâchée par la privation d'alcool. Pas très réjouissant, non ? Heureusement, il existe une autre solution : vous pouvez voir l'alcool sous son vrai jour et vous réjouir jusqu'à votre dernier jour de vous être évadé de cette terrible prison. Si vous nourrissez encore des doutes à la fin du livre, n'essayez pas d'arrêter. Il vaut mieux que vous le relisiez afin de vous éclaircir les idées une bonne fois pour toutes. Sinon, inutile de retarder davantage votre évasion. Voici à présent :

MES INSTRUCTIONS POUR EN FINIR FACILEMENT AVEC L'ALCOOL.

26

Mes instructions pour en finir facilement avec l'alcool

ATTENTION !

Si vous essayez d'en finir avec l'alcool en suivant ces instructions, mais sans lire ce livre jusqu'à la dernière ligne, vous vous retrouverez dans la situation d'un plongeur qui fait le saut de l'ange dans une piscine sans eau !

Si vous ressentez le besoin de boire un avant-dernier verre, buvez-le maintenant, mais faites en sorte d'être sobre quand vous lirez les instructions. Celles-ci sont ici détaillées, mais leur résumé est disponible dans l'Appendice B.

1. Ne pensez pas : « Je ne pourrai plus jamais boire ! » Cela créerait un sentiment de privation. Dites-vous plutôt : « C'est fantastique ! Ma vie n'est plus dominée par une drogue nommée DÉVASTATION ! »

2. Une fois que vous avez pris la bonne décision, ne la remettez JAMAIS en cause. C'est une des différences fondamentales entre *La méthode simple* et les méthodes fondées sur la volonté. La difficulté du sevrage ne tient pas à de prétendues douleurs physiques, mais à un désir persistant et aux doutes qui peuvent naître quant à la justesse de votre décision. Dans certains cas, il est délicat de peser les avantages et les inconvénients. Mais dans le cas de DÉVASTATION, il n'y a strictement aucun avantage ! Si vous commencez à hésiter, vous aurez très vite envie d'un verre. Vous vous sentirez malheureux et en état de manque. Et vous serez encore plus malheureux si vous cédez à la tentation. Si vous commencez à remettre en cause votre décision, vous êtes voué à l'échec.

3. N'essayez surtout pas — j'insiste sur ce point — de chasser de votre esprit l'idée que vous ne buvez plus d'alcool. Ce genre d'efforts seraient totalement futiles, car il est impossible de s'empêcher de penser à quelque chose. C'est comme lorsqu'on a du mal à s'endormir : plus on se désole de ne pas trouver le sommeil, moins on a de chance d'y parvenir. En outre, il n'y a aucun mal à penser à l'abstinence. La seule chose importante, c'est le contenu de votre réflexion. Si vous vous dites : « Je rêve de boire un verre » ou « Quand ce cauchemar va-t-il se terminer ? », vous n'êtes vraiment pas tiré d'affaire. À l'inverse, si vous vous répétez : « ENFIN LIBRE ! C'EST MAGNIFIQUE ! », la certitude d'en avoir fini avec l'alcool vous comblera de bonheur.

4. N'oubliez pas qu'un petit monstre survivra dans votre organisme durant quelques jours et qu'il réclamera sa pitance. Cela peut se traduire par un sentiment de vide et d'insécurité, ou par une réaction beaucoup

plus évidente : « J'ai besoin de boire un verre ! » Dans un cas comme dans l'autre, ne vous inquiétez pas. Après tout, il en est ainsi depuis que vous êtes tombé dans le piège, et cette impression est si diffuse que la plupart du temps vous n'en êtes même pas conscient. Mais vous devez savoir que ce petit monstre existe bel et bien, et qu'il va bientôt mourir.

Vous n'avez qu'à vous dire qu'il s'agit d'un lutin maléfique assis à califourchon sur vos épaules. Il vous enserre la gorge avec ses jambes et exige sans cesse sa dose d'alcool. Car c'est lui qui est accro, et non pas vous. Dès que vous l'avez compris, il perd tout pouvoir sur vous, et la situation s'inverse. C'est vous qui le contrôlez à présent. Vous allez le priver d'alcool et le précipiter dans les affres de l'agonie.

5. Ne vous faites aucun souci s'il vous arrive d'oublier que vous avez arrêté de boire, ce qui ne veut pas dire que vous ayez le droit de siroter un petit verre de temps en temps. L'envie d'alcool peut être due soit aux derniers soubresauts du lutin, soit à un oubli de votre part. N'allez pas compliquer les choses en laissant libre cours à vos doutes. C'est un peu comme lorsqu'on achète une nouvelle voiture et que le clignotant se trouve à la place du klaxon. Je suis certain que les constructeurs automobiles y prennent un malin plaisir. Pendant quelques jours, vous allez klaxonner chaque fois que vous voudrez indiquer un changement de direction, et les autres conducteurs vont se dire : « Pourquoi klaxonne-t-il ? Ce crétin tourne à droite et il n'a même pas mis son clignotant ! » Je suis très fier de toujours garder mon sang-froid au volant. Un jour, alors que je klaxonnais un automobiliste qui me faisait une queue de poisson, l'avertisseur sonore est resté désespérément muet, mais un jet d'eau a giclé sur mon pare-brise. Un incident sans gravité, mais non sans conséquence : depuis lors, chaque fois qu'on me fait

une queue de poisson, ma femme Joyce s'exclame : « Allen, envoie-lui un coup de lave-glaces ! » La leçon de cette anecdote, c'est qu'il faut un temps d'adaptation, et qu'il n'y a aucune raison de s'inquiéter. Si vous éprouvez une impression de vide ou une envie de boire, surtout au cours des premiers jours, changez aussitôt de manette et songez : « C'est le lutin dans les affres de l'agonie. Et dire que les buveurs ressentent ça toute leur vie ! C'est magnifique ! JE SUIS LIBRE ! » Ainsi, les petits tiraillements se transformeront sur-le-champ en source de joie. Prenez-en vite l'habitude, sinon ces symptômes bénins risqueraient de vous inciter à remettre en cause votre décision. Et rappelez-vous que les sensations désagréables qui pourraient se produire au cours des prochains jours ne sont pas dues au fait que vous en avez fini avec l'alcool, mais au fait qu'autrefois vous avez commencé à boire. Les non-buveurs ignorent ce genre de problèmes. N'importe quel changement exige un temps d'adaptation, même lorsqu'il est positif : un déménagement, une promotion dans votre travail, une nouvelle voiture. Vous êtes un peu désorienté au début, mais tout s'arrange très vite. Si vous commencez à vous inquiéter, vous risquez de développer une phobie et de ne jamais pouvoir vous adapter.

6. N'attendez pas davantage pour devenir un non-buveur. L'un des inconvénients majeurs des méthodes fondées sur la volonté, c'est qu'on n'est jamais sûr d'être libéré. Les alcooliques en voie de guérison sont même persuadés qu'ils ne connaîtront jamais une délivrance définitive. Ils attendent toujours le moment de la rechute, ce qui montre à quel point ils manquent de confiance en eux. Comment être certain j'avoir échappé à l'esclavage ? C'est simple : il suffit de suivre ces instructions ! Et l'une d'entre elles vous demande justement de vous convaincre que vous serez

libre à l'instant précis où vous aurez achevé votre dernier verre. Débarrassez-vous de ces formules stupides : « Un jour de passé, un jour de gagné » ou encore : « Il faut prendre chaque jour comme il vient. » N'écoutez plus les conseils éculés auxquels recourent les méthodes fondées sur la volonté : « Ne vous préparez surtout pas à passer le reste de votre vie sans alcool, prenez plutôt chaque jour comme il vient. » Quelle perspective sinistre ! Alors que la vie est magnifique ! Rappelez-vous que vous n'avez renoncé à rien du tout. Au contraire, vous venez de sortir de prison, et vous n'avez plus une seule minute à perdre pour dévorer l'existence à belles dents !

7. N'oubliez pas que tout le monde a des jours avec et des jours sans : les buveurs, les non-buveurs et les anciens buveurs. Si l'alcool rendait les gens heureux, les alcooliques seraient toujours sur un petit nuage… Les personnes qui viennent d'arrêter ont tendance à mettre tous leurs ennuis sur le compte du sevrage. Avec pour seul effet de saper leur détermination et de regretter une époque bénie qui n'a jamais existé. Sachez que le temps travaille pour vous et que personne ne peut empêcher votre évasion. Jour après jour, vous retrouverez votre confiance en vous, votre joie de vivre, votre santé et une certaine aisance financière. Si c'est un jour avec, profitez-en à fond. Si c'est un jour sans, souvenez-vous qu'il aurait été encore pire si vous buviez encore.

8. Dites-vous que c'est vous qui contrôlez votre envie de boire, et non pas l'inverse. Les questions qui me sont le plus souvent posées sont les suivantes : « Combien de temps le petit monstre met-il à mourir ? » et « Quand cette envie me quittera-t-elle ? » Il est impossible de préciser à quel moment précis le petit monstre disparaîtra, car cette légère impression

de vide est inséparable de la faim et du stress ordinaires. C'est l'une des raisons pour lesquelles les personnes qui emploient une méthode fondée sur la volonté ne sont jamais sûres d'avoir recouvré la liberté. Bien après la mort du petit monstre, leur cerveau continue à interpréter à tort une faim ou un stress tout à fait naturels comme une envie d'alcool : « Je boirais bien un coup. » Heureusement, cette impression est si infime qu'il est inutile de vous inquiéter. Pour me faire bien comprendre, j'ai écrit plus haut que le petit monstre désirait une dose d'alcool. En réalité, il n'en a pas plus envie que votre organisme. Votre corps se contente de transmettre un signal à votre cerveau, qui est le seul capable d'éprouver un désir. Il est possible que, dans un avenir proche ou lointain, votre cerveau dise : « J'ai besoin d'alcool. » MAIS VOUS GARDEREZ TOUT DE MÊME LE CONTRÔLE. Peu importe que cette réaction soit due à un sursaut du petit monstre, au fait que vous avez oublié un instant que vous aviez cessé de boire, ou à n'importe quelle autre cause : vous resterez maître de la situation. Vous aurez le choix entre vous rappeler que vous êtes libre désormais, ou céder aux idées noires.

9. Ne commencez pas à vous morfondre. Quand vous perdez un ami ou un membre de votre famille, vous devez accomplir un travail de deuil. Et quelle que soit l'intensité de votre douleur, le temps finit toujours par cicatriser votre blessure. Les buveurs subissent un traumatisme comparable quand ils ont recours à une méthode fondée sur la volonté. Ils savent que leur situation va s'arranger, mais ils restent sous la coupe du lavage de cerveau. Ils ont le sentiment de perdre un ami sincère, un soutien authentique. Certains réussissent à s'évader, mais ils ne recouvrent jamais une totale liberté et demeurent vulnérables. Car le démon

de la boisson n'est jamais loin, et le bourrage de crâne continue à s'exercer sur eux. Il suffit d'une épreuve très pénible, voire d'un simple petit accident, pour que non seulement ils rechutent, mais pour qu'ils soient carrément précipités au fond du gouffre. Vous n'avez aucune raison de porter le deuil d'un ennemi. Bien au contraire, réjouissez-vous de la mort du petit monstre, et ce tous les jours de votre vie. Le choix vous appartient. Soit vous passez le reste de votre existence à broyer du noir sous prétexte que l'alcool vous est interdit, soit vous vous dites chaque fois que le sujet vous passe par la tête :

C'EST FORMIDABLE ! JE SUIS LIBRE !

10. Ne changez rien à vos habitudes. Certains experts vous recommandent d'éviter les bistrots, les restaurants, vos amis buveurs et plus généralement tous les risques de tentation. Après cela, il ne faut pas s'étonner si les gens trouvent qu'il est difficile d'arrêter de boire ! Pour ma part, je vous conseille de vous rendre aussitôt dans un bistrot ou à une soirée, afin de vous prouver à vous-mêmes que vous êtes très capable de profiter des bons moments sans alcool. Peu importe si vous êtes le seul non-buveur de toute l'assemblée. Vous prendrez ainsi conscience de la rivalité secrète qui oppose les buveurs aux non-buveurs : ceux qui vous aiment seront ravis d'apprendre votre succès, mais une partie d'eux-mêmes vous en voudra. Car le spectacle de votre liberté retrouvée suscitera chez eux un sentiment d'insécurité. Dans cette partie de poker muette, le non-buveur a un carré d'as et le buveur une paire de deux. C'est dans ce genre d'occasions que vous risquez d'oublier votre nouveau statut. Vous venez d'expliquer que vous êtes dans une forme olympique, quand soudain un de vos amis vous demande ce que vous voulez boire. Vous répondez machinale-

ment : « Comme d'habitude. » Vous vous sentez d'autant plus ridicule que vos amis sont pliés de rire. Dans un moment pareil, vos doutes peuvent renaître. Il n'y a pourtant pas de quoi s'inquiéter : cet oubli, au milieu des buveurs et dans des circonstances si familières, est justement la preuve éloquente que vous n'y attachez plus guère d'importance. Alors ne prenez pas cet air sinistre, et répliquez-leur plutôt : « Vous savez, je suis tellement détendu que j'avais oublié que je ne bois plus. Vous devriez suivre mon exemple. » Je peux vous assurer qu'ils vont alors essayer de vous convaincre qu'ils adorent l'alcool, et qu'ils peuvent arrêter à tout moment. Ils s'attendaient à trouver une loque humaine, et en vous voyant aussi souriant et décontracté, ils ont l'impression de rencontrer Superman... Mais l'essentiel, c'est que *vous* ayez le sentiment d'être dans la peau de Superman !

11. Résistez à la tentation de convertir vos amis. Pour un évadé, rien de plus naturel que de vouloir aider les autres à fuir. Dans la sourde lutte qui oppose les buveurs aux non-buveurs, vous serez sans doute tenté de vous défendre en présentant l'alcool sous son jour véritable. Essayez de vous retenir. Cela ne ferait qu'envenimer les choses, vous causer une frustration et rendre le sevrage encore plus difficile pour vos amis. Convaincre quelqu'un qui ignore comment fonctionne le piège de l'alcool est une entreprise aussi ardue que d'obliger une personne claustrophobe à entrer dans un petit ascenseur. En revanche, quand ils auront constaté que vous êtes vraiment libéré, ils commenceront à vous interroger. Parce que en leur for intérieur ils rêvent d'en faire autant. Vous n'aurez plus alors affaire à des interlocuteurs paniqués, mais à des esprits ouverts. Allez-y doucement, néanmoins. Et vous verrez qu'il est aussi gratifiant d'aider quelqu'un à s'échapper que de s'échapper soi-même.

12. Modifiez si possible les aspects de votre mode de vie qui vous déplaisent. Comme cela semble contredire l'instruction n° 10, je vais préciser ma pensée : évitez vos amis de beuveries, mais pas vos amis buveurs. Autrement dit, vous ne devez pas cesser de voir un ami pour la simple raison qu'il boit, car ce serait consentir un lourd sacrifice. En revanche, si vous aviez l'habitude de fréquenter un bistrot en sortant du travail, vous avez sans doute sympathisé avec d'autres âmes en peine. L'alcool étant votre principal point commun, vous ne récolterez qu'ennui et frustration en continuant à les fréquenter. Mais ce conseil ne tient pas si, par exemple, vous aimiez jouer au billard ou aux cartes en leur compagnie. Une fois débarrassé du lutin maléfique, vous vous apercevrez probablement que vous gaspilliez une bonne partie de votre temps libre — et du coup vous vous sentirez un peu désœuvré. Ne vous inquiétez pas. Il existe quatre choses dont on n'a jamais assez : le temps, l'énergie, l'amour et l'argent. L'alcool est leur ennemi à tous les quatre. Mais à présent vous disposez de réserves considérables, que vous pouvez consacrer à des activités vraiment agréables. Réorganiser sa vie est un superbe défi. Pour ma part, je fais de l'exercice tous les jours, non parce que je ne bois plus, mais parce que de manière très égoïste je trouve la vie beaucoup plus savoureuse lorsque je suis en pleine forme.

13. Ne recourez à aucun substitut, qu'il s'agisse d'une activité particulière, d'une boisson non alcoolisée ou d'un aliment. Que les choses soient claires : je ne vous conseille nullement d'arrêter de manger ! Ou de ne plus rien boire ! Je vous demande seulement de ne pas faire d'excès pour compenser votre abstinence. Si vous avez envie de vous lancer dans une nouvelle activité, allez-y — mais à condition qu'elle vous

procure du plaisir, et non pas pour tenter de remplacer l'alcool. Le simple fait d'envisager l'emploi d'un substitut signifie qu'inconsciemment vous avez le sentiment de consentir un sacrifice. Vous n'avez besoin d'aucun substitut. L'alcool n'a jamais comblé aucun vide dans votre vie : au contraire, il en a créé un. Quand vous sortez d'une grippe, cherchez-vous aussitôt à la remplacer par une autre maladie ? Votre objectif consiste à vous libérer de deux monstres. Le petit monstre est trop ténu pour présenter un vrai problème. La difficulté provient donc du Grand Monstre, qui s'est établi dans votre cerveau. Vous savez que nous n'aviez nullement besoin d'alccol avant de devenir accro ; vous devez donc vous prouver le plus vite possible que vous êtes de nouveau capable de profiter des bons moments et d'affronter les épreuves sans lui.

14. Amusez-vous à détruire les associations d'idées. Autrefois, je ne pouvais même pas envisager un mariage, une soirée, un anniversaire, une partie de golf ou même un simple repas sans alcool. En somme, je ne pouvais pas imaginer la vie sans alcool. Je croyais sincèrement qu'arrêter de boire revenait à se retirer dans un monastère. Les occasions que je viens d'énumérer sont plaisantes par elles-mêmes, mais si vous pensez être incapables d'en profiter sans vous enivrer, c'est effectivement ce qui va vous arriver. C'est absolument merveilleux de purger son organisme du poison qu'il contient ; ça l'est encore davantage de détruire les associations d'idées et de se purger l'esprit.

15. N'enviez jamais les buveurs. Ils souffrent tous d'une maladie qui s'appelle l'alcoolisme. Beaucoup en sont inconscients et le demeureront toute leur vie. Mais envieriez-vous quelqu'un qui ignore sa séropositivité ? Vous devez comprendre une bonne fois pour toutes

qu'ils ne boivent jamais un seul verre d'alcool parce qu'ils le décident, mais à cause d'un abus de confiance extrêmement subtil et ingénieux. Et rappelez-vous que vous ne renoncez à rien. Ce sont les buveurs qui doivent renoncer à des choses précieuses : la santé, l'argent, l'énergie, le courage, la concentration, l'estime de soi, la tranquillité d'esprit et la liberté. Boire, cela revient ni plus ni moins à subir la dépendance de l'alcool. Il ne vous viendrait pas à l'idée d'envier un héroïnomane. Or, l'héroïne ne tue qu'un nombre infime de toxicomanes, alors que l'alcool tue chaque année 40 000 Britanniques. Comme toutes les autres formes de toxicomanie, l'alcoolisme ne relâche jamais son entreprise. Au contraire, il va toujours en s'aggravant. Mais j'ai une bonne nouvelle à vous annoncer. Vous êtes sur le point de boire le seul verre d'alcool qui vous ait jamais procuré un plaisir authentique :

VOTRE DERNIER VERRE.

27

Votre dernier verre

Dans les centres Allen Carr, certains patients s'interrogent sur la nécessité de ce dernier verre. Cela leur semble paradoxal d'insister sur le fait que l'alcool ne leur apporte strictement rien, puis de leur conseiller d'en boire une ultime gorgée. J'ai pourtant de bonnes raisons de procéder ainsi, la principale étant que la difficulté du sevrage réside avant tout dans le doute : à quel moment est-on définitivement libéré ? Vous devez donc comprendre que vous aurez atteint votre but à l'instant précis où vous aurez achevé votre dernier verre.

C'est donc un jour très particulier, peut-être le plus important de votre vie. Nous avons coutume de fêter les anniversaires de mariage et de naissance, et je pense que vous devriez aussi célébrer dignement le jour où vous avez bu votre dernier verre. C'est d'ailleurs l'occasion de porter un toast à votre liberté retrouvée. Cela signifie-t-il que vous ne pourrez plus jamais porter de toasts ou fêter des anniversaires ? Bien sûr que non : vous brandirez simplement une boisson non alcoolisée. Mais n'est-ce pas une sorte de substitut ? Pas vraiment, puisque le fait de boire est une fonction naturelle. Mais cela soulève tout de même un problème que je dois à présent aborder.

De nombreuses personnes qui arrêtent l'alcool ne savent plus trop quoi boire dans les soirées. Pour des raisons de santé, beaucoup préfèrent les jus de fruits aux sodas sucrés, mais ils sont un peu écœurés au bout d'un ou deux verres. La solution est toute simple : une fois votre soif étanchée, vous n'avez pas besoin de continuer à boire. L'unique raison pour laquelle les invités tiennent un verre en permanence, c'est que l'alcool les déshydrate. Nous croyons qu'il est impossible de s'amuser en société sans avoir constamment une boisson à portée de main. Pourtant, même si le buffet propose une gamme variée d'aliments nous ne passons pas toute la soirée à manger. Si vous avez la mauvaise idée d'ingurgiter autant de sodas sucrés que vous buviez d'alcool, alors il s'agira effectivement d'un substitut, et vous vous créerez un nouveau problème de santé. L'alcool est une cause fréquente d'obésité, et l'abstinence peut vous permettre de perdre du poids. Avec un tel substitut, vous devriez renoncer à un avantage considérable.

Curieusement, cette difficulté à choisir une boisson se pose aussi aux buveurs occasionnels qui préféreraient se passer d'alcool. Ils se rabattent souvent sur une boisson alcoolisée parce que le lavage de cerveau les a convaincus qu'il faut toujours avoir un verre à la main, et qu'à la longue les jus de fruits finissent pas devenir écœurants. Je me demande combien de personnes sont tombées encore plus vite dans l'alcoolisme à cause de cette illusion.

Peut-être avez-vous déjà vécu ce que j'appelle « le Moment de Révélation ». C'est une expérience fabuleuse, car vous prenez soudain conscience de votre liberté. Pour certaines personnes, cela se produit avant même le dernier verre. Durant les séances collectives que j'organise dans mes centres, il arrive qu'un patient s'exclame bien avant la fin de la thérapie : « Vous n'avez pas besoin d'ajouter un seul mot. C'est clair comme de l'eau de roche. Je ne boirai plus un verre de ma vie. » Si vous n'avez pas encore connu cet instant magique, ne vous inquiétez pas : vous faites partie de ceux qui ne croient que ce qu'ils voient. Mais il est essentiel de ne pas brusquer les choses : cela reviendrait à essayer de ne plus penser à l'alcool, et déclencherait chez vous une phobie. La « Révélation » se produit souvent après un événement durant lequel vous n'auriez pas cru pouvoir vous passer d'alcool. Il peut s'agir d'une fête ou au contraire d'une épreuve douloureuse. C'est l'occasion de vous rendre compte que vous êtes capable de profiter d'un bon moment ou de surmonter un traumatisme sans que l'idée d'un verre d'alcool vous traverse l'esprit.

Avant que vous preniez votre dernier verre, je dois vous avertir. Vous allez échapper au piège de l'alcool, mais vous devez aussi vous assurer que vous ne retomberez jamais dedans. Vous devez donc vous préparer aux deux grands dangers qui vous menacent. Le premier, c'est une éventuelle tragédie, en général la mort d'un être cher. Une âme sensible et armée des meilleures intentions risque alors de vous obliger à boire un verre de cognac. Or, ce cognac ne ramènera pas la personne que vous pleurez. Il ne soulagera pas non plus votre chagrin. Mais il produira un nouveau drame.

Le second danger est encore plus redoutable. Comme *La méthode simple* facilite énormément le sevrage, vous risquez de vous dire :

Un seul petit verre ne peut me faire aucun mal. Et même si je retombais accro, je pourrais facilement arrêter de nouveau.

Dès l'instant où vous envisagez de boire une gorgée d'alcool, vous vous écartez de *La méthode simple*, et celle-ci vous laisse sans protection. Prenez l'habitude de vous souvenir de votre détresse à l'époque où vous étiez esclave de l'alcool, et de votre joie lors du « Moment de Révélation ». De cette manière, une sonnette d'alarme résonnera chaque fois que votre esprit s'égarera sur une pente périlleuse.

N'oubliez jamais qu'« un seul verre » ne reste jamais longtemps au singulier. Et même si c'était possible de s'en tenir à un seul, quand le boiriez-vous ? L'année prochaine ? Dans vingt ans ? Vous voulez vraiment passer le reste de votre existence à attendre votre prochaine dose de poison ?

Mieux vaut penser à autre chose et assurer votre liberté définitive. Ce dernier verre a également pour objectif de graver dans votre mémoire le goût répugnant de ce poison. N'ayez pas peur, je ne vais pas vous demander de boire de l'alcool à 90° ou un produit d'entretien. Prenez un apéritif ou un digestif, de préférence celui qui vous déplaît le plus. Servez-vous une ration généreuse. Prenez le temps de fermer les yeux et de faire le vœu que ce verre sera le dernier. Concentrez-vous sur ce goût détestable, et demandez-vous comment vous avez pu gaspiller des fortunes pour avaler une horreur pareille. Et ensuite, redécouvrez à quel point

LA VIE EST BELLE !

APPENDICE A

Mes instructions

1 Suivez toutes les instructions.

2 Ne brûlez pas les étapes.

3 Démarrez dans la bonne humeur.

4 Soyez positif.

5 N'arrêtez pas de boire et ne réduisez pas votre consommation avant d'avoir fini le livre.

6 Ne lisez ce livre que lorsque vous êtes sobre.

7 Gardez l'esprit ouvert !

APPENDICE B

Mes instructions pour en finir facilement avec l'alcool

1 Répétez-vous : « C'est fantastique. Je ne suis plus l'esclave de DÉVASTATION ! »

2 Ne remettez jamais, au grand jamais, votre décision en doute : vous ne renoncez strictement à rien !

3 N'essayez pas de ne plus penser à l'alcool.

4 Ayez conscience de l'existence du petit monstre, mais ne lui accordez aucune importance.

5 Ne vous inquiétez pas s'il vous arrive d'oublier que vous avez arrêté de boire.

6 N'attendez pas une minute de plus pour devenir un non-buveur.

7 Acceptez le fait que vous aurez des jours avec et des jours sans.

8 Sachez que c'est vous qui contrôlez vos envies et non l'inverse.

9 Ne pleurez pas la mort de votre ennemi.

10 Ne changez pas votre mode vie sous prétexte que vous ne buvez plus.

11 N'essayez pas de convertir vos amis, à moins qu'ils ne vous demandent de les aider.

12 Profitez égoïstement de l'occasion pour modifier vos habitudes qui vous déplaisent.

13 Ne recourez à aucun substitut.

14 Amusez-vous à détruire les associations d'idées.

15 N'enviez jamais les gens qui boivent de l'alcool.

16 Et par-dessus tout

SOYEZ HEUREUX !

LES CENTRES ALLEN CARR'S EASYWAY

Vous trouverez ci-dessous les coordonnées de tous les centres Allen Carr pratiquant « la méthode simple pour en finir avec la cigarette » dans le monde. Notre taux de réussite est très élevé, supérieur à 90 %. Nous vous garantissons le succès ou le remboursement en cas d'échec.
Certains de ces centres proposent également des sessions pour en finir avec l'alcool ou pour perdre du poids.
Pour plus d'informations, renseignez-vous auprès du centre le plus proche de chez vous.

Centre International Allen Carr's Easyway
Park House, 14 Pepys Road, Raynes Park, London SW20 8NH
Tel : +44 (0)20 8944 7761
Fax : +44 (0)20 8944 8619
Email : mail@allencarr.com
Website : www.allencarr.com
Thérapeutes : John Dicey, Colleen Dwyer, Crispin Hay, Emma Hudson, Rob Fielding

Worldwide Press Office
Contact : John Dicey
Tel : +44 (0)7970 88 44 52
Email : jd@allencarr.com

UK Clinic Information and Central Booking Line
0800 389 2115

UK / ROYAUME-UNI

Aylesbury
Tel : 0800 0197 017
Thérapeutes : Kim Bennett, Emma Hudson
Email : kim@easywaybucks.co.uk
Website : www.allencarr.com

Belfast
Tel : 0845 094 3244
Thérapeute : Tara Evers-Cheung
Email : tara@easywayni.com
Website : www.allencarr.com

Birmingham
Tel & Fax : +44 (0)121 423 1227
Thérapeutes : John Dicey, Colleen Dwyer, Crispin Hay, Rob Fielding
Email : info@allencarr.com
Website : www.allencarr.com

Bournemouth
Tel : 0800 028 7257
Thérapeutes : John Dicey, Colleen Dwyer, Emma Hudson
Email : info@allencarr.com
Website : www.allencarr.com

Brighton
Tel : 0800 028 7257
Thérapeutes : John Dicey, Colleen Dwyer, Emma Hudson
Email : info@allencarr.com
Website : www.allencarr.com

Bristol
Tel : +44 (0)117 950 1441
Thérapeute : Charles Holdsworth Hunt
Email : stopsmoking@easyway-bristol.co.uk
Website : www.allencarr.com

Cambridge
Tel : 0800 0197 017
Thérapeutes : Kim Bennett, Emma Hudson
Email : kim@easywaybucks.co.uk
Website : www.allencarr.com

Cardiff
Tel : +44 (0)117 950 1441
Thérapeute : Charles Holdsworth Hunt
Email : stopsmoking@easyway-bristol.co.uk
Website : www.allencarr.com

Coventry
Tel : 0800 321 3007
Thérapeute : Rob Fielding
Email : info@easywaycoventry.co.uk
Website : www.allencarr.com

Crewe
Tel : +44 (0)1270 664 176
Thérapeute : Debbie Brewer-West
Email : debbie@easyway2stopsmoking.co.uk
Website : www.allencarr.com

Cumbria
Tel : 0800 077 6187
Thérapeute : Mark Keen
Email : mark@easywaycumbria.co.uk
Website : www.allencarr.com

Derby
Tel : +44 (0)1270 664 176
Thérapeute : Debbie Brewer-West
Email : debbie@easyway2stopsmoking.co.uk
Website : www.allencarr.com

Exeter
Tel : +44 (0)117 950 1441
Thérapeute : Charles Holdsworth Hunt
Email : stopsmoking@easyway-exeter.co.uk
Website : www.allencarr.com

Guernsey
Tel : 0800 077 6187
Thérapeute : Mark Keen
Email : mark@easywaylancashire.co.uk
Website : www.allencarr.com

High wycombe
Tel : 0800 0197 017
Thérapeutes : Kim Bennett, Emma Hudson
Email : kim@easywaybucks.co.uk
Website : www.allencarr.com

Isle of man
Tel : 0800 077 6187
Thérapeute : Mark Keen
Email : mark@easywaylancashire.co.uk
Website : www.allencarr.com

Jersey
Tel : 0800 077 6187
Thérapeute : Mark Keen
Email : mark@easywaylancashire.co.uk
Website : www.allencarr.com

Kent
Tel : 0800 028 7257
Thérapeutes : John Dicey, Colleen Dwyer, Emma Hudson
Email : info@allencarr.com
Website : www.allencarr.com

Lancashire
Tel : 0800 077 6187
Thérapeute : Mark Keen
Email : mark@easywaylancashire.co.uk
Website : www.allencarr.com

Leeds
Tel : 0800 804 6796
Thérapeute : Rob Groves
Email : info@easywayyorkshire.co.uk
Website : www.allencarr.com

Leicester
Tel : 0800 321 3007
Thérapeute : Rob Fielding
Email : info@easywayleicester.co.uk
Website : www.allencarr.com

Liverpool
Tel : 0800 077 6187
Thérapeute : Mark Keen
Email : mark@easywayliverpool.co.uk
Website : www.allencarr.com

Manchester
Tel : 0800 804 6796
Thérapeute : Rob Groves
Email : info@easywaymanchester.co.uk
Website : www.allencarr.com

Milton keynes
Tel : 0800 0197 017
Thérapeutes : Kim Bennett, Emma Hudson
Email : kim@easywaybucks.co.uk
Website : www.allencarr.com

Newcastle/North east
Tel : 0800 077 6187
Thérapeute : Mark Keen
Email : info@easywaynortheast.co.uk
Website : www.allencarr.com

Northampton
Tel : 0800 0197 017
Thérapeutes : Kim Bennett, Emma Hudson
Email : kim@easywaybucks.co.uk
Website : www.allencarr.com

Nottingham
Tel : +44 (0)1270 664 176
Thérapeute : Debbie Brewer-West
Email : debbie@easyway2stopsmoking.co.uk
Website : www.allencarr.com

Oxford
Tel : 0800 0197 017
Thérapeutes : Kim Bennett, Emma Hudson
Email : kim@easywaybucks.co.uk
Website : www.allencarr.com

Peterborough
Tel : 0800 0197 017
Thérapeutes : Kim Bennett, Emma Hudson
Email : kim@easywaybucks.co.uk
Website : www.allencarr.com

Reading
Tel : 0800 028 7257
Thérapeutes : John Dicey, Colleen Dwyer, Emma Hudson
Email : info@allencarr.com
Website : www.allencarr.com

SCOTLAND / ÉCOSSE

Glasgow & Edinburgh
Tel : +44 (0)131 449 7858
Thérapeutes : Paul Melvin, Jim McCreadie
Email : info@easywayscotland.co.uk
Website : www.allencarr.com

Sheffield
Tel : 0800 804 6796

Thérapeute : Rob Groves
Email : info@easywayyorkshire.co.uk
Website : www.allencarr.com

Shrewsbury
Tel : +44 (0)1270 664 176
Thérapeute : Debbie Brewer-West
Email : debbie@easyway2stopsmoking.co.uk
Website : www.allencarr.com

Southampton
Tel : 0800 028 7257
Thérapeutes : John Dicey, Colleen Dwyer, Emma Hudson
Email : info@allencarr.com
Website : www.allencarr.com

Southport
Tel : 0800 077 6187
Thérapeute : Mark Keen
Email : mark@easywaylancashire.co.uk
Website : www.allencarr.com

Staines/heathrow
Tel : 0800 028 7257
Thérapeutes : John Dicey, Colleen Dwyer, Emma Hudson
Email : info@allencarr.com
Website : www.allencarr.com

Surrey
Park House, 14 Pepys Road, Raynes Park, London SW20 8NH
Tel : +44 (0)20 8944 7761
Fax : +44 (0)20 8944 8619
Thérapeutes : John Dicey, Colleen Dwyer, Crispin Hay, Emma Hudson, Rob Fielding
Email : mail@allencarr.com
Website : www.allencarr.com

Stevenage
Tel : 0800 019 7017
Thérapeutes : Kim Bennett, Emma Hudson
Email : kim@easywaybucks.co.uk
Website : www.allencarr.com

Stoke
Tel : +44 (0)1270 664 176
Thérapeute : Debbie Brewer-West
Email : debbie@easyway2stopsmoking.co.uk
Website : www.allencarr.com

Swindon
Tel : +44 (0)117 950 1441
Thérapeute : Charles Holdsworth Hunt
Email : stopsmoking@easywaybristol.co.uk
Website : www.allencarr.com

Telford
Tel : +44 (0)1270 664 176
Thérapeute : Debbie Brewer-West
Email : debbie@easyway2stopsmoking.co.uk
Website : www.allencarr.com

CLINIQUES DU MONDE

REPUBLIC OF IRELAND / RÉPUBLIQUE D'IRLANDE

Dublin & Cork
Lo-Call (From ROI) 1 890 ESYWAY (37 99 29)
Tel : +353 (0)1 499 9010 (4 lines)
Thérapeutes : Brenda Sweeney and Team
Email : info@allencarr.ie
Website : www.allencarr.com

AUSTRALIA / AUSTRALIE

North queensland
Tel : 1300 85 11 75
Thérapeute : Tara Pickard-Clark
Email : nqld@allencarr.com.au
Website : www.allencarr.com

Northern territory – darwin
Tel : 1300 55 78 01
Thérapeute : Dianne Fisher
Email : wa@allencarr.com.au
Website : www.allencarr.com

Sydney, New South Wales
Tel & Fax : 1300 78 51 80
Thérapeute : Natalie Clays
Email : nsw@allencarr.com.au
Website : www.allencarr.com

South Australia
Tel : 1300 55 78 01
Thérapeute : Dianne Fisher
Email : wa@allencarr.com.au
Website : www.allencarr.com

South Queensland
Tel : 1300 85 58 06
Thérapeute : Tara Pickard-Clark
Email : sqld@allencarr.com.au
Website : www.allencarr.com

Victoria, Tasmania, Act.
Tel : +61 (0)3 9894 8866 or 1300 790 565
Thérapeute : Gail Morris
Email : info@allencarr.com.au
Website : www.allencarr.com

Western Australia
Tel : 1300 55 78 01
Thérapeute : Dianne Fisher
Email : wa@allencarr.com.au
Website : www.allencarr.com

AUSTRIA / AUTRICHE

Sessions organisées dans tout le pays
Numéro vert : 0800RAUCHEN (0800 7282436)
Tel : +43 (0)3512 44755
Thérapeutes : Erich Kellermann and Team
Email : info@allen-carr.at
Website : www.allencarr.com

BELGIUM / BELGIQUE

Antwerp
Tel : +32 (0)3 281 6255
Fax : +32 (0)3 744 0608
Thérapeute : Dirk Nielandt

Email : easyway@dirknielandt.be
Website : www.allencarr.com

BRAZIL / BRÉSIL

Sao Paolo
Tel Lilian : (55) (11) 99456-0153
Tel Alberto : (55) (11) 99325-6514
Thérapeutes : Alberto Steinberg & Lilian Brunstein
Email : contato@easywaysp.com.br
Website : www.allencarr.com

BULGARIA / BULGARIE

Tel : 0800 14104 / +359 899 88 99 07
Thérapeute : Rumyana Kostadinova
Email : rk@nepushaveche.com
Website : www.allencarr.com

CANADA

Numéro vert : +1-866 666 4299 / +1 905 849 7736
Thérapeute anglais : Damian O'Hara
Thérapeute français : Rejean Belanger
Séminaires organisés à Toronto, Vancouver et Montréal
Programmes disponibles dans tout le Canada
Email : info@theeasywaytostopsmoking.com
Website : www.allencarr.com

CHILE / CHILI

Tel : +56 2 4744587
Thérapeute : Claudia Sarmiento
Email : contacto@allencarr.cl
Website : www.allencarr.com

COLOMBIA, SOUTH AMERICA / COLOMBIE, AMÉRIQUE DU SUD

Tel : +57 3 158 681 043
Thérapeute : Felipe Sanint Echeverri
Email : felipesanint@allencarr-colombia.com
www.allencarr.com

CYPRUS / CHYPRE

Tel : +357 77 77 78 30
Thérapeute : Kyriacos Michaelides
Email : info@allencarr.com.cy
Website : www.allencarr.com

DENMARK / DANEMARK

Sessions organisées dans tout le pays
Tel : +45 70267711
Thérapeute : Mette Fonss
Email : mette@easyway.dk
Website : www.allencarr.com

ECUADOR / ÉQUATEUR

Tel & Fax : +593 (0)2 2820 920
Thérapeute : Ingrid Wittich
Email : toisan@pi.pro.ec
Website : www.allencarr.com

ESTONIA / ESTONIE

Tel : +372 733 0044
Thérapeute : Henry Jakobson
Email : info@allencarr.ee
Website : www.allencarr.com

FINLAND / FINLANDE

Tel : +358-(0)45 3544099
Thérapeute : Janne Ström
Email : info@allencarr.fi
Website : www.allencarr.com

FRANCE

Sessions organisées dans tout le pays
Numéro vert : 0 800 FUMEUR
Tel : +33 (4) 91 33 54 55
Thérapeutes : Erick Serre and Team
Email : info@allencarr.fr
Website : www.allencarr.fr

GERMANY / ALLEMAGNE

Sessions organisées dans tout le pays
Numéro vert : 08000RAUCHEN (0800 07282436)
Tel : +49 (0) 8031 90190-0
Thérapeutes : Erich Kellermann and Team
Email : info@allen-carr.de
Website : www.allencarr.com

GREECE / GRÈCE

Sessions organisées dans tout le pays
Tel : +30 210 5224087
Thérapeute : Panos Tzouras
Email : panos@allencarr.gr
Website : www.allencarr.com

HUNGARY / HONGRIE

Séminaires organisés à Budapest et dans 12 autres villes à travers la Hongrie
Tel : 06 80 624 426 (numéro vert) ou +36 20 580 9244
Thérapeutes : Gabor Szasz et Gyorgy Domjan
Email : szasz.gabor@allencarr.hu
Website : www.allencarr.com

ICELAND / ISLANDE

Reykjavik
Tel : +354 588 7060
Thérapeute : Petur Einarsson
Email : easyway@easyway.is
Website : www.allencarr.com

INDIA / INDE

Bangalore & Chennai
Tel : +91 (0)80 41603838
Thérapeute : Suresh Shottam
Email : info@easywaytostopsmoking.co.in
Website : www.allencarr.com

ISRAEL / ISRAËL

Sessions organisées dans tout le pays
Tel : +972 (0)3 6212525
Thérapeutes : Ramy Romanovsky, Orit Rozen, Kinneret Triffon Email : info@allencarr.co.il
Website : www.allencarr.com

ITALY / ITALIE

Sessions organisées dans tout le pays
Tel & Fax : +39 (0)2 7060 2438
Thérapeutes : Francesca Cesati and Team
Email : info@easywayitalia.com
Website : www.allencarr.com

JAPAN / JAPON

Sessions organisées dans tout le pays
Website : www.allencarr.com

LATVIA / LETTONIE

Tel : +371 67 27 22 25
Thérapeute : Anatolijs Ivanovs
Email : info@allencarr.lv
Website : www.allencarr.com

LITHUANIA / LITUANIE

Tel : +370 694 29591
Thérapeute : Evaldas Zvirblis
Email : info@mestirukyti.eu
Website : www.allencarr.com

MAURITIUS / ÎLE MAURICE

Tel : +230 727 5103
Thérapeute : Heidi Hoareau
Email : info@allencarr.mu
Website : www.allencarr.com

MEXICO / MEXIQUE

Sessions organisées dans tout le pays
Tel : +52 55 2623 0631
Thérapeutes : Jorge Davo and Mario Campuzano Otero
Email : info@allencarr-mexico.com
Website : www.allencarr.com

NETHERLANDS / PAYS-BAS

Sessions organisées dans tout le pays
Allen Carr's Easyway 'stoppen metroken'
Tel : (+31)53 478 43 62 / (+31)900 786 77 37
Email : info@allencarr.nl
Website : www.allencarr.com

NEW ZEALAND / NOUVELLE-ZÉLANDE

North Island – Auckland
Tel : +64 (0)9 817 5396
Thérapeute : Vickie Macrae
Email : vickie@easywaynz.co.nz
Website : www.allencarr.com

South Island – Christchurch
Tel : 08 00 32 7992
Thérapeute : Laurence Cooke
Email : laurence@easywaysouthisland.co.nz
Website : www.allencarr.com

NORWAY / NORVÈGE

Oslo
Tel : +47 93 20 09 11
Thérapeute : René Adde
Email : post@easyway-norge.no
Website : www.allencarr.com

PERU / PÉROU

Lima
Tel : +511 637 7310
Thérapeute : Luis Loranca
Email : lloranca@dejardefumaraltoque.com
Website : www.allencarr.com

POLAND / POLOGNE

Sessions organisées dans tout le pays
Tel : +48 (0)22 621 36 11
Thérapeute : Anna Kabat
Email : info@allen-carr.pl
Website : www.allencarr.com

PORTUGAL

Oporto
Tel : +351 22 9958698
Thérapeute : Ria Slof
Email : info@comodeixardefumar.com
Website : www.allencarr.com

ROMANIA / ROUMANIE

Tel : +40 (0) 7321 3 8383
Thérapeute : Diana Vasiliu
Email : raspunsuri@allencarr.ro
Website : www.allencarr.com

RUSSIA / RUSSIE

Moscow
Tel : +7 495 644 64 26
Thérapeute : Fomin Alexander
Email : info@allencarr.ru
Website : www.allencarr.com

St. Petersburg – ouverture en 2013
Website : www.allencarr.com

SERBIA/ SERBIE

Belgrade
Tel : +381 (0)11 308 8686
Email : office@allencarr.co.rs / milos.rakovic@allencarr.co.rs
Website : www.allencarr.com

SINGAPORE / SINGAPOUR

Tel : +65 6329 9660
Thérapeute : Pam Oei
Email : pam@allencarr.com.sg
Website : www.allencarr.com

SLOVENIA / SLOVÉNIE

Ouverture en 2013
Website : www.allencarr.com

SOUTH AFRICA / AFRIQUE DU SUD

Sessions organisées dans tout le pays
National Booking Line : 0861 100 200
HEAD OFFICE : 15 Draper Square, Draper St, Claremont 7708, Cape TownTel : +27 (0)21 851 5883
Mobile : 083 600 5555
Thérapeutes : Dr. Charles Nel, Malcolm Robinson and Team
Email : easyway@allencarr.co.za
Website : www.allencarr.com

SPAIN / ESPAGNE

Madrid
Tel : +34 91 629 6030
Thérapeute : Lola Camacho
Email : info@dejardefumar.org
Website : www.allencarr.com

Marbella
Sessions organisées en anglais
Tel : +44 8456 187306
Thérapeute : Charles Holdsworth Hunt
Email : stopsmoking@easyway-marbella.com
Website : www.allencarr.com

SWEDEN / SUÈDE

Göteborge
Tel : +46 (0)8 240100
Email : info@allencarr.nu
Website : www.allencarr.com

Malmö
Tel : +46 (0) 40 30 24 00
Email : info@allencarr.nu
Website : www.allencarr.com

Stockholm
Tel : +46 (0) 735 000 123
Thérapeute : Christopher Elde
Email : kontact@allencarr.se
Website : www.allencarr.com

SWITZERLAND / SUISSE

Sessions organisées dans tout le pays
Numéro vert : 0800RAUCHEN (0800 / 728 2436)
Tel : +41 (0)52 383 3773
Fax : +41 (0)52 383 3774
Thérapeutes : Cyrill Argast and Team
Pour les sessions en Suisse Romande et Suisse Italienne :
Tel : 0800 386 387
Email : info@allen-carr.ch
Website : www.allencarr.com

TURKEY / TURQUIE

Sessions organisées dans tout le pays
Tel : +90 212 358 5307
Thérapeute : Emre Ustunucar
Email : info@allencarrturkiye.com
Website : www.allencarr.com

UKRAINE

Crimea, Simferopol
Tel : +38 095 781 8180
Thérapeute : Yuri Zhvakolyuk
Email : zhvakolyuk@gmail.com
Website : www.allencarr.com

Kiev
Tel : +38 044 353 2934
Thérapeute : Kirill Stekhin
Email : kirill@allencarr.kiev.ua
Website : www.allencarr.com

USA / ÉTATS-UNIS

Central information and bookings : numéro vert 1 866 666 4299
NEW YORK : (212) 330 9194
Email : info@theeasywaytostopsmoking.com
Website : www.allencarr.com
Des séminaires sont régulièrement organisés à New York, Los Angeles, Denver et Houston
Programmes disponibles dans tout les États-Unis
Mailing address : 1133 Broadway, Suite 706, New York. NY 10010
Thérapeutes : Damian O'Hara, Collene Curran

Imprimé en France par CPI
en novembre 2019
N° d'impression : 2047262

Dépôt légal : janvier 2005
Suite du premier tirage : novembre 2019
S29701/02